KB206870

미술관
옆
인문학

미술관 옆 인문학

세상을 향한 미술과 인문학의 거침없는 크로스

초판 1쇄 발행 2011년 1월 5일
초판 8쇄 발행 2022년 4월 10일

지은이 　박홍순
펴낸이 　이영선

편집 　이일규 김선정 김문정 김종훈 이민재 김영아 이현정 차소영
디자인 　김회량 위수연
독자본부 　김일신 정혜영 김연수 김민수 박정래 손미경 김동욱

펴낸곳 서해문집 | 출판등록 1989년 3월 16일 (제406-2005-000047호)
주소 경기도 파주시 광인사길 217 (파주출판도시)
전화 (031)955-7470 | 팩스 (031)955-7469
홈페이지 www.booksea.co.kr | 이메일 shmj21@hanmail.net

ⓒ 박홍순, 2011
ISBN 978-89-7483-455-5 43100

ⓒ Succession Marcel Duchamp / ADAGP, Paris, 2010
ⓒ 2010 - Succession Pablo Picasso - SACK(Korea)

이 서적 내에 사용된 일부 작품은 SACK를 통해 ADAGP, Succession Picasso와 저작권 계약을 맺은
것입니다. 저작권법에 의하여 한국 내에서 보호를 받는 저작물이므로 무단 전재 및 복제를 금합니다.

이 서적 내에 사용된 작품 중 저작권자를 찾지 못한 일부 작품에 대해서는 저작권자가 확인되는 대로
계약을 맺고 그에 따른 저작권료를 지불하겠습니다.

이 도서의 국립중앙도서관 출판예정도서목록(CIP)은 서지정보유통지원시스템 홈페이지(http://
seoji.nl.go.kr)와 국가자료공동목록시스템(http://www.nl.go.kr/kolisnet)에서 이용하실 수
있습니다.(CIP제어번호: CIP2010004692)

미술관 옆 인문학

21 세상을 향한 미술과 인문학의 거침없는 크로스

박홍순 지음

서해문집

해석과 성찰의
즐거움을 주는 미술__

세상이든 인간이든 자신의 모습을 그대로 보여 주는 경우는 드물다. 대부분 허구적인 모습으로 나타난다. 흔히 겉으로 드러난 말이나 행동과 실제의 마음이 분리된 상태인 '본심'을 일본인의 특징으로 거론하지만, 그것은 인간 사회의 공통적 특징이 된 지 오래이다. 적어도 지배와 피지배 관계가 정착된 이래 멍청이가 아닌 이상 본심을 그대로 드러내려 하지 않는다. 수많은 역사적 사건을 통해 서로 집단적 학습 경험을 갖고 있기 때문이다. 지배와 억압에 대한 직접적·직선적인 불만은 무자비한 보복을 각오해야만 했다. 반대로 속내를 다 드러내는 무식한 지배 방식은 스스로의 수명을 단축시키곤 했다. 심지어 외적인 관계에서의 생존법을 내면화하여 자기 합리화 방식으로 자신조차 속인다.

그래서 외부 세계에서 나타나는 현상에 속지 않기 위해 해석이, 자신의 내면을 정면으로 응시하기 위해 성찰이 필요하다. 인문학의 중요성이 끊임없이 강조되는 이유도 세계와 인간에 대한 해석과 성찰의 기회를 제공하기 때문이다. 해석과 성찰은 현상적이고 즉물적인 일차원적 인간에서 벗어날 수 있는 가능성을 준다. 물질적인 충족과 풍요가 커질수록 내적인 허전함과 갈증에 허우적거리는 현대인에게 새로운 삶의 의미를 찾게 한다.

하지만 정작 인문학을 마주했을 때는 막막함을 느끼는 경우가 많다. 대부분의 인문학 서적은 참으로 불친절하다. 진지하고 바른 말만 골라서 하는 친구처럼 좀처럼 친해지기가 쉽지 않다. 한 쪽을 읽고 다음 쪽을 넘기면 앞의 내용이 벌써 가물거린다. 몇십 쪽을 넘기고 나면 인내심의 한계에 도달하기 일쑤이다. 개념어와 개념어 사이에서 널뛰기를 하다가 미로 속에서 길을 잃어버리곤 한다. 세계와 인간을 탐구한다고 하면서 정작 실질적인 일상과 별로 연관이 없어 보이기도 한다.

미술은 인문학이라는 복잡한 거리의 낯선 사람들 속에서 머쓱해 있거나 길을 잃은 우리에게 친절한 안내자 역할을 한다. 미술은 세상을 비추는 거울이다. 대신 우리가 흔히 보는 평면거울인 경우는 드물다. 오목거울, 볼록거울, 어떤 경우에는 깨진 거울로 다가온다. 그렇기 때문에 더 진실하다. 평면거울은 그 안에 담긴 형상을 진실로 보이게 하는 마력이 있다. 무언가 생각할 겨를도 없이 망막에 맺힌 상을 통해 우리의 시각 경험을 지배하곤 한다. 그래서 속이기 쉽다. 하지만 오목거울이나 볼록거울은 생각을 하게 만든다. 깨진 거울은 흩어져 있는 모자이크 조각을 짜 맞춰야 하는 수고로움을 요구한다. 겉으로 드러난 모습이 굴절돼 있거나 조각 나 있기 때문에 진실에 대한 욕구를 불러일으킨다.

글만큼이나 미술도 해석의 즐거움을 준다. 미술작품의 조형미와 색채미만 우리를 즐겁게 하는 것이 아니다. 미술작품 안에는 작가가 의도했든 의도하지 않았든 시대의 진실과 세상을 바라보는 눈이 담겨 있기 마련이다. 인간과 역사의 퍼즐을 풀어내는 단서가 들어 있다. 마치 살아 있는 생명체처럼 말을 걸어온다.

또한 미술은 성찰의 시간을 마련해 준다. 친숙하게만 느껴졌던 세상에 대해 낯선 시선을 갖도록 해준다. 원래 빠른 속도로 질주하는 거대한 물체 위에 있을 때는 속도감을 못 느낀다. 가공할 속도로 자전과 공전을 하는 지구 위에서 전혀 속도감을 못 느끼듯이 말이다. 삶이 일상의 반복에 익숙해질수록 매너리즘은 소리 없이 깊은 뿌리를 내리고 내면을 관장하는 지배자가 된다. 일상의 미궁에서 벗어나는 가장 좋은 길은 낯설어지는 것이다. 모든 미술작품이 그러한 것은 아니지만 상당 부분은 통념을 넘어서는 시각 경험을 제공한다. 그 생뚱맞음이 어느 순간 스님의 죽비처럼 등을 후려친다. 대신 성찰의 기회가 섬세한 관찰의 눈으로 다가설 때 주어지는 선물이라는 점을 잊어서는 안 된다.

이 책의 각 글은 동서양의 미술작품을 매개로 인문학 고전으로까지 심화해 나가는 방식을 취하고 있다. 미술작품에 대한 감상에서 시작해 우리가 일상에서 접하는 직간접적인 경험에 대한 문제의식의 지평을 사회적·철학적 영역으로 확장한 후, 관련한 인문학 고전의 핵심 대목에 접근하도록 했다. 최종적으로는 그 이론적·실천적 의미를 각 주제와 관련하여 이해할 수 있도록 했다.

이 책의 전체 주제는 크게 자유, 동양과 서양, 이성, 빈곤, 일상성, 자아

등 6개로 구분했다. 인문학적 통찰이 요구되는 다양한 주제 가운데 상대적으로 통념이 더욱 강하게 작용하는 주제들을 선정하고자 했다. 형식적인 자유와 시장경제를 자유의 거의 전부로 사고하는 경향, 문화의 다양성이라는 알량한 개념 하나로 문화의 상대성을 대신하는 습관, 이성과 합리성의 신화, 인간은 사라지고 지표상의 수치로 대신하는 계량경제학적인 빈곤 이해, 소소한 일상과 학문적 탐구의 분리, 전통적 자아 개념에의 매몰 등은 통념적 사고가 손쉽게 우리의 의식을 좀먹고 있는 주제들이다.

   인문학적 사고는 일상적인 사고와 행위를 지배하는 통념에 대한 도전에서 시작된다. 독자들이 이 책과 함께 인문학 산책을 하면서 한편으로 통념이라는 우상에 대한 뾰족하고 삐딱한 시선, 다른 한편으로 인간에 대한 따뜻한 시선을 키울 수 있다면 필자에게는 더 할 나위 없는 기쁨일 것 같다.

박홍순

차례

2 　　　동양과 서양의 시선

3 　　　이성의 그늘

4 　빈곤의 역사를 넘어

5 　일상성의 비밀

6 개인과 사회 그리고 자아

1 자유를 향한 여정

규격화된 삶을
거부하는 집시 __

이해할 수 없는 그림

살아가다 보면 어느 정도 나이가 들어야 비로소 이해할 수 있는 것들이 있다. 독서나 간접 경험만으로는 알기 힘든, 인생이 가르쳐 주는 인식이란 게 있다. 나이테가 켜켜이 쌓여야 '아… 그게 그런 의미였구나!'하고 무릎을 치게 되는 경우 말이다. 같은 문학작품이라 하더라도 나이에 따라 다르게 다가온다. 미술이나 음악도 세월과 함께 쌓인 삶의 지혜가 녹아들면서 이전과는 전혀 다르게 새로운 감동을 전해 줄 때가 종종 있다. 문학이든 미술이든 예술은 그만큼 인생의 무게와 함께 자라나는 나무이기 때문이리라.

청소년 시절에는 서양 고전 소설이 그저 그런 사랑 이야기로 다가오기 십상이다. 헤밍웨이의 《누구를 위하여 종은 울리나》에서는 주인공인 조던과 마리아가 침낭 속에서 키스를 나누는 장면에서 괜히 조바심을 내곤 한

〈잠자는 집시〉 _ 루소, 1897

앙리 루소 Henri Rousseau | 1844~1911 　프랑스의 화가. 그의 작품은 사실과 환상을 교차시킨 독특한 것들이 많았다. 이국적인 정서를 주제로 창의적인 풍경화·인물화를 그렸다. 작품 활동 초기에는 독특함으로 인해 사람들의 조소를 받았지만, 이제 그는 현대의 원시적 예술의 아버지라 불릴 수 있는 하나의 전형典型을 만든 화가로 평가받는다. 주요 작품으로 〈경악: 숲속의 폭풍〉 〈잠자는 집시〉 등이 있다.

다. 톨스토이의 《부활》을 읽을 때는 여주인공 카추샤의 모습을 나름대로 그려 본다. 헤르만 헤세의 《지와 사랑》은 주인공 골드문트의 여성 편력이 충격적으로 다가온다. 그때는 등장인물의 성격이나 대화 내용 이면에 깔려 있는 사회적 현실, 인류의 정신적 고뇌가 좀처럼 눈에 잡히지 않는다. 《누구를 위하여 종은 울리나》가 유럽에서 파시스트 세력과 세계 진보 세력의 일대 격돌이었던 스페인 내전 문제를 다루었다는 것도, 《부활》이 러시아 전제군주제에 대한 저항과 나아가서는 법이나 제도에 대한 근본적 고민을 담고 있다는 것도, 《지와 사랑》이 인간의 오랜 숙제인 이성과 감성의 갈등을 다루고 있다는 것도 놓치고, 오직 애틋한 남녀의 에피소드로만 다가온다.

미술작품도 그렇다. 도무지 무슨 의미인지 이해할 수 없었는데, 나이가 들어서야 새롭게 눈이 떠지는 경우들이 있다. 일반적으로 서양 미술에 대한 선호도를 조사하면 인상주의 미술이 압도적으로 우위를 보인다. 좀 더 넓히면 르네상스에서 입체파 미술까지, 그러니까 레오나르도 다빈치에서 피카소까지가 사정권 안에 들어온다. 그나마 피카소도 사실적 묘사가 남아 있던 청색시대와 장밋빛시대에 해당하는 작품들까지만 친근성을 느끼고 입체파적인 요소가 전면화된 후기 작품으로 가면 고개를 갸우뚱거리며 외면하곤 한다. 그렇게 친해지기 어려운 화가 중 한 사람이 앙리 루소이다. 루소의 그림은 마치 초등학생이 그린 것처럼 느껴진다. 우리에게 익숙한 르네상스나 인상주의 미술의 감각으로 보자면 색의 대비가 생동맞고 어색하기 짝이 없다. 사물의 형태도 마찬가지여서 기본적인 미술 훈련을 받아 본 적이 없는 사람의 그림 같다. 그렇게 촌스럽게만 느껴지는 그림이 바로 〈잠자는 집시〉이다.

한 여인이 잠들어 있다. 동굴도 아니고 그냥 거친 들판에 담요 한 장만

깔아 놓고 자고 있다. 그 뒤로 강인지 호수인지 모를 큰 물이 흐르고 꽤 높아 보이는 산들이 이어져 있다. 하늘에는 창백할 정도로 차가운 달이 대지를 비추고 있다. 여인의 손에는 지팡이가 하나 쥐어져 있다. 긴 여행길의 필수품이리라. 걷다 지치면 몸을 의지하는 도구가 되고 혹시라도 짐승을 만나면 나름대로 자신을 보호할 무기로 사용했을 것이다. 머리맡에는 물병이 덩그러니 있다. 옆에는 만돌린처럼 생긴 악기 하나가 여행자의 분신인 듯 같이 잠들어 있다. 빨강, 파랑, 노랑, 녹색, 주황 등 화려한 색의 줄무늬가 있는 그녀의 옷이 달빛을 받아 무지개처럼 밝게 빛나면서 우리의 눈을 즐겁게 해주고 있다. 어디선가 이 화려한 옷을 입고 만돌린의 경쾌한 선율에 맞춰 춤을 추었을지도 모른다. 여기까지는 별로 이해 못 할 게 없다. 한 집시 여인이 여행 중에 들판에서 잠을 자는 모습일 뿐이지만, 사자 한 마리가 그림을 생경하게 만든다. 사자는 꼬리를 새운 채 여인의 냄새를 맡고 있다. 그런데 그림의 제목이 '잠자는 집시'이다. 그림의 설정으로 봐서는 '사자의 공격을 받고 있는 집시' 정도로 제목을 붙여야 어울리지 않을까 싶다. 사자의 아가리 밑에 위태롭게 있는 여인을 그려 놓고 '잠자는 집시'라니…….

루소는 〈잠자는 집시〉에 대해 이렇게 이야기했다.

"만돌린을 연주하며 방랑하는 흑인 여인이 곁에 물항아리를 놓고 피로에 지쳐 잠들었다. 때마침 지나가던 사자가 그녀를 발견하고 그녀의 냄새를 맡아 보지만 잡아먹지 않았다. 집시 여인은 동양적 의상을 입었으며 삭막한 사막에는 달빛이 시적인 효과를 내고 있다."

19세기 말과 20세기 초, 과학기술과 산업화의 물결이 인간의 의식을 온통 지배하고 있던 유럽에서 원시로의 여행을 시작하는 한 무리의 미술가들이 있었다. 피카소도 그중 한 사람이었는데, 아프리카 원시미술에서 새로운 미술의 활로를 찾고 있었다. 사진 기술이 발달하면서, 명암법과 원근법에 의존해 평면 캔버스에 사물을 실재처럼 그리는 일은 더 이상 예술의 영역으로 보기 힘들다는 생각을 가진 화가들이었다. 대상을 똑같이 그리는 작업이 미술이라면 영원히 사진기술의 뒤꽁무니를 따라다니는 신세로 전락해야 하니까 말이다. 1897년 '앙데팡당전展'에 이 그림이 출품되었을 때 전통적인 서양 회화 양식에 길들여져 있던 당대 유럽 사람들의 눈에는 원근 개념도 없고 모든 것이 평면으로 펼쳐져 있어 유치하기 짝이 없는 천박한 그림으로 보였다.

하지만 당시 아프리카 원시미술에 매료되어 있던 젊은 피카소Pabblo Ruiz Picasso의 눈에 루소의 천진난만한 그림은 신선한 충격이었다. 사실 루소가 의도적으로 이런 그림을 그린 것은 아니었다. 세금 납부소의 하급 세관원이었던 루소는 미술에 전념하기 위해 조기 퇴임을 했다. 별도로 전문적인 미술 수업을 받은 적이 없이 미술가의 길을 걷기 시작했다. 그렇기 때문에 루소는 원근법이나 명암법에 대해 배운 적도 없었고 이를 제대로 캔버스에 구현할 줄도 몰랐다. 그래서 자신의 의도와는 무관하게 전통적인 서양 회화의 기법을 무시하게 되었고 아이러니컬하게도 이것이 당시 유럽의 새로운 현대미술 흐름과 만나게 된 것이었다.

어느 날 피카소는 루소를 위한 파티를 열었다. 이젤과 판자를 이용해 탁자를 만들고 나뭇잎, 깃발과 초롱, 그리고 '존경하는 루소를 위하여'라고 쓰인 플래카드로 아틀리에를 장식했다. 이 파티에는 브라크Georges Braque, 마리 로랑생Marie Laurencin을 비롯해 새로운 미술적 실험에 호의적인 사람들이 참여했다. 루소는 한 손에는 지팡이, 다른 한 손에는 바이올린을 들고 나타났다고 한다. 파티가 한창일 때 루소는 바이올린으로 자신이 작곡한 음악을 연주했고 흥이 난 시인 아폴리네르Guillaume Apollinaire는 다음과 같이 즉흥시를 지어 루소에게 바쳤다.

"불행이 그대의 자손을 따라다녔다. 그대는 자녀들을, 그리고 아내까지 잃고, 그림과 재혼했다. 그대의 정신적 자녀들인 그림을 제작하기 위해 그대의 영광을 찬양하기 위해 우리들은 모였다. 그대를 칭송하기 위해 피카소가 따라 준 이 술을, 자, 모두 마시자 이젠 건배할 차례다. 만세, 만세, 루소!"

집시의 위험과 불안, 그리고 자유 – 헉슬리의 《멋진 신세계》

우리가 루소의 그림에서 이해하기 힘든 것은 단순히 평면화된 표현 양식이 아니다. 얼굴 바로 옆에 사나운 사자가 킁킁거리며 냄새를 맡고 있는데도 여인이 불안한 기색 없이 편안하게 자고 있는 상황 자체가 부자연스럽고 이해하기 힘든 것이다. 하지만 인문학적 상상력을 통해 문제의식을 확장하면 그림이 던져 주는 메시지를 발견할 수 있다. 루소가 의도한 메시지인지 아닌지는 중요하지 않다. 그림 자체가 우리들 각자에게 대화를 걸어온다.

그림은 들판에서 잠을 잔다는 것, 그리고 들판은 항상 변화무쌍한 상황이 기다리고 있다는 것, 심지어 자다가 사자를 만날 수도 있다는 것을 보여준다. 하지만 예상치 못한 위험이 있어도 집시는 끊임없이 여행을 한다. 위험이 항상 겪을 수 있는 일상으로 여겨질 때 공포가 아니라 자연스러운 동반자가 될 수도 있다는 점을 보여 준다. 또한 항상 여행을 하기 위해서는 짐이 많으면 안 된다. 유목민이 그러했듯이 말이다. 옷과 담요, 지팡이, 물 등 정말 필요한 최소한의 것으로 제한해야 한다. 여행자에게 많은 소유물은 짐이 된다. 하지만 거기에 빠질 수 없는 것이 하나 더 있으니 바로 악기이다. 춤추고 노래를 부를 수 있는 즐거움, 자유가 있어야 한다. 그림은 집시의 삶을 우리에게 그렇게 보여 주고 있다.

시인 장 콕토Jean Maurice Eugene Cocteau는 이 그림에 대해 다음과 같이 말한다.

"어떤 세부도 결코 잊지 않는 이 화가에게 잠자는 사람 발치의 모래 위에 발자국을 하나도 그리지 않은 것은 분명 의미 없는 일이 아니다. 집시 여자는 거기로 온 것이 아니다. 그녀는 거기 있는 것이 아니다. 아니, 그녀는 거기 있는 것도 아니다. 그녀는 인간이 있는 어떤 장소에도 있지 않다."

그렇게 머물지 않는 삶, 항상 떠나는 삶, 그래서 어디에도 메이지 않는 삶을 사는 집시의 인생을 이 그림에서 읽어낸 콕도의 눈은 참으로 날카롭다.

집시는 정처 없이 떠돌아다니며, 가는 곳에서 박해와 차별을 받은 적도 많았다. 유럽에서는 그들이 우물에 독을 풀어 넣는다든가, 가축에게 독을 먹인다든가, 아이를 유괴한다든가, 사람 고기를 먹는다든가 하는 악의적인 말들이 떠돌기도 했다. 주거는 보통 텐트에서 했는데 동유럽 여러 나라는 집시의 정착을 촉진하기 위해서 집을 지어 주고, 직업을 주고, 학교를 짓는 등의 노력을 했으나, 집시들의 호응이 없어 큰 성과를 얻지 못했다.

우리나라에서 '집시'하면 떠오르는 것이 아마 패션일 것이다. 이른바 '집시 스타일' 말이다. 여성 패션지에 소개되는 치렁치렁한 액세서리와 구제 나팔바지 등의 집시풍 패션을 떠올리는 게 거의 전부이다. 우리 현대인의 삶과 그들의 삶을 비교하고 집시의 사고에서 우리들이 잃어 가고 있는 무언가

〈집시〉 _ 프란츠 할스, 1628

를 찾아내는 일은 거의 없다.

　불편이나 불안, 위험은 집시를 늘 따라다니는 숙명이었다. 루소의 〈잠자는 집시〉에서처럼 들판에서 잠을 자다 맹수의 위협을 받기도 한다. 또한 소유하지 않고 머무르지 않으니 언제 끼니를 굶을지 모르는 불안함도 있다. 하지만 위험과 불안을 자신의 것으로 받아들이면서 어디에도 구속되고 조종받지 않는 자유로운 삶을 추구했다.

　프란츠 할스Frans Hals의 〈집시〉는 자유로운 삶을 사는 집시의 투명한 웃음을 보여 준다. 루소의 그림과 함께 서양 회화에서 집시를 묘사한 가장 유명한 그림이다. 그림을 보면 집시 여인의 헝클어진 머리가 한눈에 들어온다. 매일 이 거리 저 들판을 떠돌아다니는 생활이니 곱게 머리를 단장할 수 없었을 것이다. 다림질이라곤 한 번도 해본 적이 없어 보이는 옷차림새는 자유롭게 다니는 여행자의 복장 그대로이다. 하지만 무엇보다 우리의 눈길을 끄는 것은 그녀의 표정이다. 교양이라는 이름으로 제한된 사교계 여인들의 인위적이고 가식적인 웃음이 아니라 풋풋한 미소가 가득하다. 화장기가 없어서가 아니라 자신의 감정을 있는 그대로 표현하는 투명한 웃음이 스친다. 맑은 햇살 같기도 하고, 숲속의 부드러운 바람 같기도 하다. 그 웃음 속에서 어떠한 사회적인 도덕률에도 얽매이지 않는 자연인의 자유분방함을 발견한다. 머물지 않는 삶의 불편과 위험이 불행이 아니라 지금 이 순간을 만끽하고 내일이면 다시 펼쳐질 새로운 날에 대한 기대로 나타나는 듯하다.

하지만 산업사회를 살아가고 있는 우리들은 집시의 가치와는 정반대를 향하고 있다. 우리에게 불편과 위험은 죄악이다. 현대인에게 불안은 질병이다. 불안정성에서 벗어날 수만 있다면 하루하루가 똑같은 고정된 삶, 개별성이 사라진 획일적인 삶, 심지어 일상적인 억압마저도 받아들인다.

이와 관련하여 올더스 헉슬리Aldous Leonard Huxley는《멋진 신세계》에서 진지한 문제제기를 한다. 작가의 화신이라고 할 수 있는 주인공 새비지를 통해 현대 과학기술 문명을 상징하는 무스타파 몬드에게 다음과 같이 불편과 불안, 위험하게 살 권리를 주장한다.

"하지만 저는 불편한 것을 좋아합니다."
"그러나 우리는 결코 좋아하지 않습니다. 일을 편하게 하는 것을 더 좋아하니까요."

"저는 편안한 것을 원하지 않습니다. 저는 시를 원하고, 현실적인 위험을 원하고, 자유를 원하고, 선을 원합니다. 저는 죄악을 원합니다."

"알 수 없군요. 당신은 불행하게 만드는 권리만 주장하고 있군요."

"네, 그래요. 나는 불행하게 되는 권리를 주장하고 있습니다. 늙어서 추해지고 무능하게 되는 권리는 말할 것도 없고, 매독과 암에 걸릴 권리, 기아의 권리, 더러워질 권리, 내일 일어날 일에 대한 끊임없는 걱정의 권리, 장티푸스에 걸릴 권리, 말할 수 없는 온갖 고통에 시달릴 권리……."

새비지는 잠깐 숨을 들이마시며 무스타파 몬드를 응시했다. 그리고 굳은 얼굴로 결론을 짓듯이 말했다.

"이러한 모든 것을 나는 요구합니다."

"오, 그래요. 그러면 좋을 대로 하시죠."

무스타파 몬드는 별일 아니라는 듯 어깨를 으쓱하고는 가볍게 말했다.

이미 무스타파 몬드의 사고방식과 삶을 체화하고 있는 우리들로서는 새비지의 주장이 황당하게만 들린다. 추하고 무능할 권리, 매독과 암에 걸릴 권리, 기아와 고통의 권리라니, 정신 나간 소리쯤으로 다가온다. 하나같이 인간이 피하고자 하는 불행들을 권리라는 이름으로 요구하고 있으니 말이다. 새비지가 주장하는 모든 요구는 인간이 과학기술이나 산업화를 통해 없애고자 했던 것이다. 하지만 새비지의 주장을 조금만 진지하게 곱씹어 보면 안정과 행복만을 보장할 듯했던 산업문명의 어두운 그늘이 드러난다.

가장 심각해 보이는 기아 문제만 봐도 그렇다. 과학기술 문명은 기아에서 인간을 해방시키겠다는 명목으로 유전자조작 식품GMO를 만들어 냈다. 하지만 유전자조작식품이 인간에게 어떤 악영향을 미칠지에 대해서는 제대로 연구된 바가 없어, 현재 인간은 일종의 실험 도구로 전락한 셈이다. 언제 생길지 모를 이상 증상, 다른 종으로의 유전자 변종 확산, 농업과 식품 산업에서 몇몇 다국적 기업의 헤게모니 장악, 나아가서는 농산물의 다양성이 감소함으로써 초래될 병충해에 의한 재앙 가능성 등 수많은 문제들이 있음에도 불구하고 인간은 과학기술의 능력만을 믿고 밀어붙이고 있다. 그리고 정말 지구라는 땅덩어리가 부족해서 기아에 시달리고 있는가도 깊이 생각해 봐야 할 문제이다. 대체로 내전을 겪고 있는 나라에서 기아가 발생하고 있다는 점에서 정치적인 문제가 원인이라는 반론, 전 세계적으로 볼 때, 인구에 비해 식량은 과잉 생산 상태라는 반론이 제기되고 있다. 그런 점에서 GMO는 거대한 기술적 사기일 수 있다는 반론을 귀 기울일 필요가 있지 않을까?

새비지가 말한 암에 걸릴 권리도 마찬가지다. 암에 걸린 환자에게 병원은 항암 치료를 한다. 하지만 그 암 치료라는 것이 너무나 끔찍해서 어떤 의사들은 만약 자신이나 자신의 가족이 암에 걸릴 경우 병원에서의 암 치료를 받게 할 마음이 없다는 심정을 스스로 토로하기도 한다. 일본의 저명한 암 전문의인 곤도 마코토 교수는 《암과 싸우지 마라》라는 책을 통해 현대 의학에서 암의 발견과 치료의 유일무이한 처방이라고 여기고 있는 조기검진, 수술, 항암제 투여는 오히려 암 환자에게 해악을 끼친다고 주장한다. 그에 의하면 항암제는 암 사망률을 낮추지 못하며 단지 과학기술의 이름으로 환자를 괴롭히기만 한다는 것이다.

그렇다고 해서 그가 우리 모두 암에 걸리자거나 기아 상태에 빠져야 한다고 주장하는 것은 아니다. 일체의 불편과 위험, 불안과 불안정성을, 제거해야 할 적으로 규정하고 합리성과 과학기술이라는 천편일률적인 처방전을 강제하는 현대 문명에 대한 저항이다. 남자는 초콜릿 복근, 여자는 24인치 허리를 가져야 정상적인 '건강' 상태라는 집단적 히스테리를 시대정신쯤으로 착각하고 살아가는 우리들에 대한 경종이다. 전기청소기도 부족해 로봇청소기까지 개발해 하루에도 몇 번씩 집안을 청소하고, 그것도 성에 차지 않는 듯 벌레를 박멸하는 전문 기업을 동원해 집 안에 인간 이외의 생명체는 모두 멸종시키려는 듯 달려들고, 흙이 드러나는 한 뼘의 공간도 지저분하다는 듯 길이란 길은 온통 아스팔트나 보도블록이 덮어 버린 도시에서 오히려 면역력이 약화되어 온갖 피부병이 생겨나는 역설적인 상황에 대한 조롱이다. 이미 10대부터 안정적인 직장 마련만을 유일한 목표로 삼아 문학, 놀이, 여행 등은 한가한 불장난이거나 자신과 무관한 구시대의 단어쯤으로 치부하는 현대인들의 자화상에 대한 탄식이다. 그리하여 위험을 감수하는 도전, 불안을 동반하는 내적 고뇌를 인간에게 되돌리려는 절규이다.

결국 새비지가 말하는 불행하게 되는 권리란 각종 인간적 가치의 다른 이름이라고 할 수 있다. 고도로 발달된 과학기술 문명이 인간적인 것, 자연적인 것을 이 세계에서 점점 사라지게 만들고 있는 현실을 비판하고 있다고 봐야 한다.

규격화, 표준화된 현대인의 삶

하지만 현대인의 삶과 사고방식은 철저하게 무스타파 몬드의 것이다. 대량

생산을 위한 전제조건인 규격화와 표준화는 현대인의 삶을 특징짓는 가장 대표적인 말이다. 대부분의 사람들이 사회적으로 요구되는 규격과 표준에 들어가기 위해 몸부림치며 산다. 한국 사회에 부는 '영어 열풍'도 규격화·표준화된 우리 삶의 한 단면을 보여 주는 현상이다. 누구나 일정 정도 이상의 토익이나 토플 성적을 갖추어야 하는 사회에서 일어날 수밖에 없는 슬픈 해프닝이다. 누구나 대학을 나와야만 최소한 인간으로서의 조건을 갖춘 것으로 인정이 된다. 어디 그뿐인가. 하다못해 옷 하나만 봐도 그렇다. 남성이든 여성이든 유행하는 패션을 따라가지 않으면 무언가 덜 떨어진 인간으로 취급받기 일쑤다. 특정한 규격 속에 자신을 꿰어 맞춘 복제품들의 사회 속에서 우리는 살고 있다.

　규격화와 표준화는 산업사회의 직접적인 결과물이다. 산업사회의 가장 큰 특징은 대량생산과 대량소비에 있다. 대량생산의 전제 조건은 규격화, 표준화이다. 산업사회는 동일한 제품을 대규모로 생산하고 이를 대규모로 소비시켜야만 하는 운명을 지니고 태어났다. 제품을 몇 가지로 압축하여 대량생산하기 위해서는 부품의 크기나 작업 공정도 표준화해야만 한다. 생산의 표준화는 소비의 표준화를 만들어 낸다. 개성을 살린다는 '유행'이 얼마나 허구적인지는 우리 주변을 조금만 살펴봐도 금방 알 수 있다. 부동산 가격의 차이가 있을 뿐 거의 구별할 수 없을 정도로 비슷한 아파트, 거리를 메우고 있는 몇 종류의 승용차, 계절마다 유행하는 비슷한 색깔과 스타일의 옷……. 껍데기만 그런 게 아니다. 현대인들의 내면도 갈수록 규격화되어 가고 있다. 금전적인 능력만이 최고의 가치로 여겨지는 사회에서 학벌이라는 표준에 도달하기 위한 무한경쟁만이 우리의 의식을 지배하고 있다. 공장에서 물건을 생산하듯 대량으로 찍어 내는 획일적인 교육 체계 아래에서 붕어빵 학생은 필연이다.

하지만 따지고 보면 고정된 틀에 얽매인 삶은 아주 오래전부터 시작되었다. 인간이 농업을 중심으로 정착생활을 하기 시작하면서부터, 오직 머무는 삶을 추구하면서부터 규격화·표준화가 하나의 규범처럼 인간의 내면을 지배하기 시작했다. 정착생활을 하면서부터 공동체의 규모는 커져만 갔고 수직적인 신분체계도 만들어졌다. 정착 집단에서 떨어져 나오는 것이 곧 위험을 의미하게 되자, 사람들은 머물기 위해 신분제를 받아들이고 사회의 온갖 규제에 몸을 맡겼다. 그 규격에서 벗어나면 불안해하고 어떻게 해서든지 정해진 틀 안으로 회귀해야만 안심을 하게 되었다.

하지만 물은 고이면 썩는다. 이 말을 누가 '평범한 진리'라고 했는가? 정확히 말하자면 평범한 진리가 아니라 '비상한 진리'이다. 이미 현대인은 퇴화하기 시작했다. 자유로부터 스스로 도피하고 있다. 근대에 접어들면서 시민혁명과 함께 신분적 억압에서 벗어났다는 점에서는 개인의 자유가 확대되었다고 볼 수 있다. 하지만 현대인은 신분제에서 벗어나자마자 고립되고 무력한 존재로 전락했다. 과거 농업사회에서 농민은 토지를 매개로 하여 삶을 영위할 수 있었다. 하지만 모든 삶을 임금에 의존해야 하는 대다수 현대인은 직장의 위계질서에 자발적으로 복종해야만 한다. 노동력만을 판매하는 것이 아니라 사실상 인간성까지 기업에 내맡겨야 생존할 수 있게 되었다. 정보화사회도 별로 위안은 못 된다. '데이터 스모그'라는 말이 생겨날 정도로 안개처럼 자욱한 정보의 바다에 난파된 개인은 무엇을 봐야 할지 어디로 가야 할지 구분하지 못한 채 어쩔 줄 몰라하고 있다.

이제 일신우일신日新又日新, 즉 날마다 새로워져야 한다. 오직 새로워지려고 하는 사람에게만 새로워질 가능성이 존재한다. 새로운 시선과 발상만이 늪처럼 발목을 끌어내리는 일상의 틀에서, 안개처럼 에워싸고 있는 관성의 세계에서 우리를 구원할 수 있다. 날마다 새로워지기 위해서는 날마다 떠나야 한다. 머무는 삶이 아니라 떠나는 삶이 되어야 한다. 21세기 유목민, 21세기 집시가 더 많아져야 한다. 그렇다고 해서 직장을 버리자거나 노숙자가 되어야 한다는 게 아니다. 통념과 관성에 안주하는 것이 아니라 자기를 끊임없이 혁신하는 정신적인 유목민과 집시를 의미한다. 날마다 새로워지고자 할 때 우리의 삶은 무기력에서 활력으로, 필연에서 자유로, 노예에서 주인으로 거듭날 수 있으리라.

21세기
돈키호테를 위하여__

삽화를 예술의 경지로 끌어올린 도레

흔히 삽화는 책을 꾸미는 보조적인 수단 정도로 여겨진다. 예술 영역과는 거리가 있는 기술적인 작업 정도로 생각하거나 기껏해야 하급 예술로 인정하는 분위기가 적지 않다. 동양이든 서양이든 삽화는 대체로 문자 해독력이 없는 일반 백성에게 종교적인 가르침을 전하기 위해 이용되곤 했다. 18~19세기에 접어들어서야 삽화를 독자적인 예술 영역으로 끌어올리기 위한 노력이 시도되었다.

그 선두에 선 사람이 귀스타브 도레이다. 그의 삽화 앞에서는 하급이니 하류니 하는 말이 쏙 들어갈 수밖에 없다. 선에 대한 감각이 유난히 뛰어났던 도레는 16세였을 당시 삽화로 명성을 떨치고 있던 도미에Honor Daumier보다 더 많은 원고료를 받았을 정도로 이미 프랑스에서 최고의 대우를 받는 삽

〈서재의 돈키호테〉 _ 도레, 1862

귀스타브 도레 Gustave Dore | 1832~1883   19세기 프랑스를 대표하는 삽화가로 유명하다. 5세 때부터 그림을 그렸고 12세에는 조각과 석판화 작업을 했다. 대표작으로는 〈돈키호테〉 외에도 라블레의 〈가르강튀아와 팡타그뤼엘 이야기〉 단테의 〈신곡〉 등이 있다. 서양 만화의 선구자 가운데 한 사람이기도 하다.

화가가 되었다. 대표작에 해당하는 것이 세르반테스Miguel de Cervantes Saavedra의 〈돈키호테〉 시리즈이다. 〈돈키호테〉는 도레만이 아니라 고야Francisco Goya, 도미에, 피카소 등 많은 화가들에게 상상력을 불어넣어 주었고 특히 도미에는 돈키호테 연작을 남기기도 했다. 하지만 도레의 삽화는 우리에게 살아 있는 돈키호테를 만나게 해준다.

〈서재의 돈키호테〉는 소설 앞부분의 내용에 해당하는 그림이다. 돈키호테가 기사들의 모험을 담은 책들을 쌓아 두고 공상에 잠겨 살아가고 있는 내용이다. 그림은 돈키호테의 공상을 다양한 이미지를 통해 표현하고 있다. 좌측 맨 앞에는 흉악한 거인의 얼굴이 덩그러니 놓여 있다. 오른쪽 앞에는 악당에게 납치당할 위험에 빠진 공주가 돈키호테에게 팔을 뻗어 간절하게 구원을 요청하는 모습이 나온다. 위에는 전설 속 동물인 용이 날아다니고 전투를 위해 진격하는 기사들의 용맹스러운 모습이 그려져 있다. 방 여기저기에는 읽다 놓은 책들이 굴러다닌다. 돈키호테는 책을 암송하다가 스스로 감정에 복받친 듯 칼을 높이 쳐들고 호령하고 있다.

창문으로 들어온 빛을 중심으로 온갖 사물이 하나의 흐름을 만들고 있다. 전체적으로 빛과 어둠의 조화가 두드러진다. 빛의 화가로 유명한 렘브란트 Harmensz van Rijn Rembrandt의 감각을 느낄 수 있을 정도로 도레의 삽화는 빛과 어둠의 대비가 극적이다. 창문으로 스며드는 빛의 흐름을 집요하게 추적하는 묘사는 마치 네덜란드 화가 베르메르Johannes Jan Vermeer의 작품을 보는 듯하다. 다양한 요소와 이야기가 하나의 그림 안에 뒤죽박죽 섞여 있음에도 불구하고 난잡하거나 어색하지 않다. 여러 가지 요소가 서로 조화를 이루며 전체로서의 하나를 보여 주고 있는 듯하다. 특히 돈키호테의 묘사는 얼마나 생생한가!

눈과 입, 우스꽝스러운 수염의 모양만 봐도 망상에 사로잡혀 있는 인간의 모습을 그대로 드러내 주는 것만 같다. 삽화 전체를 압도하는 정밀한 선은 피카소가 그 세밀함에 매혹당했다는 얘기가 결코 과장이 아님을 보여 준다.

우상 파괴의 선구자 돈키호테

《돈키호테》는 모르는 사람이 거의 없을 정도로 유명한 소설이지만 실제로 전체 내용을 읽은 사람은 그리 많지 않을 것이다. 아마 대부분 초등학생 시절에 어린이용으로 나온 동화책을 통해 읽었을 것이다. 몇 년 전 노벨연구소가 세계 최고의 작가 100명을 대상으로 한 설문조사에서 《돈키호테》가 '문학 역사상 가장 위대한 소설'로 선정되기까지 했던 사실에 비추어 보면 우리 사회의 지적 게으름을 다시 한 번 확인할 수 있다.

　《돈키호테》에 대한 평가는 매우 다양하다. 이성에 기초한 사고와 행위를 강조하는 합리주의자들은 충동적인 감정과 비현실적인 공상 속에서 살아가는 주인공 돈키호테를 못마땅하게 생각했다. 이에 비해 낭만주의자들은 현실의 때가 묻지 않은 돈키호테에게서 순수한 이상을 발견하고자 했다. 한편으로 어려운 상황에서도 불굴의 의지로 꿈을 실현하고자 하는 능동적인 인물로 바라보는 시각도 있다. 반대로 돈키호테를 몰락해 가고 있는 봉건적 가치에 집착하며 역사의 수레바퀴를 거꾸로 돌리려는 시대착오적 인물 정도로 폄하하는 사람들도 있다.

　하지만 우리가 더욱 눈여겨봐야 할 것은 우상을 파괴하는 돈키호테의 모습이다. 인류 역사를 볼 때 대부분의 사회는 사회 구성원들에게 우상을 강제했다. 지배세력은 거역할 수 없는 우상을 통해 지배 질서를 정당화하고 영원히 유지하고자 했다. 서양 봉건사회의 대표적인 우상은 신분제였고 이를 뒷받침한 것은 종교였다. 풍차에 달려들고 수도사들을 공주 납치범으로 몰아 공격하며 양떼를 대규모 군대로 착각하여 돌진하는 돈키호테를 통해 허위에 가득 찬 봉건사회의 추한 몰골을 발견할 수 있다. 또한 산초와 돈키호테의 대화에서 신분적인 거드름이 무너져 가는 것을 목격한다. 우리가 전통 풍자극인 마당극을 볼 때 광대가 이성적으로 기존 사회를 분석하고 비판해서 우상 파괴의 통쾌함을 경험하는가? 오히려 광대의 우스꽝스러운 말과 충동적인 행동을 통해 역설적으로 시대의 모순을 발견하지 않던가?

누군가는, 당시 세르반테스가 경제적으로 어려웠고, 그래서 돈을 벌 생각으로 《돈키호테》를 썼기 때문에 봉건제에 대한 비판적인 의식은커녕 속물에 불과하다고, 그 이상의 해석은 근거 없는 상상에 불과하다고 말할지 모르겠다. 그러나 문학이나 예술, 인간의 개인적인 행동은 어떤 경우에는 시대적 상황 속에서 당사자의 사상이나 의도와는 무관하게 비판적인 역할을 수행하기도 한다. 조선 시대를 대표하는 의적으로 잘 알려진 임꺽정이 과연 부패한 신분제 사회에 대해 목적의식적인 저항을 하는 투사였을까? 동학농민전쟁을 이끌었던 녹두장군 전봉준처럼 나름대로의 비판적인 인식에 기초하여 현실 사회에 대한 통찰과 미래 사회에 대한 비전을 가지고 있었을까? 그는 한 무리의 도적을 이끄는 흉악한 수괴로서의 성격이 더 강하지 않았을까? 하지만 그러한 도적 집단에 쩔쩔매고 흔들리는 전제군주제의 모습 자체가 도적 집단의 의도와는 무관하게 당시 민중에게 혹은 역사적으로 저항의 성격을 갖게 만들었을 것이다.

〈풍차와 싸우는 돈키호테〉 _ 도레, 1862

　《돈키호테》에서 가장 유명한 풍차와의 전투 장면을 보자. 도레의 〈풍차와
싸우는 돈키호테〉에는 풍차로 돌진하던 돈키호테가 풍차 날개에 맞아 말에
서 떨어지는 장면이 극적으로 묘사되어 있다. 뒤쪽에서는 주인이 사고 치는
장면을 본 산초가 소리를 지르고 있다. 말과 돈키호테의 모습이 역동적으로
생생하게 살아 있다. 이렇게 허무하게 쓰러지는 돈키호테의 모습은 뿌리에서

부터 무너져 가는 봉건사회의 모습이기도 하다.

들판에 우뚝 서 있는 수십 개의 풍차를 보고 돈키호테는 산초에게 이렇게 말한다.

"운명은 바야흐로 우리가 예상했던 것보다 더 좋은 방향으로 우리를 인도하고 있다. 자, 산초여, 저쪽을 보아라. 서른 아니 그보다 훨씬 많은 흉악한 거인들이 버티고 서 있다. 나는 저놈들과 싸워 다 죽인 후에 거기서 얻은 전리품으로 일약 거부巨富가 된단 말이다. 이것이야말로 정의의 전투, 이 지구상에 널려 있는 악의 씨를 근절시키는 것만이 하느님에 대한 위대한 봉사인 것이다."

봉건사회에서 벌어졌던 전쟁의 추악한 본질을 압축적으로 드러내는 내용이다. 봉건사회에서 대부분의 전쟁은 '신의 전쟁'이었다. 신의 이름으로 십자군 전쟁을 대대적으로 벌였고 서구 제국 사이의 전쟁도 신의 이름으로 합리화시켰다. 하지만 돈키호테를 통해 드러나는 전쟁의 진정한 목적은 전리품으로 일약 거부가 되는 약탈이다. 이 추악한 약탈이 정의의 이름으로, '하느님에 대한 위대한 봉사'로서 찬양되고 있음을 돈키호테를 통해 역설적으로 확인하게 된다.

실제로 중세 유럽을 상징하는 전쟁이었던 십자군 전쟁은 이슬람교도에게 빼앗긴 성지 예루살렘을 탈환한다는 종교적인 명분을 가지고 시작되었다. 11세기부터 14세기에 걸쳐 교회가 주도한 여러 차례의 원정 전쟁 과정에서 수많은 사람들이 목숨을 잃었다. 하지만 성지 회복이라는 명분과는 달리 실질적으로는 영토를 확장하고 이를 통해 교회와 세속 군주들의 정치·경제적 이권을 획득하기 위한 침략 전쟁이었다. 원래 목적인 성지 탈환은 뒷전이고 전리품 노획과 약탈이 우선이었다. 심지어 4차 원정에서는 같은 기독교 국가인 비잔티움 제국을 몰아내며, 라틴제국을 건설함으로써 '하느님에 대한 위대한 봉사'가 얼마나 허구적인 핑계였는지 스스로 폭로했다.

전쟁의 약탈적 성격에 대한 번뜩이는 풍자는 수도사들과의 전투 장면에서도 잘 나타난다. 수도사들을, 공주를 납치한 악당들로 생각한 돈키호테가 산초의 만류에도 불구하고 창을 겨눈 채 공격을 한다. 평화롭게 말을 타고 가다가 돈키호테의 느닷없는 공격에 놀라 땅에 떨어진 수도사에게 산초가 달려들어 옷을 벗기기 시작한다. 수도사의 두 하인이 왜 옷을 벗기느냐고 항의하자 산초는 자기 주인 돈키호테가 이긴 싸움의 전리품으로서 이 옷은 합법적으로 자기에게 속한다고 단언함으로써 약탈을 정당화한다.

우리 시대의 돈키호테를 기다리며 − 아담 스미스의 《국부론》

우리 시대에는 돈키호테가 없다. 더 이상 돈키호테가 필요 없는 시대가 되었기 때문일까? 거부해야 할 우상이 더 이상 존재하지 않는 투명한 세상이 되었기 때문일까? 시민혁명을 통해 신분제가 사라져서 이제는 구조적인 억압이란 발견할 수 없고, 모든 개인이 자유롭게 자신을 실현할 수 있는 사회가 도래했기 때문일까? 설사 문제가 있더라도 기본적으로 사회의 질서가 공정해서 단지 부분적으로 운영상의 문제만 치유하면 제대로 굴러갈 수 있는 사회이기 때문일까?

우상은 살아 있다. 신분제라는 우상은 사라졌지만 새로운 우상이 현대인의 의식을 지배하고 있다. 과학기술에 대한 무한한 신뢰는 종교나 신분제보다도 더욱 위력적인 우상으로 자리 잡고 있다. 아니 과학기술 자체가 하나의 종교가 되었다. 과학기술에 대한 맹신이 만들어 낸 환경 파괴조차 기술적인 방식으로 해결될 것이라는 믿음이 지배하고 있다. 유전자 조작으로 만들어 낸 동식물이 우리의 식탁을 차지함으로써 인간이 임상 실험의 대상이 되었는데도 우리는 대부분 무감각하다. 히로시마와 나가사키의 원자폭탄 투하로 수십만 명이 목숨을 잃었고, 체르노빌 핵발전소 폭발로 인한 참사가 생생한데도 여전히 핵은 가장 효율적이고 안전한 에너지라는 환상을 갖고 있다.

그리고 그 무엇보다 거대하고 위력적인 우상은 현대사회의 질서이자 지배자 역할을 하고 있는 시장이다. 시장이 모든 것을 저절로 해결해 줄 것이라는 믿음이 수백 년 간 인간의 삶을 규정하고 있다.

현대를 살아가는 우리들에게 시장은 하나의 종교가 되었고 아담 스미스 Adam Smith의 《국부론》은 흔들림 없는 성경의 역할을 하고 있다. 신의 기적은 저 유명한 '보이지 않는 손', 즉 시장의 마법에 의해 실현된다고 한다. 아담 스미스는 다음과 같이 주장한다.

각 개인이 최선을 다해 자기 자본을 국내 산업 자원에 사용하고 노동 생산물이 최대의 가치를 갖도록 노동을 이끈다면, 각 개인은 필연적으로 사회의 연간 수입을 그가 할 수 있는 최대치가 되게 하려고 노력하는 것이 된다. 그는 노동 생산물이 최대의 가치를 갖도록 그 노동을 지도함으로써 오직 자신의 이득을 의도한 것이다. 그는 이렇게 함으로써 다른 많은 경우와 같이 '보이지 않는 손'에 이끌려 그가 전혀 의도하지 않은 목적을 증진시키게 된다. 그는 자기 자신의 이익을 추구함으로써 종종 그 자신이 진실로 사회의 이익을 증진시키려고 의도하는 경우보다 더욱 효과적으로 그것을 증진시킨다. 자기의 자본을 국내 산업의 어떤 분야에 투자하면 좋은가, 그리고 가장 큰 가치를 가진 생산물을 생산하는 산업분야는 무엇인가에 대해, 각 개인은 자신의 지역적 상황에서 어떠한 정치가나 입법자보다 훨씬 더 잘 판단할 수 있다는 것은 명백하다.

한마디로 사적인 이윤 추구에 맡기면 사회적 이익도 저절로 극대화될 수 있다는 것이다. 사회 구성원들이 갖는 부의 근거가 되는, 사회의 부는 개인들이 사적인 이익 추구를 위해 열심히 생산하고 판매하는 것에서 발생하기 때문이라는 것이다. 보통 한 사회의 부를 측정하고 비교하는 기준 역할을 하고 있는 국내총생산GDP을 예로 들어 생각해 보면 쉽다. GDP는 한 국가 안에서 일어나는 경제활동의 최종 생산물의 총합을 의미하므로, 결국 자신의 이익을 늘리기 위해 자본을 더 많이 투자하고 경영을 할 때 더 많은 사회적인 이익이 발생한다는 것이다. 자기 이익에 대해서는 세상이 그 자신만큼 잘 아는 사람이 없으니 간섭하지 말라는 것이기도 하다. 반대로 정부가 투자와 경영에 간섭을 하게 되면 사적 이익은 물론이고 결과적으로 사회의 이익도 줄어들게 된다고 경고한다. 투자, 경영, 교환 등 경제 활동에 필수적인 요소들에 대해 정부가 개입해서는 안 되고, 사적인 이익 추구와 시장의 자율적 조정 기능에 맡겨야 한다는 것이다.

역사적으로 여러 차례의 공황이나 불황이 있었고, 최근 금융위기가 전 세계를 강타했음에도 불구하고 시장에 대한 찬가는 여전하다. 경제만이 아니라 정치, 사회, 문화, 나아가서는 인간의 내밀한 의식을 규정하고 모든 것의 존립 여부를 판단하는 기준이 곧 시장이다.

하지만 시장의 부패와 타락이 곳곳에서 드러나고 있다. 시장의 손길이 닿는 곳곳에서 악취가 풍겨 나오고 있으며 많은 사람들이 고통을 받고 있다. 지난 수십 년간 미국이나 유럽에서조차 실질 임금은 거의 오르지 않았고, 세계적으로 양극화 현상은 점점 극심해지고 있다. 선진국과 몇몇 개발도상국에서 부의 성을 쌓고 있는 동안 아프리카를 비롯한 지구 곳곳은 기아에 허덕이고 있다. UN에 의하면 전 세계적으로 10억 명 정도가 기아와 영양 부족을 겪고 있다고 한다. 매일 약 2만 4천 명이 기아 또는 기아 관련 원인으로 사망하고 있는데, 이 가운데 4분의 3이 5세 이하의 아동이라고 한다. 지금 이 순간에도 수많은 사람들이 기아로 죽어 가고 있지만 전 세계 곡물 생산량의 절반가량은 인간의 육식을 위한 가축 사료로 사용되고 있다.

그러나 시장이라는 우상을 향해 돌진하는 돈키호테를 만나기는 어렵다. 시장이 인간에게 목적이 아니라 단지 유용한 수단 중의 하나임을, 그러므로 언제든지 줄이거나 근본적으로 변경하는 것이 가능함을 주장하고 이를 실현시키려는 사람을 만나기 어렵다. 차가운 이성으로 무장한 채 "시장이여 영원하라"를 외치는 사람들만 있다. 이제 더 이상의 역사 발전이란 존재하지 않고, 그러한 의미에서 "역사는 끝났다"며 우리가 살고 있는 시장지배 사회가 역사의 최후 단계라고 단언하는 후쿠야마Francis Fukuyama 같은 사람들이 대부분이다. 컴퓨터라는 최신식 투구를 쓰고, 생명공학의 새로운 창을 들고, 신자유주의라는 말을 타고, 시장이라는 성을 지키는 파수병들이 있을 뿐이다.

아직 시장의 위력이 너무나 대단하기 때문에 어쩔 수 없는 것일까? 돈키호테가 태어나고 활동하던 당시는 아직 봉건 왕조가 살기등등한 위력을 행사하던 때였다. 특히 세르반테스가 태어난 스페인은 더욱더 그러했다. 언제나 그러하듯이 모든 쇠퇴와 몰락은 기존 체제가 정점에 다다른 직후부터 시작된다. 대부분의 사람들이 자신들이 살아가고 있는 사회질서가 마치 영원할 것처럼 여기고 있는 그 순간에 조금씩 균열이 시작되는 것이다.

과학기술과 시장이 지배하는 21세기에 돈키호테를 기다리는 것은 헛된 공상일까? 시장의 자유가 아닌 인간의 자유를 꿈꾸는 것은 무지개를 잡으러 뛰어가는 아이처럼 순진한 발상에 불과한 것일까? 지금, 수백 년 동안 흔들림 없이 우상의 위치를 지켜 오고 있는 시장을 향해 돌진하는 다수의 돈키호테가 기다려진다.

밤,
자유의 공간 ＿

밤을 그리는 사람들

인상파 화가들이 자연의 빛을 사랑했다는 것은 이제 상식에 속하는 얘기다. 동일한 풍경이라 하더라도 햇빛의 정도와 각도에 따라서 천차만별의 느낌을 전해 준다. 단순히 색의 변화만이 아니라 형태조차도 다르게 다가온다.

빛의 세계가 가지고 있는 매력은 생활 속에서도 느낄 수 있다. 매일 마주치는 방 안의 일상적 풍경이 어느 순간 창문으로 스며드는 빛과 만나서 새로운 느낌을 주기도 하고, 도시의 볼품없는 회색 건물들조차 어느 순간 빛의 마술에 걸려, 자연의 그 어떤 찬란함과도 맞먹을 아름다움을 보여 주기도 한다. 평소에 하늘을 가로로 가르는 시커먼 괴물 같기만 하던 신호등이 석양의 붉은 빛과 어울리면서 우리의 눈과 마음을 사로잡을 때도 있다.

그래서 인상파 화가들은 끊임없이 캔버스를 들고 자연으로 나갔다. 대지

〈**몽마르트르 거리 – 밤**〉_ 피사로, 1897

카미유 피사로^{Camille Pissarro} | 1830~1903   프랑스의 화가. 1855년 화가를 지망하여 파리로 나왔으며, 1874년에 시작된 인상파그룹전^展에 참가한 이래 매회 계속하여 출품함으로써 인상파의 최연장자가 되었다. 1850년대 중반에는 한동안 점묘법^{點描法}을 시도하기도 했다. 만년에는 시력이 약화되었으나 최후까지 제작 활동을 계속하여 인상주의 운동과 운명을 함께하려는 성실성을 보였다. 주요 작품으로는 〈붉은 지붕〉〈사과를 줍는 여인들〉〈몽마르트르의 거리〉 등이 있다.

위에 작렬하는 빛의 흐름, 인간의 신체를 애무하듯 간질이는 빛의 향연을 표현해 내고자 노력했다. 그들은 빛의 효과를 극적으로 드러낼 수 있는 시간을 선호했다. 해가 뜨는 아침의 빛은 대지 위의 모든 사물을 깨우는 힘이 있다. 모네Claude Monet의 〈인상, 해돋이〉에서 사물의 윤곽은 흐릿하지만 항구 너머로 붉은 해가 뜨면서 하늘과 바다, 인간이 깨어난다. 한낮의 빛은 물체의 윤곽과 색상, 질감을 가장 잘 드러내 준다. 한낮의 야외 파티를 그린 르누아르Pierre-Auguste Renoir의 〈물랭드라 갈레트〉를 보면 나무 그늘 사이로 강렬하게 파고드는 빛의 조각이 찬란하다.

화가에게 밤을 그리는 일은 일종의 모험에 속한다고 할 수 있다. 밤은 사물의 경계를 무너뜨리고 모호하게 만든다. 그렇기 때문에 사물의 형태와 질감을 정확하게 캔버스에 재현하는 것을 목적으로 삼았던 전통적인 화가들에게 밤은 기피의 대상이었다. 간혹 밤이나 실내의 어둠을 이용하더라도, 불빛에 드러난 사물의 정확하고 극적인 효과를 나타내기 위한 장치 정도로 사용되었을 뿐 밤 자체를 탐구의 대상으로 삼는 경우는 매우 드물었다.

하지만 빛의 마술은 밤이라고 해서 예외일 수 없다. 특히 밤은 자연의 빛과 함께 인공적인 빛을 선사한다. 밤의 달빛은 그것대로의 묘한 마력을 지니고 있다. 햇빛이 동적인 힘을 보여 준다면 달빛은 정적인 아름다움을 드러낸다. 가로등이나 전등불과 같은 인공의 빛은 밤의 세계를 화려하게 꾸미는 역할을 한다. 그래서 인상파 화가들은 달빛과 별빛을 탐구하거나 도시의 전등 불빛이 만들어 내는 화려함을 캔버스 속에 구현하려고 애를 썼다. 고흐의 작품 중에서는 〈밤의 카페테라스〉〈별이 빛나는 밤에〉〈론 강의 별이 빛나는 밤〉 등이 유명하다. 고흐는 여러 개의 촛불을 세워둔 챙이 넓은 모자를 쓰고 밤의 경치를 그렸다. 마네의 〈불로뉴 항의 달빛〉도 인상적이다. 피사로의 〈몽마르트르 거리—밤〉도 밤 풍경을 그린 인상파 작품 중 걸작으로 꼽힌다.

특히 밤은 인간의 감수성을 최고조로 끌어올리는 역할을 한다. 밤은 시인이 아닌 사람들도 백지 위에 무언가를 끄적이고 싶게 만든다. 고흐는 〈론 강의 별이 빛나는 밤〉을 그린 뒤 동생 테오에게 다음과 같은 편지를 썼다.

> 나는 지금 아를의 강변에 앉아 있네.
> 욱신거리는 오른쪽 귀에서 강물 소리가 들리네.
> 이 강변에 앉을 때마다 목 밑까지 출렁이는 별빛의 흐름을 느낀다네.
> 나를 꿈꾸게 만든 것은 저 별빛이었을까.
> 별이 빛나는 밤에 캔버스는 초라한 돛단배처럼
> 어딘가로 나를 태워 갈 것 같기도 하네.
> ······
> 강변의 가로등, 고통스러운 것들은 저마다 빛을 뿜어내고 있다네.
> 심장처럼 파닥거리는 별빛을 자네에게 보여 주고 싶네.
> 나는 노란색의 집으로 가서 숨죽여야 할 테지만,
> 별빛은 계속 빛날 테지만, 캔버스에서 별빛 터지는 소리가 들리네.

도시의 밤

밤 풍경을 다룬 그림 중에서도 피사로의 〈몽마르트르 거리—밤〉은 도시의 밤을 사랑하는 사람이라면 익숙하게 느낄 만한 풍경이다. 대도시가 고향인 사람에게는 인공 조명으로 치장된 도시의 야경이 친숙하고 인상적으로 다가온다. 낮의 도시는 혼탁하고, 몇 년은 닦지 않아서 뿌옇게 때가 낀 유리창을 통해 밖을 내다보는 듯한 느낌을 준다. 하지만 도시의 밤은 건물과 가로등, 자동차의 불빛을 통해 선명하게 살아난다. 남산 전망대에서 바라보는 서울 야경은 절로 감탄사를 연발하게 한다. 특히 밤의 한강은 매혹적이다. 밤에 자동차로 강변도로를 달리다 보면 황홀경에 빠질 것이다. 각양각색의 조명으로 치장하고 한강을 남북으로 연결하는 수많은 다리를 바라보는 즐거움이 특별하다.

피사로의 〈몽마르트르 거리-밤〉은 그의 생애 마지막 10년 동안 파리의 호텔 창문으로 본 가두의 풍경을 그린 연작 중 일부이다. 세잔이나 모네와 같은 대부분의 인상파 화가들은 나이가 들어 가면서 도시를 떠나 자연의 모습을 화폭에 담는 경향이 있었다. 하지만 독특하게도 피사로는 후기로 갈수록 도시의 모습에 관심을 기울였다. 인상파 화가들 중에 특히 피사로를 주목하는 이유는 그 누구보다 빛에 대한 탐구에 치열했기 때문이다. 그는 동일한 풍경, 즉 호텔에서 내려다본 몽마르트르 거리를 다른 시간과 날씨에서 각각 묘사하여 13점의 서로 다른 그림으로 완성했다. 동일한 거리를 각기 다른 느낌으로 10여 점이나 그릴 정도로 빛에 대한 열정은 누구보다도 치열했다.

〈몽마르트르 거리〉 연작 중 하나인 〈몽마르트르 거리-화창한 오후〉를 보자. 복잡한 도심의 모습이 생생하게 살아 화창한 오후라는 느낌이 그대로 전해져 온다. 하늘 높이 뭉게구름이 가득하고, 건물 위를 밝게 비추는 햇살과 황색 톤의 건물들이 따사로운 분위기를 한껏 보여 준다. 거리는 화창한 오후를 즐기러 나온 사람들과 도로를 달리는 마차가 내는 소리로 왁

〈몽마르트르 거리 – 화창한 오후〉 _ 피사로, 1897

자지껄할 것 같다.

　하지만 같은 거리를 그린 〈몽마르트르 거리–밤〉은 전혀 다른 분위기이다. 전반적으로 적막감이 감돈다. 화창한 오후의 거리를 비추던 자연의 빛은 사라지고 건물과 가로등이 뿜어내는 불빛이 새로운 거리를 보여 준다. 하늘을 가득 채우고 있는 검푸른 밤의 기운을 경쾌한 분위기의 조명이 살짝 밀어내고 있다. 그 틈새로 가로수와 통행인들이 모습이 잔상처럼 스친다. 상당 부분 생략된 표현 때문에 밤의 정취가 한껏 살아나고 있다.

밤은 자유의 공간 – 리스먼의 《고독한 군중》

밤은 자유의 세계이기도 하다. 낮의 세계는 실명의 세계이다. 서로가 서로를 확인하고 자신의 행동이 타인에게 드러나는 세계이다. 그렇기 때문에 타인의 시선에 신경을 써야 하고 그에 맞추어 처신한다. 체면이나 체통도 상당 부분은 자신에게서 비롯되기보다는 타인의 시선에 맞추는 행위에 해당한다. 타인의 시선과 간섭에 영향을 받는다는 것은 그만큼 제약이 따른다는 의미이기도 하다. 실명의 세계인 낮을 지배하는 것은 이성이다. 이성적인 사고를 방해하는 감성이나 욕구가 배제되는 시간이다. 보편적인 이성의 기준에 의해 인정될 수 있는 제한된 틀 내에서 살아가는 시간이다. 그래서 우리는 타인의 시선을 항상 염두에 두면서 자신의 욕망을 억누르고 사회적 통념이 요구하는 대로 사고하고 행동한다.

밤은 우리에게 해방감을 주는 익명의 세계다. 어둠을 통해 나와 타인 사이에 일정한 거리가 생기고 그 거리만큼 자유의 공간이 형성된다. 흔히 인터넷을 자유의 공간이라고 한다. 인터넷이 자유의 공간일 수 있는 것은 익명성과 관계가 깊다. 내가 누구인지 보이지 않는다는 것은 눈치를 보지 않고 자신이 가고 싶은 곳을 찾아다니고, 하고 싶은 이야기를 할 수 있는 조건을 만든다. 밤이 되면 타인의 시선이 사라지는 만큼 이성적인 긴장이 느슨해질 수 있는 틈새가 생긴다. 그 틈새를 통해 낮 동안 억눌렸던 내밀한 감성이 고개를 내민다. 이성이 타인과의 관계 속에서 형성되는 기준이라면 감성은 개인의 욕망을 대변한다. 그래서 우리는 밤이 되면 잃어버린 자신을 되찾는다.

하지만 현대사회로 올수록 밤은 자유가 아닌 비어 있는 시간, 두려움의 세계로 변질되고 있다. 보이지 않는 위험이 도사리고 있는 미개척지로 다가온다. 원래 타인에 의한 시선의 지배력이 큰 사회일수록 개인의 내면은 더 낯선 것이 되기 마련이다.

데이비드 리스먼David Riesman은 《고독한 군중》에서 타인에 의한 시선에 지배당하고 있는 현대사회를 타인 지향형 사회로 규정한다.

> 타인 지향형 사회에서의 인간은 일정한 가치관을 갖지 않고 타인이나 세상의 흐름에 자기를 맞추어서 살아간다. 타인 지향형 인간에게 공통된 사항은 그들이 지향하는 근원이 동시대의 타인들이라는 점이다. 그 타인들이란 자기가 아는 사람일 수도 있고, 친구나 매스미디어를 매개로 하여 간접적으로 알게 된 사람들일 수도 있다. 다시 말해 그 '타인'은 자기와 동년배의 사람들 중 하나일 수도 있고, 훨씬 윗사람일 수도 있고, 또는 매스미디어가 매개하는 무명의 목소리일 수도 있다. … 현대의 인간들은 낮에는 사람들에게 둘러싸인 채 온갖 문제에 접촉하게 된다. 그런데 저녁의 개인적 세계에서도 낮의 세계에서와 같은 동료 혹은 그 대용품으로서의 대중문화를 찾는 이유는 무엇인가? 아마도 그것은 어떤 의미에서는 갱 영화에 의하여 상징되는 그러한 고독감에의 공포 때문일 것이다. 어쨌든 그것은 고통스러운 일이다. 대중문화는 현실 생활의 대용품이 되어 준다. 그러나 어떤 종류의 대중문화에 있어서는 그것은 단순한 시간 낭비에 불과하다. 타인 지향형 인간은 고독을 참지 못한다. 그리고 고독감에서 벗어나고자 하는 그는 군중 속으로 섞여 든다.

리스먼에 의하면 타인의 시선에 의존하는 타인 지향성이 커지면 커질수록 자신을 향한 시선은 점점 더 사라져 간다. 스스로의 인격이나 내면에 의해 인간의 가치가 결정되는 것이 아니라 타인과의 관계에서 갖는 경쟁력이 인간의 가치를 결정하는 현대사회는 타인 지향성이 극대화된 사회라고 할 수 있다. 무한경쟁사회로 일컬어지는 현대사회에서 타인의 시선과 평가 속에 살아가야 하는 낮의 세계가 더 큰 영향력을 발휘한다. 그만큼 혼자만의 시간은 무언가 비생산적인 시간, 비어 있는 시간으로 전락해 버린다.

그래서 현대인들은 밤에 찾아오는 혼자만의 시간, 고독한 시간을 참지 못한다. 아니 자기만의 시간을 기피하려고 한다. 낮의 세계가 강제한 타인 지향성의 관성에서 벗어나지 못한 채 밤의 고독을 참지 못하고 다시 타인 속으로 섞여 들어간다. 습관적으로 친구들과의 술자리를 만들거나 도시의 밤거리를 무리 지어 떠돈다. 그나마 집에 들어와서도 낮의 세계에서 만나는 타인의 대용품을 찾기에 여념이 없다. 가장 훌륭한 대용품 역할을 하고 있는 것이 바로 TV를 비롯한 대중매체이다. 퇴근 후에 혼자만의 자유로운 시간조차 불안해져서 잠들기 전까지 TV를 켜놓아야 어디엔가 소속되어 있다는 안도감을 느끼게 되었다. 아침에 일어나면 일단 거실의 TV부터 켜놓고 하루를 시작한다. 보지 않으면서도 켜놓아야 안심이 된다.

개인의 자유는 고독을 먹고 자란다. 사회의 통념이나 부당한 강제에 대한 비판과 저항은 고독한 성찰의 시간을 전제로 한다. 먼저 자신의 욕망과 내면에 솔직해지는 것에서 자유의 싹은 자란다. 고독하기 때문에 자유로울 수 있고 자유롭기 때문에 고독하다. 이제 낮의 대용품을 걷어내고 밤의 고독을 즐기자. 밤의 해방과 자유를 만끽하자. 적어도 밤에는 내 안에 있는 타인을 쫓아 보내고 내 안에 나를 가득 채우자.

진리가 여성을
자유롭게 하리라 ___

책 읽는 여인을 가장 많이 그린 화가

코로는 풍경화로 유명한 화가이다. 스스로 "내 생애에 진실로 하고 싶은 것
은 오로지 풍경을 그리는 것이네. 이 확고한 결심 때문에 다른 어떤 일에도
심취하지 못할 것 같네. 난 결혼도 하지 못할 것 같네"라고 말할 정도로 풍
경화에 대한 애착이 대단했다. 그는 실제로 독신으로 살면서 전 생애를 회
화에 바쳤다. 하지만 이전의 화가들이 작업실에서 상상 속의 풍경을 그리
는 데 전력했다면 그는 야외에서 직접 본 풍경을 묘사했다. 특히 봄이나 여
름에는 항상 야외에서 지내면서 작품 활동을 했다. 코로는 자연의 빛을 탐
구했던 인상파로 가는 가교 역할을 했다는 점에서 근대 서양 미술사에 하나
의 분기점이었다고 볼 수 있다. 시인 겸 미술평론가인 샤를 보들레르Charles-
Pierre Baudelaire가 평론에서 "코로는 현대적인 양식의 풍경화를 개척했다"고 말

〈책 읽는 여인〉_ 코로, 1865~1870

장 밥티스트 카미유 코로 Jean-Baptiste-Camille Corot | 1796~1875 프랑스의 화가, 풍경화로 유명하다. 당대의 주요 대가로는 인정받지 못했지만, 인상주의 풍경화가들의 출현에 이바지했다. 인상파 화가들은 그에게서 많은 것을 배웠고 그를 존경했다. 말년에는 인위적이고 부자연스러운 풍경화보다는 스케치에 몰두했다. 주요 작품으로 〈돌풍〉〈샤르트르 대성당〉〈푸른 옷의 여인〉〈진주 장식의 여인〉 등이 있다.

한 것도 이와 연관이 깊다.

하지만 코로의 풍경화보다 흥미로운 것은 그의 후기 작품에 자주 등장하는, 책을 읽고 있는 여인의 모습이다. 어쩌면 코로는 동서양을 막론하고 책 읽는 여인을 가장 많이 그린 화가일지도 모른다. 소녀에서 중년 부인에 이르기까지 여러 연령대의 여성들이 다양한 상황에서 독서에 열중하고 있는 모습을 자주 화폭에 담았는데, 코로에 비교할 만큼 책 읽는 여인을 많이 그린 화가를 굳이 찾는다면 아마 르누아르 정도가 있을 것 같다.

책 읽는 여인 그림 가운데에서도 가장 인상 깊은 것은 코로의 〈책 읽는 여인〉이다. 전체적으로 여성의 독서 자체에 초점이 맞춰져 있기 때문이다. 책 읽는 여인을 그린 다른 화가들의 작품들은 대부분 아름다운 여인을 묘사하는 데 주안점을 두고 있다. 책은 마치 가구나 액세서리처럼 여인을 꾸미는 소재나 역할로 등장하는 경우가 많다. 르누아르의 〈책 읽는 여인〉 연작에 해당하는 그림들도 그러한데, 화려한 모자를 쓴 젊은 여인의 아름다움을 강조하거나, 살짝 드러나는 가슴과 팔의 풍만함을 강조하는 역할로 쓰이고 있다. 우리에게 잘 알려진 프라고나르Jean Honore Fragonard의 〈책 읽는 여인〉에서 책 읽는 장면은 귀족 여인의 아름다운 자태를 드러내는 효과적인 도구로 쓰인다. 다른 몇몇 화가들의 작품에서는 여성의 나체와 책을 연결하여 섹슈얼리티를 상승시키는 효과를 내기도 한다.

코로의 그림은 다른 화가의 것들과 상당한 차이를 보여 준다. 먼저 책을 읽고 있는 여성의 옷차림이 평상복을 입은 듯 수수하다. 머리도 특별히 손을 보지 않았고 외모도 평범하다. 왼손으로 한쪽 얼굴을 괴고 다른 손으로는 책장이 넘어가지 않도록 책 끄트머리를 누르고 있다. 입을 꼭 다문 채 독서에 열중하고 있는 모습이 책의 내용에 몰입해 있는 것 같다. 방 안의 다른 물건들은 대체로 생략되어 있다. 벽에 무엇이 있는지조차 불분명한데, 그나마 뒤쪽으로 코로의 것으로 보이는 풍경화 한 점이 언뜻 보인다. 그 밖의 다른 요소는 과감하게 생략하고 여인의 독서 자체에 초점을 두고 있음을 알 수 있다.

코로의 다른 〈책 읽는 여인〉들도 대체로 비슷한 느낌을 준다. 가장 잘 알려진, 〈야외에서 독서하는 여인〉은 다소 밝은 색조이긴 하지만 전체적으로 일상생활에서 흔히 볼 수 있는 수수한 용모의 젊은 여성이 간단히 묘사된 풍경을 배경으로 책을 읽고 있다. 〈중단된 독서〉에서는 책을 읽다가 골똘히 생각에 잠겨 있는 여성이 등장한다. 〈화관을 쓰고 책을 읽는 소녀〉는 머리에 투박한 색깔의 화관을 쓰고 있지만, 화려한 레이스나 장식은 찾아볼 수 없고 손가락으로 짚어 가며 한 자 한 자 책을 읽고 있는 모습이 두드러진다.

코로가 여성에 대한 특별한 문제의식이나 스스로 지적인 분야에 대한 끊임없는 호기심을 갖고 있어서 책 읽는 여성을 많이 그린 것 같지는 않다. 오히려 지적인 면에 대해서는 별로 관심이 없던 것으로 알려져 있다. 그는 신문을 보지 않았으며 정치에도 관심이 없었다고 한다. 당대에 일어난 혁명이나 제도적 변화에도 무관심했고, 거의 글을 읽지 않았으며 지적인 호기심도 거의 없었다고 한다. 아마 일상의 사실적인 모습을 중시하던 그였기에 자연스러운 모습을 그리는 과정에서 그런 느낌을 살려 낸 것이 아닌가 싶다.

조선의 책 읽는 여인

우리나라의 경우 전통 회화에서 책 읽는 여인을 그린 작품을 찾아보기가 더욱 어렵다. 아무래도 남성 중심의 가부장제 이데올로기가 더욱 극심했던 유교사회였으니 그럴 만하다. 여성이 등장하는 경우는 미인도에 해당하는 작품들이거나 신윤복의 풍속화에 등장하는 여성들처럼 기녀의 모습이 대부분이었다. 조선 시대 작품 가운데 매우 드물게 찾아볼 수 있는 것으로 윤덕희尹德熙의 〈책 읽는 여인〉 정도가 있다.

중앙에 한 여인이 고개를 다소곳이 숙이고 책을 읽고 있다. 머리를 올린 것으로 봐서 결혼한 사대부 집안의 여인인 듯하다. 왼손으로 글을 짚어 가며 읽고 있는 모습이나 조용히 눈을 내리깔고 있는 모습이 내용을 음미하고 있는 것 같다. 뒤쪽으로 큼지막한 파초와 병풍이 있는 것으로 봐서 밖으로 뚫린 마루턱쯤에서 독서를 즐기고 있는 게 아닌가 싶다. 병풍 그림을 보면 나뭇가지에 앉은 새 한 마리가 구름 사이로 드러난 달을 지켜보고 있다. 전반적으로 평화롭고 한가로운 분위기를 풍기고 있다. 사람이 찾아오면 마주 앉아 수다를 떨기보다는 절로 책을 잡아서 독서를 해야 할 것 같다.

이 그림의 분위기에 딱 맞는 시가 조선 건국의 이념적 기초를 마련한 정도전의 〈책 읽는 여인〉이다.

> 옥같이 고운 여인 빗질, 화장 마치고
> 종일토록 눈길 모아 무슨 글을 보는가?
> 하녀들 서로 볼 뿐 말 한마디 없으니
> 곁에 가서 남은 패옥 얻어 낼 방법 없네.

〈책 읽는 여인〉 _ 윤덕희, 18세기
(서울대 박물관)

    윤덕희의 그림에 있는 여인도 종일토록 독서에 열중하고 있었을 것이다. 머리 모양이나 옷차림이 한 점 흐트러짐 없이 단정하고 꼿꼿하다. 이 모습 그대로 오랜 시간 열중하고 있어서 주위에서 쓸데없는 잡담을 건네기 어려운 분위기를 풍긴다. 시 구절 중에 재미있는 것은 "곁에 가서 남은 패옥 얼어낼 방법 없네"라는 대목이다. 일반적으로 여성들이 갖고 있는 관심은 패옥일 텐데, 독서에 열중하고 있는 이 여인에게 패옥은 관심의 대상이 아님을 넌지시 밝히고 있다. 패옥으로 외모를 가꾸는 것이 아니라 자신의 내면을 살찌우는 데서 보물을 찾고 있다는 의미이기도 할 것이다.

윤덕희는 조선 시대에 문인화로 유명한 윤두서의 아들이다. 윤두서는 윤선도의 증손이다. 아버지 가업을 이어 인물과 산수화를 잘 그렸는데, 특히 인물화에 뛰어났다. 1735년에는 궁중 영전 제작에 추천되었으나 늙고 눈이 침침하다는 핑계로 사양했다. 이는 다분히 윤선도의 영향이 아닌가 싶다. 18년이라는 오랜 세월을 유배지에서 보낸 윤선도는 죽음을 앞두고 자식들에게 "중앙정계에 진출하지 마라. 혹 인연이 닿아서 벼슬자리에 오르더라도 그 자리에 연연하지 마라"라는 유언을 남겼다. 그런 탓에 윤선도가 작고한 이후 증손인 윤두서에 이어 윤덕희, 윤용까지 권력을 멀리하고 문인화가로 활동했던 것 같다. 일반적으로 사대부는 관직을 얻어 정계에 진출하는 것이 꿈이었지만 이들은 이에 개의치 않고 자신의 길을 고수했다.

이 가문의 선비들은 윤선도 이래 대대로 박학다식의 가풍을 이어 갔다고 한다. 당시의 사대부로서는 감히 다루기 어려운 의학, 천문, 지리, 점성, 음악 등 잡학과 기술학을 두루 섭렵했다. 그래서 그들이 살던 집은 중국의 외서 등 수많은 고서들로 가득해 잡학 도서관을 방불케 할 정도였으니 독서가 집안의 자연스러운 분위기로 자리 잡았을 것이다. 학문과 독서에 친숙한 가풍 아래에서 여성들도 책을 읽는 것이 일상적인 모습이었을 테고, 이것이 조선 시대를 통틀어서 찾아보기 힘든 그림인 〈책 읽는 여인〉이 만들어진 배경이 되었을 것이다.

여성과 책, 그리고 자유 – 보부아르의 《제2의 성》

여성이 책을 읽는다는 것은 인류의 역사에서 보면 단지 여가 활용이나 지식의 충족을 넘어서는 의미를 갖고 있었다. 여성이 책을 읽는 행위의 역사는 동서양을 막론하고 남성 권력에 대한 저항의 역사이자 독립적인 주체로서 여성이 자립해 가는 역사이기도 했다.

주체로서의 여성을 강조한 보부아르Simone de Beauvoir는 페미니즘의 경전 혹은 현대 여성해방운동의 교과서라고 불리기도 하는 《제2의 성》에서 다음과 같이 강조한다.

> 어떤 주체도 자발적으로 비본질적인 객체가 되려고 하지는 않는다. 자기를 타자로 보는 타자가 주체를 정하는 것이 아니다. 자기를 주체로서 정립하는 주체에 의해 타자는 타자로 규정되는 것이다. 그런데 타자의 신분에서 주체로 발전할 수 없다는 것은, 그 타자는 그와 같은 상대의 관점에 순순히 복종하고 있다는 것을 뜻한다. … 여성은 태어나는 것이 아니라 만들어지는 것이다. 남성이 사회에서 차지하고 있는 형태는 어떤 생리적·심리적·경제적인 숙명이 결정하고 있는 것이 아니다. 문명 전체가 수컷과 거세체와의 중간 산물을 만들고, 그것에 여성이라는 명칭을 붙이고 있는 것이다. 타인이 끼어들어야 비로소 '타자'로서의 개체가 성립될 수 있다. 자기만을 위해 존재하는 동안에는, 어린이는 자기를 성적으로 차별된 존재로 파악하지 못한다. … '여성다운' 여성의 본질적인 특성이라 불리는 수동성도 유년시절부터 줄곧 키워진 것이다. 이것을 생물학적인 조건이라고 주장하는 것은 잘못이다. 사실상 그것은 그녀가 교육

자들이나 사회에서 강요받는 숙명이다.

보부아르는 여성이 주체가 되기 위해서는 자신이 대상, 타자로 규정되고 있다는 점을 인식하는 것에서 시작해야 한다고 주장한다. 그녀 말대로 어느누구도 스스로 주인이 아닌 노예가 되려 하지는 않는다. 노예로서의 타자성은 주인에 의한 일방적 강요를 수용한 것이다. 노예가 자신을 주체로 인식하기 위해서는 역으로 주인을 타자로 규정해야 한다. 여성도 마찬가지다. 역사적으로 주체인 남성에 의해 여성은 타자로 규정되었다. 그러므로 여성이 스스로를 주체로서 자각하기 위해서는 자신이 '남성이 여성에게 타자의 지위를 취하라고 강요하는 세계 속에서 살고 있음'을 깨달아야 한다. 흔히 암컷이라고 멸시되는 여성은 남성에 비해 열등할 수밖에 없다는 생물학적 논리의 부당성, 혹은 '여성다움'이라는 심리적인 속박의 부당성이 어린 시절부터 여성들에게 교육되고 주입되었으며 나아가서는 사회적으로 강제되었던 사실을 여성 스스로 인식해야 한다.

그래서 보부아르는 여성은 태어나는 것이 아니라 만들어지는 것이라고한다. 생물학적으로 여자female라는 것과 특정한 문화에 따라 여성women이 된다는 것은 별개의 문제라는 인식이기도 하다. 여성이 여성으로 길들여짐을안다는 것은 다른 한편으로 이를 극복할 수 있다는 의미이기도 하다. 여성으로 태어나는 것은 인위적으로 어쩔 수 없지만 여성으로 길들여지는 것은'문명 전체', 즉 남성 중심의 사회가 인위적으로 만든 것이므로 이를 넘어설수도 있다는 뜻이 된다.

그러면 여성이 주체로 서는 데 필요한 첫 단추는 사회에 의해 여성이 대상과 타자로 부당하게 규정되고, 또한 열등한 존재로 길들여져 왔다는 사실을 아는 것에서 시작되어야 한다. 이를 위해서는 여성 자신과 자신을 둘러싼 사회에 대한 관심과 이해가 전제되어야 한다. 무엇을 통해서 알 것인가? 그 유용한 통로 중의 하나가 바로 독서이다. 독서는 매일 반복되는 일상의 경험을 넘어선 인식을 제공하는 훌륭한 도구이기 때문이다.

서양 중세 사회에서는 남성 중심의 권력이 기독교적인 교리와 결합되면서 여성의 독서를 금지했다. 독서는 여성의 호기심을 자극하기 때문에 허용될 수 없었다. 인류의 원죄가 선악과를 따먹은 이브의 호기심에서 비롯되었듯이 여성이 책을 읽어서 호기심을 갖게 되면 인류에게 다시 해악을 미치게 될 것이라고 여겼다. 다른 한편으로 여성들이 책을 읽으면 연애편지를 쓰는 데나 소용 있을 거라는 이유도 작용했다. 그 결과 오랜 기간 독서는 여성에게 일종의 금기 행위에 해당됐다. 르네상스를 매개로 인간의 지적인 욕구가 분출하고 다양한 방면에 걸쳐 학문의 일대 도약이 이루어지는 근대에 들어서조차 여성과 책은 별 관계가 없는 것처럼 여겨졌다.

이런 사정은 우리 역사라고 해서 별반 다르지 않다. 조선 시대에 중앙의 성균관을 정점으로 그 아래에 중앙의 학당과 지방의 향교 등 국가에서 세운 교육 기관과 명성이 높은 인물을 중심으로 세워진 서원, 그리고 서당 등 이루 헤아릴 수 없이 많은 교육 기관이 전국적으로 광범위하게 설치되었지만 모두가 남성들을 위한 것이었다. 여성들은 조부모와 부모로부터 효와 예를 배우고, 바느질, 수놓기, 음식 장만이나 육아를 익혔을 뿐이다. 여성이 한자를 익히고 한학을 공부하는 것은 극히 예외적이었다. 양반 가문 중에 예외적으로 할아버지나 아버지가 딸에게 한학을 가르치거나, 남자 형제들이 글

공부를 할 때 귀동냥을 해서 배우게 하는 경우가 있을 뿐이었다. 한글이 생기고 나서야 여성들이 책을 읽을 기회가 확대되었다.

책을 읽는다는 것은 생각을 한다는 것을 의미한다. 생각을 한다는 것은 현실에 대한 고민을 동반하기 마련이다. 동서양을 막론하고 과거에 여성의 독서를 금기시했던 것은 결국 가부장제 사회에 대한 어떠한 문제의식도 갖지 못하게 하고 철저한 순종을 강제하기 위한 조치였다. 남성에 종속된 여성의 삶을 피할 수 없는 운명으로 받아들이도록 하기 위해 여성을 바보로 만들었다.

그렇기 때문에 반대로 여성의 독서는 사회에 대한 관심만이 아니라 여성 스스로에 대한 자각을 불러일으킨다. 독서는 여성들에게 강제되었던 가정이라는 울타리, 출산과 양육이라는 족쇄를 넘어서 세상을 향해 눈을 뜨는 통로 역할을 한다. 그래서 오스트리아 작가 마리 폰 에브너 에셴바흐Marie von Ebner-Eschenbach는 "여자가 읽는 것을 배웠을 때, 여자의 문제가 세상 밖으로 나오게 되었다"라고 말하기도 했다.

자유는 항상 억압에 대한 자각에서 출발한다. 억압은 처음에는 직접적인 폭력에서 출발하지만 점차 관습과 도덕이라는 틀로 일상화되었을 때 폭력보다 더욱 큰 힘을 발휘한다. 억압이 도덕과 문화의 가면을 쓰는 순간, 즉 직접적인 저항의 대상이 눈앞에서 사라진 것처럼 보이는 순간 그만큼 억압을 인식하기가 점점 더 어려워진다. 항상 긴장하고 주시하지 않는다면 여성에게 강제된 일상성의 그물에서 옴짝달싹 못하게 된다.

어둠을 물리치는 것은 결코 어둠에 익숙해지는 것에서 오지 않는다. 어둠은 오직 한 줄기 빛을 통해 걷힌다. 그 빛을 통해야만 어둠에서 벗어날 수 있다. 현실의 일상적인 불평등 속에서 독립적인 주체로서의 지위를 상실하고 있는 여성에게 책은 한 줄기 빛이다. 물론 모든 책이 그러하지는 않을 것이다. 하지만 적어도 독서를 통해 여성이 자신만의 사적인 공간과 시간을 갖는 것 자체가 소중한 출발이 된다. 책이, 그리고 진리가 여성을 자유롭게 할 것이다.

웃음의
사회적 역할 __

웃음을 그리는 유쾌한 화가, 할스

같이 있는 것만으로도 즐거움을 주는 사람이 있고, 기분이 우울하거나 가라 앉아 있을 때, 우연히 듣게 된 어떤 노래가 마음의 활기를 되찾아 주는 경우도 있다. 미술 작품도 그런 역할을 한다. 사람들에게 쾌활함과 엔도르핀을 샘솟게 만드는 그림을 꼽으라면 단연 할스의 작품들을 꼽을 수 있다.

〈유쾌한 술꾼〉은 말 그대로 유쾌하다. 그림에는 40대쯤 되어 보이는 남자가 작품 제목처럼 거나하게 술에 취해 웃고 있다. 얼굴은 이미 상당히 취기가 도는 듯 붉은색을 띠고 있다. 눈도 기분 좋게 풀려서 초점이 흐릿해 보인다. 몸에 도는 술기운 때문인지 헤벌쭉 웃는 입의 모습도 재미있다. 술 마실 시간은 있어도 수염 다듬을 시간은 없었는지 정돈되지 않은 수염이 거칠어 보인다. 왼손에는 술이 차 있는 술잔을 들고 있는데, 그림을 감상하는

〈유쾌한 술꾼〉_ 할스, 1628

프란스 할스 Frans Hals | 1581~1666   17세기 네덜란드의 초상화가로 중산층을 즐겨 그렸다. 그는 인상파 화법과 비슷한 유연한 붓놀림을 구사했다. 그의 말년은 재정적으로 어려웠으며, 괴로운 가족 문제에 시달렸다. 그래서인지 후기 작품으로 가면 희극적인 요소를 점차 비극적인 분위기가 대신해 갔다. 주요 작품으로는 〈성조르조시 수비대 장교들의 연회〉〈웃고 있는 기사〉〈집시 여인〉 등이 있다.

사람에게 마치 술을 권하고 있는 것 같다. 손바닥을 쫙 펴들고 뭔가 열정적으로 말을 하는 오른손의 포즈로 봐서는 "이 봐, 빨리 마시라고. 인생 뭐 있어? 마시는 거지 뭐!"라고 말하면서 우리를 술자리로 이끄는 듯하다.

이 그림을 처음 보면 '픽'하고 웃음이 나온다. 그림이 주는 유쾌하고 자유분방한 분위기 때문에 참 재미있는 사람이라는 생각이 든다. 혹시 작가가 술에 잔뜩 취해 그림을 그리지 않았을까, 하는 생각이 든다. 할스는 실제로 대단한 애주가였다고 한다. 그런 만큼 술을 즐기는 사람의 모습이나 표정을 누구보다도 정교하게 표현할 수 있었을 것이다.

17세기에 그려진 대부분의 초상화는 근엄한 얼굴을 한 왕족이나 귀족, 혹은 부유한 상인을 주인공으로 하고 있다. 할스와 비슷한 시기에 활동했고 네덜란드를 대표하는 화가로 유명한 렘브란트의 작품을 봐도 그렇다. 그의 초상화에서는 신교도적인 경건함과 청빈함이 뚝뚝 묻어난다. 자화상을 보면 고뇌하는 작가의 엄숙한 내면세계가 그림을 통해 배어 나온다. 전반적으로 정지된 동작과 침묵 등 정적인 분위기가 그림을 지배한다. 하지만 할스의 그림을 보면 친밀감과 유쾌함이 수다스럽게 우리를 반긴다. 동네 시장 바닥에서 느낄 수 있는 왁자지껄한 소음과 소란스러움처럼 동적인 분위기를 만끽할 수 있다.

〈유쾌한 술꾼〉만 그런 게 아니다. 할스의 그림에는 밝게 웃고 있는 사람들의 모습이 자주 등장한다. 〈류트를 켜는 광대〉도 마찬가지다. 빨강과 검정 줄무늬 옷을 입은 어릿광대가 만돌린처럼 생긴 류트라는 악기를 연주하고 있다. 표정으로 봐서 신나는 노래를 연주하는 중인 듯하다. 그 앞에서는 많은 사람들이 서로 손에 손을 잡고 흥겹게 춤을 추고 있을 것만 같다. 옆을

〈류트를 켜는 광대〉 _ 할스, 1620

바라보는 광대의 눈초리나 위쪽으로 살짝 치켜 올라간 입꼬리가 익살맞아 보인다.

　원래 웃음과 노래, 악기는 서로 뗄 수 없는 찰떡궁합이다. 흥겨움은 절로 콧노래를 부르게 한다. 악기에서 울려 나오는 경쾌한 멜로디는 어깨와 엉덩이를 들썩이게 한다. 그래서인지 할스는 웃는 얼굴과 음악을 연결한 그림을 자주 그렸다. 류트라는 악기가 또 등장하는 〈노래하는 소년들〉을 비롯해 〈플루트를 부는 소년〉〈바이올린을 켜는 소년〉 등이 여기에 해당된다.

〈유쾌한 술꾼〉이나 〈류트를 켜는 광대〉의 또 다른 공통점은 등장인물의 생생한 동작과 표정이다. 마치 스냅사진을 찍듯이 순간적인 동작을 절묘하게 잡아내고 있다. 그림을 보면서 자신도 모르게 술을 마시고 싶은 생각에 입맛을 다시게 되고, 손뼉을 치면서 흥겨운 노래를 부르고 싶은 생각이 들게 되는 것은 할스 그림이 주는 생동감 때문이다. 찰나적인 제스처를 잡아내고 있는 그의 그림은, 감상하는 사람들에게 같은 시간과 장소에 함께 있는 착각을 불러일으킨다. 그 생생함이 미적인 공감만이 아니라 감정적인 동화를 만들어 낸다.

할스의 그림에서 나타나는 생동감은 당시 네덜란드를 비롯한 북유럽의 특징과 활기를 보여 준다. 로마 교황청이나 절대군주제의 질식할 것 같은 권위 아래 있던 서유럽과는 달리 17세기 북유럽은 상업에 종사하는 다수의 소시민들이 주축이 된 경제·사회구조를 형성하고 있었다. 그렇기 때문에 교회의 제단화나 권력자의 초상화를 주문받아 그려야만 생계를 유지할 수 있었던 서유럽 화가들과는 다른 생존 방식을 찾을 수 있었다. 미술 작품을 구매할 수 있는 사람들이 소시민들까지 확대되었고 이들의 자유분방함을 충족시키는 그림을 그리는 게 가능했다. 네덜란드의 화가들은 작은 풍경화나 정물화, 소시민의 일상을 담은 초상화를 그려 미술 시장에서 경쟁을 통해 판매할 수 있었다. 북유럽의 사회적 조건이 서유럽 회화와 같은 엄숙함보다는 대중적인 감정을 담은 그림이 발달할 수 있는 분위기를 만들어 준 것이다.

웃음의 사회적 역할 – 에코의 《장미의 이름》

어린이와 수녀와 정치인이 한강에 빠졌을 때 누구를 먼저 구해야 하는가? 오래전에 유행했던 수수께끼 중 하나이다. 답은 정치인이다. 보통 상식으로는 어린이와 여성처럼 약한 사람을 먼저 구할 텐데 어째서 정치인부터 구해야 한다는 걸까? 〈타이타닉〉이라는 영화를 봐도 배가 침몰할 때 어린이와 여성부터 구하지 않던가! 정치인을 먼저 구해야 하는 이유는 대략 다음과 같다. 한강은 수많은 사람의 식수원인데 정치인이 한강에 빠지면 수질오염이 너무 심해져서 다수에게 결정적 피해를 주기 때문이란다. 우스갯소리로 나온 말이겠지만 정치인에 대한 어떤 엄숙한 비판보다도 사람들의 속을 후련하게 하는 이야기다.

　웃음은 개인적인 감정의 표현이라는 단순한 역할에 머물지 않는다. 어떤 경우에는 사회의 특성과 조건을 비추는 거울 역할을 하기도 하고, 사회적 억압에 대한 저항 기능을 하기도 한다. 움베르토 에코^{Umberto Eco}의 《장미의 이름》을 보면 웃음의 사회적 의미에 대해 다양한 논의가 나온다. 아리스토텔레스의 시학은 《비극》만 전해져 왔는데 2권인 《희극》이 발견되면서 이를 둘러싼 사건과 논의가 펼쳐진다. 《희극》의 존재가 사람들에게 알려지는 것이 두려워 책장에 독약을 발라 《희극》을 읽으려는 다른 수도사들을 살해하는 수도사가 등장한다. "웃음이 왜 그리 두려운 겁니까?"라고 묻는 윌리엄 수도사의 질문에 그는 "이 책을 본 학자들이 모든 것에 대해 웃을 수 있다고 주장하게 되면 어떻게 되나? 하나님까지도 비웃을 건가? 세상은 혼돈에 빠지게 될걸세"라고 답한다. 논의 과정에서 에코는 윌리엄 수도사의 입을 빌어 다음과 같이 지적한다.

"코메디, 즉 희극이라는 말은 '코마이', 즉 '시골 마을'이라는 말에서 비롯됩니다. 말하자면 희극이라는 것은 시골 마을에서 식사나 잔치 뒤에 벌어지는 흥겨운 여흥극인 셈이지요. 희극이란 유명한 사람, 권력을 가진 사람이 아니라, 사악하지는 않지만 천박하고 어리석은 자들을 이야기합니다. 그리고 그것은 주인공의 죽음으로 끝나지 않습니다. 희극은 보통 사람들의 약점과 악덕을 보여 주어 우스꽝스러운 효과를 달성합니다. 여기서 아리스토텔레스는 웃음을 교훈적 가치가 있는 선善의 힘으로 봅니다. 희극은 마치 거짓말을 하듯 비록 사물들을 존재하는 방식과 상이하게 표현하지만, 재치 있는 수수께끼와 예기치 못한 은유를 통해 그것들을 보다 자세하게 검토하게 하여, '아, 실상은 이런 것인데, 내가 몰랐구나'라고 말하게 합니다. 희극은 사람과 세상을 본래보다 혹은 우리가 믿는 바보다 나쁜 것으로, 어떤 경우든 서사시와 비극에서 보여 주었던 성인聖人보다 열등한 사람을 묘사하여 진실에 도달합니다. 그렇지 않나요?"

그의 말대로 웃음은 일시적인 기분 전환을 넘어서는 적극적인 의미를 지닌다. 우리도 모르는 사이에 사건이나 사물에 대한 자세한 검토를 하게 해서 진실로 인도하는 역할을 하기도 한다. 사회에 대한 풍자는 삶에 쫓겨 무심코 지나치던 사회문제에 대해 귀를 쫑긋 세우고 관심을 갖게 한다. 또한 현상의 이면에 있는 본질적인 문제에 대해 의문을 품게 한다.

특히 정치적인 압제가 극심해서 직접적인 저항이 어려울 때 웃음을 매개로 한 풍자는 훌륭한 무기 역할을 한다. 웃음은 신이든 권력이든 두려움의 대상을 희극적인 대상으로 만들어 버림으로써 사람들의 내면으로부터 저항의 가능성을 확산시킨다. 웃음의 대상이 된 지배세력, 즉 괴물은 더 이상 어찌해 볼 수 없는 절대적인 존재가 아니고 싸울 수 있는 대상으로 격하된다. 그러한 의미에서 웃음은 권위와 두려움에서의 일시적인 탈출이 아니라 적극적인 저항과 해방이라는 기능을 담당한다.

그래서 중세 기독교 교회는 웃음이나 희극적인 요소를 담은 연극을 부정적인 것으로 여겼다고 한다. 대신 엄숙함, 참회, 슬픔의 감정만을 기독교인들에게 강요했다. 조선 시대의 유교도 크게 다르지 않았다. 유교에서는 마음을 진지하게 가져야 성현의 도리를 실행할 수 있다고 하면서 웃음에 대한 부정적인 태도를 숨기지 않았다. 인의예지仁義禮智와 같은 윤리적이고 엄숙한 가치를 절대화하며, 군자는 기쁨과 즐거움, 욕망과 같은 감정이나 우스갯소리 따위는 멀리하고 모름지기 수양을 통해 엄정한 마음가짐을 유지해야 한다고 보았다. 일종의 웃음 금지령이었다. 웃음의 금지와 엄숙함의 강제는 사회적인 제한과 금기를 유지하는 권위주의의 주요 수단이었다. 권력을 유지하고 강화하는 수단이었다는 점에서 일종의 이데올로기 기능을 담당했다.

압제자가 강제하는 엄숙함의 그물을 뚫고 웃음이 터져 나올 때 희망의 숨통이 열린다. 그 웃음을 타고 저항의 심리적인 조건이 조금씩 성장하면서 자리를 잡아간다. 우스꽝스러운 풍자를 통해 서양 중세 시대를 조롱했던 세르반테스의 《돈키호테》나 보카치오의 《데카메론》이 그러한 역할을 했다. 《돈키호테》가 중세 신분사회의 허구성을 폭로했다면, 《데카메론》은 기발한 성性 이야기를 통해 신분사회의 이념적인 기반이었던 종교적인 엄숙함을 흔들어 버린다. 서양 근대 정치를 풍자했던 조나단 스위프트의《걸리버 여행기》도 웃음을 통한 저항의 역할을 했다.《걸리버 여행기》는 소인국, 대인국, 하늘의 나라 등을 통해 영국의 왕궁과 정치를 풍자하고 인간의 도덕적 타락과 정신적 왜소함에 대해 조소를 보낸다. 이 책은 신성모독이라 하여 한동안 금서禁書가 되기도 했으며, 정치 권력층으로부터 많은 반발과 야유를 받아야만 했다. 20세기 벽두를 장식한 찰리 채플린Charles Spencer Chaplin의 영화들도 마찬가지였다. 그의 대표작에 해당하는 〈모던타임스〉는 인간에게 풍요와 희망만을 줄 것 같았던 기계문명과 자본주의 사회가 인간을 어떻게 빈곤에 빠뜨리고 소외시킬 수 있는지를 웃음을 통해 고발한다.

한국 사회에서도 시대의 어둠이 깊은 때일수록 웃음을 통해 지배세력의 권위를 허물어뜨리려는 시도가 줄을 이었다. 박지원의《양반전》은 조선 후기를 배경으로 하여 양반의 허위와 무능을 질타한 풍자소설로 잘 알려져 있다. 그가 만들어 낸 웃음 속에서 양반은 무위도식하며 평민들에게 횡포를 부리는 무능력한 존재로 전락한다. 조선 시대에 걸쭉한 농담으로 양반을 조롱했던 각종 마당극도 마찬가지의 역할을 했다. 1970년대에 김지하는 〈오적五賊〉이라는 풍자시를 통해 서슬이 시퍼렇던 군사독재정권을 조롱하기도 했다. "시를 쓰되 좀스럽게 쓰지 말고 똑 이렇게 쓰렷다. 내 어쩌다 붓끝이 험한 죄로 칠전에 끌려가 볼기를 맞은 지도 하도 오래라. 삭신이 근질근질 방정맞은 조동아리 손목댕이 오물오물 수물수물 뭐든 자꾸 쓰고 싶어 견딜 수가 없으니, 에라 모르겠다 볼기가 확확 불이 나게 맞을 때는 맞더라도 내 별별 이상한 도둑이야길 하나 쓰겠다"로 시작하는 이 시는 재벌, 국회의원, 고급공무원, 장성, 장차관을 오적으로 규정하고 통렬하게 비판했다.

정신분석으로 유명한 프로이트Sigmund Freud는 밤에는 꿈이, 낮에는 농담이 무의식을 대변한다고 주장한다. 그런데 농담은 말을 하는 사람과 듣는 사람 모두에게 비위를 맞추는 악당인 만큼, 꿈은 순전히 개인적인 데 반해 농담은 사회적이라고 한다.

지금 한국 사회에서는 웃음이 어떤 역할을 하고 있을까? TV를 보면 다양한 개그·오락 프로그램이 우리를 반긴다. 연극 무대에서도 개그가 유행을 하고 영화나 드라마도 개그적인 요소가 가미되어야 흥행에 성공을 한다. 한국을 대표하던 록그룹이나 힙합그룹의 리더도 개그를 해야지만 버틸 수 있을 정도로 가수나 배우, 심지어 정치인도 개그를 해야 성공할 수 있게 되었다. 한마디로 개그의 전성시대를 맞이하고 있다.

TV를 비롯한 거대한 상업적 대중매체에 의해 만들어지는 웃음은 과거에 풍자극이나 풍자소설이 했던 비판적인 역할을 수행하고 있을까? 안타깝게도 개그의 홍수 속에서 웃음 뒤의 통쾌함은 점차 자취를 감추고 있다. 웃음은 있지만 저항으로서의 웃음은 사라져 버렸다. 웃기는 것 자체가 목적인 웃음이 판을 친다. 억지로 쓴웃음이라도 짓게 해야 안심을 한다. 오히려 사회적인 의미가 없다는 점에서 '순수한' 웃음임을 자랑하기도 한다. 하지만 역설적이게도 현실의 개그처럼 비사회적인 '순수한' 웃음이야말로 자신의 의도와는 무관하게 노골적으로 사회적 역할을 한다. 문제는 사회적 역할이 과거와는 반대의 방향으로 가고 있다는 점이다. 신변잡기식이나 말장난식의 웃음으로 사람들을 억압적인 현실에 묶어 두는 역할, 저항을 봉쇄하는 역할을 하고 있다. 우리 시대의 진정한 웃음은 어디에서 찾을 수 있을까?

전쟁과 군대
그리고 자유___

고대 그리스 전사들의 전쟁 무용

고대 그리스·로마에 대한 동경은 서구인들에게 일상적이고 자연스러운 것이었다. 마치 고향을 그리워하는 마음처럼 말이다. 서구의 철학이나 문화가 그 젖줄을 그리스와 로마에 대고 있으니 어찌 보면 당연한 현상이다. 서구 근대화의 서장을 열었던 르네상스도 중세의 어둡고 긴 터널을 지나는 교통편을 고대 그리스·로마에서 찾았다. 인간과 자연에 대한 재발견의 수원지 역할을 그리스·로마가 한 것이다.

예술 영역에서도 마찬가지 현상이 일어나곤 한다. 예술 사조가 끊임없이 변화하는 과정에서 새로운 예술적 상상력은 과거의 틀을 깨는 파격적인 시도를 통해 나타나곤 한다. 그리고 상당 기간 동안 혁신의 기운이 배타적인 지배력을 갖는다. 하지만 예술은 장기간의 반복을 싫어한다. 일정 기간이 지나면 혁신조차도 구태의연한 형식으로 여겨지고 혁신에 대한 반작용으로 다시 향수鄕愁의 분위기가 형성되곤 한다. 그럴 때면 서구에서 다시 등장하곤 하는 것이 고대 그리스·로마였다.

서구인들의 고대사회에 대한 동경을 충족시키는 작품 활동을 한 가장 유명한 화가가 알마 타데마이다. 그는 다양한 측면에서 고대 문명의 이상적인 면모를 정교하게 재현해 냈다. 역사적인 장면이나 독서, 사랑, 노동 같은 고대 그리스와 로마 시민들의 일상생활을 화려한 색채, 탁월한 사실 표현으로 생생하게 살려 낸다. 그는 이를 위해 고고학에도 흥미를 가졌고 시대나 유물의 고증에도 엄밀했다. 그러한 활동은 어느 정도 당시 영국의 시대 분위기를 반영하는 경향이기도 했다. 산업혁명을 완료한 세계 최강대국으로서 풍성한 부와 사회적인 자신감을 갖고 있던 19세기 영국에서는 귀족적 낭만주의의 영향을 받으면서 고대를 그리워하고 동경하는 마음이 확산되었다. 타데마는 그러한 흐름을 반영하는 대표적인 화가였다.

타데마의 그림 중에 가장 역동적인 화면 구성을 보여 주는 게 〈전무The Pyrrhic Dance〉이다. 그림은 창과 방패를 든 전사들의 일사불란한 무용을 묘사하고 있다. 거대한 돌기둥이 있는 것으로 보아 어느 신전 앞마당이나 경기장인 것 같다. 군대의 위용을 감상하려는 시민들이 둘러서 있다. 앞줄에는 나이나 풍모로 보아 원로원 인사처럼 보이는 사람들이 병사들의 동작을 유심히 바라보고 있다. 병사들은 한 사람인 것처럼 빈틈없이 동일한 동작을 보여 준다. 창을 머리 위로 치켜 든 것으로 봐서 적의 화살 공격이나 마상馬上 공격을 막는 동작인 것 같다. 몸을 잔뜩 웅크리고 언제든지 창을 던지거나 찌를 태세다. 마치 호랑이나 사자가 먹이에게 치명적인 일격을 가하기

〈전무戰舞〉_ 타데마, 1869

로렌스 알마 타데마 Lawrencce Alma-Tadema | 1836~1912   네덜란드의 화가로, 1870년 이후 영국에서 활동했다. 영국 로열 아카데미 정회원으로 선출되었으며, 빅토리아 여왕으로부터 기사 작위를 받았다. 그는 특히 고대 문명의 이상적인 면모를 정교하게 재현해 내고자 했다. 화려한 색채와 탁월한 사실 표현으로 고대 그리스, 로마, 이집트의 역사적인 장면이나 풍속을 즐겨 그렸다. 주요 작품으로 〈파우스트와 마거리트〉〈로마 가족〉〈봄〉〈콜로세움〉〈모세의 발견〉 등이 있다.

위해 도약 직전에 몸을 웅크리고 있는 느낌이다. 다리 동작에 따라서 운동장에서 피어오르는 흙먼지가 장면의 사실성을 더해 준다.

서양이나 동양이나 고대국가를 떠올리면 전쟁이나 군대가 자연스럽게 연상된다. 한국인들이 갖고 있는 고구려·신라·백제에 대한 역사적인 지식 가운데 상당 부분이 전쟁과 관련된 것이다. 그래서 TV 사극이나 영화에 나오는 삼국 시대는 처음부터 끝까지 전쟁과 전쟁 영웅 이야기 일색이다. 서양도 마찬가지이다. 그리스와 로마, 이집트를 다룬 대부분의 영화가 전쟁 이야기이다. 아마 가장 대표적인 것이 장안의 화제가 되었던 〈300〉이라는 영화일 것이다. 이 영화는 300명의 스파르타 군사가 페르시아 100만 군대에 맞서 싸우는, 전형적인 영웅담을 담은 영화로 타데마의 〈전무〉와 가장 비슷한 이미지를 보여 준다.

전쟁과 군대는 시대를 가리지 않고 인간에게 두려움과 동경을 동시에 제공하는 이상한 주제였다. 분명 전쟁이나 군대는 생각하기 싫을 정도로 끔찍한 살육과 억압의 상징일 텐데, 다른 한편으로 가장 그리운 회상의 소재가 되기도 한다. 한국 성인 남성들이 모인 술자리에서 처음의 대화 소재는 다양할지라도 종종 군대 이야기가 대미를 장식하곤 한다. 모든 남성이 의무적으로 일정 기간 군인의 신분으로 군사훈련을 받고 병영생활을 해야 하는 한국 상황에서 가장 쉽게 공감대를 형성할 수 있는 소재가 군대 경험이어서 생긴 현상이다. 특히 술자리에 여성이 끼면 더 심해지는데, 이는 남성의 우월성을 드러내는 수단으로 군대라는 소재를 자연스럽게 연결시키는 데서 오는 게 아닌가 싶다.

한국 사회에서 군대 문제란?

성인 남성들의 술자리 안주거리 대화 말고도 군대 문제는 일상적인 사회적 화두 역할을 하기도 한다. 상류층 인사의 자제들이나 스포츠·연예 스타들의 병역 비리는 단골 주제라고 할 수 있다. 대통령 선거나 국회의원 선거, 혹은 총리나 장관 임명과 관련한 청문회가 열리면 꼭 등장하는 것이 당사자나 자제의 병역 비리 의혹이다. 또한 병역 기피 수단을 상세하게 알려주는 웹 사이트가 많아져서 단속 대상이 되고 있기도 하다.

최근에는 종교적 신념 등을 이유로 군사훈련을 거부하는 이른바 '양심적 병역거부'와 이를 위한 '대체 복무 허용'과 관련해서 뜨거운 논쟁이 벌어지고 있다. 한편에서는 병역법 등 관련 법령을 개정해 군 복무 이외의 방법으로 병역을 대신하도록 하자는 주장이, 다른 한편에서는 군에 입대하는 대다수 남성들과의 형평성이나 병역 기피 악용 가능성 등을 이유로 허용해선 안 된다는 주장이 나오고 있다.

종교적 신념을 이유로 양심적 병역거부를 하는 사람들은 대부분 성경의 가르침을 액면 그대로 따르고자 하는 사람들이다. 성경에서는 살인하지 말 것이며, 살인하려는 마음도 품지 말라고 한다. 따라서 군사훈련은 살인 연습이기 때문에 참여할 수 없다는 것이다. 하긴 사격 훈련이나 총검술 훈련이 살인 연습인 것은 부인할 수 없는 사실이다. 사격은 한 방에 머리나 심장을 맞추는 연습을 반복한다. 총검술 역시 총 끝의 대검이 향하는 방향이 심장이다. 이렇게 반복 훈련을 하면 실제 현장에서 자신도 모르게 똑같은 동작을 하게 된다. 그렇기 때문에 성경의 말씀대로 하자면 이 살인 연습에 참여할 수 없다는 것이다. 군사훈련이 없는 대체복무 방식으로 군 업무를 대신하겠다는 것이 그들의 요구이다.

대체복무제에 반대하는 사람들은 병역 기피 수단으로 사용될 수 있다는 점을 주로 근거로 든다. '양심적 병역거부'에서 '양심'이 종교적인 것으로 제한되는 것도 아니기 때문에 광범위하게 악용될 수 있다는 것이다. '평화'를 추구한다는 이유로도 얼마든지 양심은 성립할 수 있기 때문이다. 가급적 군대를 안 가려고 하는 사람들이 많기는 하다. 오죽하면 군대 면제 판정을 받은 이들을 '신의 아들', 공익 근무로 빠진 사람을 '장군의 아들'이라고 부르고 현역 징집 판정을 받은 사람을 '어둠의 자식들'이라 부르는 현상이 벌어졌을까……. 어쨌든 이런 상황에서 대체복무제는 악용의 소지가 너무 많다는 주장이다.

이들은 사실상 지금까지 그래왔듯이 감옥 형으로 강력하게 처벌하자고 요구한다. 그동안 양심적 병역거부자들은 2~3년 정도의 감옥살이를 해야 했다. 또한 형기를 마치고 출소하더라도 전과자에 대한 편견이 극심한 한국 사회에서 한평생 '정상적인' 삶을 영위하는 것이 어려웠다. 그렇기 때문에 개인의 신념에 대해 감옥 형으로 처벌하는 조치가 지나치게 가혹한 것 아닌가 하는 비판이 끊임없이 제기되었다. UN 시민·정치적 권리위원회가 한국의 양심적 병역거부자 처벌이 양심의 자유와 종교의 자유를 보장한 규약에 어긋난다며 정부에 개선을 권고했던 것이나, 우리 대법원, 헌법재판소, 국가인권위원회가 대체복무제 입법화를 권고했던 것도 이러한 이유 때문이다.

그래서 정부에서는 일반 군인과의 형평성을 고려해 근무 강도가 높은 곳을 지정하고, 기간도 훨씬 길게 하는 쪽으로 대체복무를 검토하기도 했다. 전남 소록도의 한센병원, 경남 마산의 결핵병원, 서울의 정신병원 등을 우선 검토하고 있다는 얘기도 있었다. 상식적으로 1.5배 정도 근무 기간이 더 길고, 일반적으로 사람들이 기피하는 어려운 일을 시킨다는데 이를 기피 수단으로 선택하는 사람이 과연 얼마나 있겠느냐는 것이다. 하지만 이와 관련하여 대체복무에서 부여하는 일이 보복적인 성격이어서는 곤란하다는 입장에서 비판을 하는 이들도 있다.

상비군, 징집제와 개인의 자유 – 칸트의 《영원한 평화를 위하여》

군대와 관련된 논란에 대해 좀 더 근본적인 문제를 제기하는 사람들도 있다. 단순히 대체복무제 차원을 넘어서서 징병 제도, 더 나아가서는 상비군 제도 자체에 대한 비판적 문제제기를 한다.

징병제徵兵制는 사회 구성원 모두에게 나라를 방위할 의무를 지우고 이를 실천하도록 강제하는 제도이다. 일정 연령의 자격을 갖춘 국민에게 징병검사를 받게 하고 군대에 일정 기간 복무하도록 법으로 강제한다. 그렇기 때문에 징병제는 필연적으로 종교적 양심이나 정치적 신념 문제와 충돌을 일으킨다. 이러한 점을 반영하면서 최근에는 한국 사회도 다른 많은 나라들처럼 모병제募兵制로 전환하거나, 분단 상황을 무시할 수 없다면 징병제와 모병제를 혼합한 혼합병제 방식으로 가야 되는 게 아닌가 하는 문제제기도 조심스럽게 나온다.

더 나아가서는 상비군 제도 자체에 대해서도 문제 제기가 나온다. 일찍이 소로Henry David Thoreau는 《시민의 불복종》에서 "상비군은 정부의 무기에 지나지 않는다"고 주장하기도 했다. 상비군은 사회 구성원 전체의 이익보다는 정부의 이익을 실현하고 유지하는 물리적 수단에 지나지 않는다는 비판이다. 또한 칸트Immanuel Kant는 《영원한 평화를 위하여》에서 인류 사회에서 전쟁이 확대되는 주요 원인 중 하나로 상비군 제도를 꼽았다. 그는 다음과 같이 상비군의 문제점을 지적하며 폐지를 주장한다.

> 상비군은 결국 완전히 폐지되어야 한다. 왜냐하면 상비군은 항상 전쟁에 대비한 준비가 되어 있음으로써 다른 나라들을 위협하기 때문이다. 그리고 이것으로 인해 다른 나라들과 끝도 없는 군비경쟁에 돌입하게 된다. 결국 군비의 과잉 지출이라는 부담에서 벗어나기 위해 평화보다는 오히려 단기간의 전쟁이 선택된다. 이로써 상비군 자체가 공격적 전쟁의 유발 원인이 된다. 여기서 한 걸음 더 나아가, 사람을 죽이도록 혹은 사람에게 죽음을 당하도록 고용된다는 것은 인간을 타국의 손에 놀아나는 단순한 기계나 도구로 간주하는 것과 같다. 이것은 인격체로서의 인간의 권리에 합치되는 것일 수 없다. 그러나 국민들이 외적에 대항할 자구책의 일환으로 정기적이고 자발적으로 훈련에 임하는 것은 문제가 전혀 다르다.

상비군은 아주 오랜 옛날부터 유지되어 온 인류의 군대 형식인데 이를 없애자는 주장은 완전히 공상적인 것이 아닐까? 하지만 일반적인 통념과는 달리 상비군의 출현은 그리 오래되지 않았다. 대부분 18~19세기 근대국가 형성기에 만들어졌다. 그 이전에는 전쟁 시기에 소집되고 전쟁이 끝나면 다시 생업으로 돌아가는 방식의 일시적인 군대였다. 소수 정예로 구성된 일상적인 무력은 군대라기보다는 내부 통치를 위한 경찰 기능의 성격이 강했다. 칸트는 항상 전쟁에 대비한 준비가 되어 있는 상비군이 다른 나라들을 위협하기 때문에 평화를 해치는 중요한 요인이라고 보았다. 상비군은 필연적으로 군비 경쟁을 유발시키기 때문에 공격적 전쟁의 원인으로 작용한다는 것이다.

그런데 칸트의 지적 중에 더 유념해서 보아야 할 부분은 뒤의 내용이다. 상비군이라는 게 사람을 죽이도록 고용되기 때문에 인간을 단순한 도구로 취급하는 관점이라는 것이다. 그런 점에서 인격체로서의 인간의 권리에 합치될 수 없다고 주장한다. 다만 외부의 침입에 대비하기 위한 정기적인 훈련은 허용될 수 있는데, 그나마 '자발적'이어야 한다는 전제가 있다. 그런 점에서 강제적인 징집 제도에 대해서는 마찬가지로 반대의 뜻을 분명히 하고 있다. 결국 칸트는 상비군 제도나 강제적인 징집제 속에서 인간이 목적이 아닌 수단으로 전락하고, 인간의 자유가 본질적으로 훼손될 수밖에 없다는 지적을 하고 있다.

우리 역시 이제는 분단 상황이라는 현실적인 문제를 고려하더라도 다른 한편으로 상비군과 강제 징집 제도의 문제와 인간이 누려야 할 근본적인 자유의 문제를 연계해서 근본적인 고민을 하는 게 필요할 때가 아닐까?

동양과 서양의 시선

서양 미술과
오리엔탈리즘 __

서양 미술에 등장하는 동양의 야만성과 관능성

미술작품은 화가 개인의 생각만을 반영하는 것이 아니다. 그 시대 사람들의 집단적인 사고방식을 표현하는 창窓 역할을 하기도 한다. 어떤 면에서는 글이나 책을 읽는 것보다 그림을 통해 그 시대 사람들의 마음을 섬세하게 읽어내는 게 더 용이하다. 글은 대체로 자신의 생각을 꾸미기 때문에 왜곡된 형태로 저자의 생각을 드러내는 경우가 많다. 하다못해 지극히 비밀스러운 일기를 쓰더라도 나름대로 자신을 합리화하거나 미화하는 경향이 조금씩은 있지 않은가. 이에 비해 그림은 자신도 모르게 본심을 불쑥 드러내기 때문에 더 생생하다. 그런 점에서 무의식이 의식보다 더 솔직하다.

서양화는 서구적인 사고방식을 갖고 있기 마련이고 동양화에서는 동양의 정신을 엿볼 수 있는 요소들이 담뿍 담겨 있다. 서양 회화 속의 서구적인 사고방식은 동양에 대한 이해와 맞물리면서 서양을 주체나 정상으로, 동양을 대상이나 비정상으로 규정하는 인식과 태도인 오리엔탈리즘orientalism적 요소가 가득하다. 들라크루아가 그린 몇 점의 그림에서도 동양에 대한 서구의 편향된 시선을 만날 수 있다. 그가 이를 의식하고 그렸는지 정확히 알 수는 없다. 하지만 원래 오리엔탈리즘적인 사고방식은 의식적인 과정으로 나타나기보다는 자기도 모르는 사이에 스며들어 사고를 지배하는 경향이 강하기 때문에 그가 자각하고 있었는가의 여부는 별로 중요한 것이 아닐 수 있다.

〈사르다나팔루스의 죽음〉은 기원전 7세기경 아시리아의 왕인 사르다나팔루스Sardanapalus의 처참한 최후를 다루고 있다. 사르다나팔루스는 적에게 포위되어 약 2년 정도를 궁전에 갇혀 살았다고 한다. 하지만 결국 성이 함락될 위기에 처하자 애첩들과 애마를 모두 죽이고 보물들을 한군데에 모아 불태웠다고 한다. 마지막에는 그 스스로도 불 속에서 타죽는다. 들라크루아는 상상력에 기초하여 이 장면을 화폭에 담았다. 작품의 크기가 가로 5미터, 세로 4미터에 이른다는 점을 생각하면서 보면 그림 속의 장면이 감상하는 사람을 얼마나 압도할 것인지 상상할 수 있을 것이다.

그림을 보면 광란이 벌어지고 있음을 한눈에 알 수 있다. 중앙에 붉은색 침대가 있고 그 위에는 사르다나팔루스 왕이 기대어 누운 채로 애첩과 애마의 살해 장면을 지켜보고 있다. 어딘가 우울함이나 권태로움이 묻어날 것 같은 표정이다. 침대 한편에는 아름다운 여인이 이미 시신이 되어 엎드려 있다. 그의 발끝 쪽에서는 한 여인이 몸을 비틀면서 살해당하고 있다. 위쪽에도 막 칼을 맞은 여인이 보인다. 왼쪽에서는 흑인 노예가 화려한 장식을 하고 눈부시도록 흰털을 자랑하는 말을 끌고 들어오고 있다. 바닥에는 온갖

〈사르다나팔루스의 죽음〉_ 들라크루아, 1827

외젠느 들라크루아 Eugene Delacroix | 1798~1863   19세기 프랑스의 낭만주의 화가로 강렬한 색채와 명암의 대비를 표현하면서 신고전주의 회화에 정면으로 도전했다. 풍부한 재능과 환경으로 인해 회화뿐만 아니라 미술사에 있어 중요한 문헌으로 높이 평가되는 예술론과 일기를 집필하기도 했다.

보물들이 가득하다.

그림의 구석구석에서 유럽인들의 오리엔탈리즘적인 시각이 그대로 배어 나온다. 일단 그림 속 장면 자체가 실제의 역사적인 사건이 아니라 동방에 대한 선입관이나 인상에 의해 상상으로 만들어진 것이다. 제국의 멸망이 코앞에 다가온 순간에 살육 축제를 벌이는 괴기스러운 장면은 미개하고 잔혹한 동양의 이미지를 그 어떤 글보다도 효과적으로 전달해 준다. 애첩과 애마의 살해 장면을 마치 즐기듯이 관전하는 사르다나팔루스 왕에 대한 묘사는 서구의 합리적인 사고와는 상반된, 야만적이고 잔인하기만 한 동양의 전제주의를 보여 주려고 한 것 같다. 또한 그림 속의 동양 여성들은 참혹하게 살해당하고 있는 순간임에도 마치 교태를 부리는 듯한 느낌마저 갖게 하고 있다.

서양 미술에서 동양은 잔인하고 야만적이며 관능적인 것으로 자주 묘사된다. 서양이 합리성과 이성을 대표한다면 동양은 비합리성과 감각적인 관능으로 규정된다. 수많은 화가들이 동양을 소재로 미술 작품을 남겼는데, 그중에서도 유난히 동양 여성을 묘사한 그림이 많다. 그런데 그 대부분이 동양 여성의 모습 자체를 객관적으로 표현하기보다는 관능성을 드러내는 데 초점을 맞추고 있다. 대표적인 것이 총애받는 후궁을 뜻하는 '오달리스크Odalisque'이다. 오달리스크는 원래 터키 황제의 시중을 들던 여자 노예를 가리키던 말이다. 오달리스크는 들라크루아는 물론이고 앵그르Jean Auguste Dominique Ingres, 르누아르, 마티스Henri-Emile-Benoit Matisse, 찰스 뮐러Charles Muller 등 우리가 알 만한 근대 서양 화가들의 단골 소재였다.

들라크루아의 〈알제리의 여인들〉에서 여인들은 정돈되지 않은 나른한

〈알제리의 여인들〉_ 들라크루아, 1834

모습으로 등장한다. 왼편에 있는 여인이나 가운데 앉아 있는 여인 모두 가슴이 거의 반쯤은 드러난 상태이다. 특히 왼편의 여인은 요염한 자세로 앉아 그림을 감상하는 사람을 유혹하는 눈빛을 보내는 듯하다. 풀어진 자세로 앉아 있는 여인들의 풍만한 육체를 그림을 통해 육감적으로 전달하고 있다.

마티스의 오달리스크는 더 노골적이다. 〈목련과 오달리스크〉를 보면 사창가의 한 풍경을 담아낸 것 같은 분위기이다. 한 여인이 자신의 몸을 거의 다 드러낸 채 침대에 누워 있다. 아무런 부끄러움도 없다는 듯 두 팔을 머리 위로 올려 가슴을 한껏 드러내고 다리도 벌리고 있다. 옷매무새도 흐트러져 있고 얼굴도 살짝 상기되어 있어서 막 정사를 끝낸 후의 장면을 떠오르게 한

<〈목련과 오달리스크〉_ 마티스, 1923>

다. 여인의 뒤로는 새하얀 목련이 그려진 동양식 병풍이 펼쳐져 있다. 서양 회화 속의 서구 여성이 비너스의 우아함과 같은 이상적인 모습으로 등장한 다면 동양 여성은 오달리스크를 통해 관능과 천박함의 상징으로 묘사된다.

우리 안의 오리엔탈리즘 – 사이드의 《오리엔탈리즘》

오리엔탈리즘에 대해 가장 체계적인 연구를 한 지식인으로는 단연 에드워드 사이드Edward Wadie Said를 꼽을 수 있다. 그는 《오리엔탈리즘》에서 그 특징과 본질을 다음과 같이 밝히고 있다.

오리엔탈리즘에 가장 큰 영향을 주었다고 생각되는 것은 동양을 취급하는 서양인들이 언제나 느낀 일종의 대립 감각이었다. 동양 대 서양이라고 하는 경계 개념, 여러 가지 차원에 투영된 열등과 우월, 행해진 작업의 정도, 동양에 특유한 것으로 인정된 여러 가지 특징, 이러한 모든 것들은 동양과 서양을 나누고 상상 속의 또는 지리상의 구분선이 의도적으로 그어지고 나아가 그것이 몇 세기에 걸쳐 존속되어 온 것을 증명하고 있다. … 오리엔탈리즘과 같은 분야는 누적적이고 집합적인 본질을 가지며, 그 본질은 전통적인 학문(고전학·성서학·문헌학), 공적인 여러 제도(정부·무역회사·지리학협회·대학), 특정 종류의 작품(여행기·탐험기·환상적인 이야기·엑조틱한 풍속묘사)과 결부될 때에 특히 효력을 발휘한다. 그 결과 오리엔탈리즘에 일종의 합의가 생기게 되었다. … 동양과 동양인이란 발전, 변화, 인간적 운동의 가능성 그 자체를 부정당하고 있다. 외부에 알려지고 궁극적으로 고정화되어, 또는 비생산적인 특질을 갖는 동양과 동양인이란, 곧 바람직하지 못한 불변성과 동일시된다. 동양이 찬양되는 경우에 사용되는 '동양의 예지'라고 하는 말은 여기서 유래하고 있다.

사이드의 지적대로 오리엔탈리즘은 온갖 영역에서 서양과 동양을 우월과 열등이라는 이분법으로 나누어 버린다. 앞의 그림에서 보았듯이 문명과 야만, 이성과 관능으로 구분하는 것 이외에도 강력함과 유약함, 지배와 종속, 질서와 혼돈, 정상과 비정상, 도덕과 비도덕, 민주주의와 전체주의라는 식의 이분법을 적용한다. 당연히 서양은 일체의 긍정적인 가치를 동양은 부정적 가치, 기껏해야 마법적이거나 신비로운 가치를 대변한다.

　그런데 정말 심각한 것은 오리엔탈리즘을 비서구인 스스로가 자연스러운 것으로 받아들여 '내면화'한다는 점이다. 우리는 자신도 모르게, 그것이 오리엔탈리즘인지도 모른 채 너무나 자연스럽게 받아들인다. 이게 어떻게 가능할까? 어떤 과정을 통해 스스로를 비하하는 시각을 자연스럽게 받아들일 수 있는 것일까? 그것은 오리엔탈리즘이 갖고 있는 누적적이고 집합적인 본질 때문이다. 그 본질은 사이드가 말하듯이 "전통적인 학문, 공적인 여러 제도, 특정 종류의 작품과 결부"됨으로써 효과적으로 전파된다. 즉 아주 오랜 기간 동안 다양한 통로를 통해서 다가오기 때문에 가랑비에 옷이 젖듯이 의식하지 못하는 사이에 조금씩 우리를 지배하는 사고방식이 되어 버렸다. 오리엔탈리즘의 내면화가 작품이나 학문, 제도와 결부됐다고 하니 뭔가 우리의 일상과는 동떨어진 낯선 것처럼 느껴지지만 전혀 그렇지 않다. 우리가 성장하면서 접하게 되는 일상의 직접적이고 친근한 것들이 대부분 여기에 해당한다. 하나하나 구체적으로 살펴보면 다음과 같다.

　내면화는 아주 어린 시절부터 시작된다. 보통 초등학생 시절까지는 만화영화가 인간과 세상에 대한 사고를 형성하는 데 큰 영향을 미친다. 그런데 대부분의 만화영화에서는 색을 통한 편견이 노골적으로 드러난다. 좋은 편은 흰색으로 묘사되는데 나쁜 편은 검은색이나 짙은 색으로 묘사되곤 한다. 호빵맨은 밝은 색이지만 세균맨은 검은 색이듯이 말이다. 정의의 편은 하얀 망토를 걸치지만 악당은 대부분 검은 망토를 걸친다.(배트맨 정도가 예외에 해당될까…) 흰색은 당연히 백인을 상징하고 검은 색이나 짙은 색은 비서구를 상징한다. 결국 어린 시절부터 만화영화를 통해 비서구적인 피부색을 스스로 부끄러워하는, 색에 대한 이상한 편견이 형성된다.

극장이나 TV 영화 채널에서 수시로 접하게 되는 영화도 마찬가지다. 할리우드 영화에서 아프리카는 어떻게 다루어지는가? 〈타잔〉에서 흑인은 거의 오랑우탄 수준으로 나온다. 어이없게도 밀림을 지키는 역할도 흑인이 아니라 백인인 타잔이 한다. 마찬가지로 아프리카를 다룬 영화 〈부시맨〉에서 흑인은 무지몽매의 극치를 보여 준다. 〈파워 오브 원〉에서 흑인은 백인이 이끌어 주어야 변하거나 구원받을 수 있는 존재로 묘사된다. 현대의 아프리카를 다룬 〈블러드 다이아몬드〉에서도 흑인은 무자비한 살육자로만 묘사된다. 할리우드 영화에서 아프리카는 야만과 폭력 이외에 아무것도 아니다. 중동은 어떤가? 테러의 땅으로만 다루어진다. 지난 10여 년간 할리우드 액션 영화는 주로 테러를 소재로 하고 있다. 영화는 보통 아랍 테러 단체가 미국의 핵무기나 생화학무기를 탈취하는 것으로 시작한다. 그 결과 우리는 자신도 모르게 아랍과 테러를 거의 동의어로 인식하는 경향이 생겨났다. 아시아는 또 어떤가? 중국이나 일본은 주로 쿵푸나 사무라이와 같은 무술로 다루어진다. 정상적이고 합리적인 주제와는 거리가 멀다.

엄밀성을 지닐 것이라 예상하는 학문 분야도 더 심하면 심했지 덜하지 않다. 데카르트Rene Descartes나 칸트와 함께 유럽 근대 철학을 대표하는 헤겔Georg Wilhelm Friedrich Hegel은 《역사철학 강의》에서 "중국은 벌써 고대에 오늘과 같은 상태에 도달해 있었다, 왜냐하면 객관적인 존재와 그에 대한 주관적 운동 사이의 대립이 아직 없기 때문에 변화는 일절 없고, 언제까지나 동일한 것이 되풀이해서 나타난다고 하는 정체성이 우리들이 역사적인 것이라고 부르는 것과 대치되어 있기 때문이다"라고 한다. 또한 "중국의 특징은 정신에 속하는 모든 것, 즉 자유로운 인륜이라든가 도덕이라든가 심정이라든가 내적인 종교라든가 학문, 예술 등이 결여되어 있는 점에 있다"라고 단정한다. 그에게 동양은 발전이라고는 일체 없는, 정지해 있는 세상에 불과했다. 오직 서구에 의해서만 변화가 가능한 대상이었다. 동양을 주체가 아닌 대상으로 규정하는 인식은 심지어 진보적인 성격을 지니고 있었던 마르크스에게도 상당 부분 나타난다. 그는 《트리뷴》지 기사에서 "동양인은 스스로 자신을 대변할 수 없고 다른 누군가에 의해 대변되어야 한다"라고 규정했다.

제도 역시 오리엔탈리즘을 동양인 스스로 내면화하게 만드는 주요한 통로이다. 인간은 수많은 제도의 틀 속에서 살아간다. 한순간도 그 속에서 벗어난 삶을 살기 어려울 정도로 제도는 촘촘하게 일상의 삶을 규정한다. 그렇기 때문에 다른 무엇보다 우리의 의식을 형성하는 데 결정적인 영향을 미친다. 가족제도에서 시작해서 교육제도, 기업제도, 정당제도, 사법제도 등 다양한 제도의 그물 속에서 사회의 운영 원리와 규범을 익히고 내면화한다. 그런데 일생을 사는 동안 겪게 되는 그 많은 제도들이 대부분 서구에서 만들어진, 서구적인 사고방식과 행위규범을 기반으로 한 것들이다. 반대로 동양의 전통적인 가치와 규범 위에 만들어졌던 기존의 사회 운영 원리와 제도들은 모두 배척해야 할 대상으로 인식된다.

예를 들어 결혼만 하더라도 신부는 흰 드레스에 면사포를, 신랑은 검은색 턱시도를 입고 피아노 반주에 맞춰 진행이 되어야 세련된 것으로 인식된다. 한복을 입는 전통 혼례식은 촌스럽거나 가난한 사람들이 선택하는 것쯤으로 치부된다. 교육제도는 어떠한가? 유치원에서 시작해서 초·중·고등학교를 거쳐 대학교에 이르기까지 무려 20년 가까이를 교육제도 아래 있으면서 반복해서 배우는 것은 서구식 학문에 입각한 내용들 일색이다. 일반 교과는 물론이고 음악이나 미술, 체육도 마찬가지다. 어디 초중등 미술 시간에 동양화를 배우나, 음악시간에 판소리나 민요를 배우나, 체육시간에 전통 태껸을 배우나? 이 모든 과정을 거쳐 우리도 모르는 사이에 일체의 서구적인 것들을 정상적이고 자연스러운 것으로, 일체의 동양적인 것들은 고리타분하고 비정상적인 것으로 우리 내부에 각인된다. 결정적으로 세계관과 인생관이 형성되는 시기, 무려 20년에 이르는 그 시간 동안 매일 수업한 내용, 시험을 통해 답으로 적은 내용들을 통해 오리엔탈리즘은 너무나도 자연스럽게 우리의 뇌세포 구석구석을 파고들어 왔던 것이다.

그렇게 오랜 기간 동안 문학, 영화, 학문, 제도 등 다양한 통로를 통해 스며들어 온 오리엔탈리즘은 이제 우리의 자연스러운 상식이 되어 버렸다. 그래서 스스로 거리낌 없이 동양을 멸시하고 서구적인 것을 우월하게 여긴다. 문제는 우리가 무엇을 하고 있는지도 모른 채, 마치 당연히 그러해야 하는 것처럼 여긴다는 점이다.

외국인 노동자에 대한 노골적인 차별도 오리엔탈리즘을 내면화한 사고방식의 한 반영이다. 혹시 한국에서의 외국인 노동자 차별은 동양에 대한 멸시가 아니라 단일민족이라는 고유한 특성 때문에 생긴 외국인에 대한 배타성이라고 항변하는 사람이 있을지 모르겠다. 동양인이 아니라 외국인 모두에 대한 배타성이기 때문에 오리엔탈리즘과는 무관하다는 항변이다. 과연 그럴까? 정말 한국인들은 외국인 모두에 대해 차별적인 태도를 갖고 있을까? 현실은 차별의 대상이 동남아시아와 아프리카 사람들에게 국한되고 미국인이나 유럽인에 대해서는 반대로 극도의 공손한 태도를 취하고 있지 않은가. 오히려 미국인이나 유럽인과는 친근한 관계를 맺고 싶어서 안달이 지 않은가.

한류에 가슴 뿌듯해하고 열광하는 우리의 모습에서도 부분적으로 오리엔탈리즘 내면화의 그림자를 발견할 수 있다. 오리엔탈리즘의 핵심적인 특징 중의 하나가 일방적인 문화 전파 의식이다. 타국이나 타민족의 열등한 문화를 자신의 우월한 문화로 대체한다는 발상 말이다. 정부나 언론에서 한류를 찬양하고, 대통령은 한류 스타를 청와대로 초청해서 한류를 더 활성화시키자고 격려하기도 한다. 만약 일본 수상이 한국에서 인기 있는 일본 연예인들을 수상 관저로 초정해 한국에 일본 문화를 전파하는 데 앞장서 달라고 공공연히 말하면 우리는 어떤 감정을 느낄까? 일본의 문화 침략이니 뭐니 하면서 분노를 느끼지 않을까? 문화란 상호 교류가 본질이다. 하지만 한류는 이미 그 개념 안에 일방적인 성격을 지니고 있다. 한국에서 다른 쪽으로의 일방적인 방향 말이다. 동남아시아 여러 국가에서 한류가 퍼지고 있다고 좋아하면서 과연 우리는 그 나라의 문화에 관심을 가져 본 적이 있을까?

한류의 내용에서도 오리엔탈리즘의 흔적이 묻어난다. 우리는 대개 한류의 본질적인 성격이 마치 한국 문화의 전파인 것처럼 착각을 한다. 하지만 한류, 그중에서도 선봉대 역할을 하고 있는 대중음악은 다분히 서양 음악의 전도사 역할을 하고 있다. 그 많은 한류 가수들이 과연 고유하거나 독창적인 한국의 문화적인 특징을 반영하고 있다고 볼 수 있을까? 거의 대부분 힙합이나 댄스 등 최신 미국 음악의 경향을 대변하고 있는 것은 아닐까? 그런 점에서 한류란 우리가 앞장서서 동남아시아에 서구 문화를 퍼뜨리는 역할을 하고, 그러한 의미에서 서구 문화를 대변하고 있는 것은 아닐까? 우리가 체화하고 있는 서구 문화를 스스로 우월한 것으로 생각하고 동남아시아 사람들에게 그들의 전통적인 문화를 시대에 뒤떨어진 '후진 것'으로 인식하게 만들고 있는 것은 아닌지 정말 진지하게 고민하고 성찰해 볼 일이다.

오리엔탈리즘과 관련하여 우리에게 가장 시급하고 중요한 것은 먼저 우리 안의 오리엔탈리즘을 찾아내는 것이다. 차라리 서구인에 의해 노골적으로 나타나는 오리엔탈리즘은 조금만 주의를 기울이면 어렵지 않게 찾아내고 비판할 수 있다. 하지만 우리 안의 오리엔탈리즘은 좀처럼 자각하기도 힘들고, 그만큼 자연스럽게 여러 세대를 거쳐 유전되어 가고 있다는 점에서 훨씬 더 심각한 문제일 수 있다.

동양과 서양의
자연관 __

불꽃처럼 살다 간 조선의 화가

자화상은 화가 자신의 모습을 통해서만 나타나는 게 아니다. 화가에게 작품 자체도 종종 훌륭한 자화상의 역할을 한다. 자유분방한 성격을 가진 화가의 그림은 어디에도 얽매이지 않는 기질을 그대로 보여 주곤 한다. 내면의 치열한 고뇌를 안고 살아가는 화가의 그림은 그늘과 자기 분열의 그림자가 스친다. 화가에게 캔버스는 내면을 비추는 거울이다.

조선 시대 회화 중 가장 파격적인 느낌을 주었던 것이 최북의 〈풍설야귀인도〉이다. 이 그림은 조선 시대 어느 화가에게서도 찾아볼 수 없는 독특한 화풍을 보여 준다. 먼저 몇 개의 선으로 대충 그린 것 같은 나무들이 한눈에 들어온다. 조선 시대의 산수화들을 보면 대체로 전면의 나무를 상세하게 표현하고 있다. 강세황의 〈벽오청서도〉, 김정희의 〈세한도〉, 김득신 〈풍속팔

〈풍설야귀인도風雪夜歸人圖〉 _ 최북, 18세기 중엽

최북崔北 | 1712~? 조선 영조 때의 화가. 가문이나 출신, 생몰 연대도 명확하지 않고 어느 겨울에 한양의 한 길목에서 자다가 얼어 죽었다고 전해진다. 산수화와 시에 뛰어났고 김홍도·이인문·김득신 등과 교우하였다. 하지만 그의 화풍은 동료 화가들과는 동떨어져 있다고 할 수 있다. 주요 작품에 〈수각산수도水閣山水圖〉〈한강조어도漢江釣魚圖〉 등이 있다.

곡병〉 등이 그러하고 풍속화의 대가라고 할 수 있는 김홍도의 〈밭갈이〉나 신윤복의 〈단오풍정〉도 그러하다. 하지만 〈풍설야귀인도〉의 나무들은 몇 개의 굵은 선으로 성기게 묘사했음에도 불구하고 마치 살아 움직이는 듯한 착각을 불러일으킨다. 붓 대신에 손가락이나 손톱에 먹물을 묻혀서 그리는 지두화指頭畵여서 더 거칠고 억센 표현이 나타난 것이다.

　최북은 손가락으로 투박하게 그렸지만 상황을 더없이 적절하게 묘사하고 있다. '풍설야귀인風雪夜歸人'이란, 말 그대로 눈보라 치는 겨울밤에 귀가하는 나그네의 모습을 뜻한다. 밤에, 그것도 눈보라치는 밤에 나무의 모습은 경계가 무너진 흐릿한 모습일 수밖에 없다. 또한 제법 굵은 나뭇가지들이 일제히 한 방향으로 휘어져 있어서 꽤 거센 바람이 불어 대고 있음을 짐작할 수 있다. 뒤로는 몇 개의 산봉우리가 어렴풋한 윤곽만을 드러내고 있다. 나무 밑으로는 허리를 숙인 나그네가 동자를 데리고 힘겨운 발걸음을 재촉하고 있다. 왼쪽으로는 개 한 마리가 그려져 있는데, 다리를 구부리고 긴장하고 있는 모습이 요란하게 짖어 대고 있음을 느끼게 해준다.

　이 그림은 최북의 일생을 보여 주는 듯하다. 그는 흔히 '한국의 반 고흐'라 불린다. 물론 화풍 때문이 아니라 기이한 행동 때문이다. 고흐는 격정에 못 이겨 자신의 귀를 잘라 버렸다. 최북은 화가로서의 자존을 위해 스스로 눈을 찌르고 평생을 외눈으로 살았다. 그는 산수화를 잘 그려서 최산수崔山水라고 불렸다고 한다. 호는 '붓毫으로 먹고 사는生 사람'이라는 뜻의 호생관毫生館이었는데, 스스로 지었다고 한다. 그만큼 직업적인 화가로서의 프로 기질을 갖고 있었음을 알 수 있다. 그는 자유인이기도 했다. 한 세도가가 권세를 앞세워 그에게 여러 번 그림을 강요하자 차라리 내 자신을 자해할지언정

남에게 구속받지 않겠다며 필통에서 송곳을 꺼내 자기 눈을 찔렀다고 한다. 그는 하루 대여섯 되씩의 술을 마셔 대어 주광화사酒狂畫師, 즉 술에 미친 화가라 불리기도 했다. 그는 한곳에 머물지 않고 그림을 팔아 가며 전국을 주유했는데, 정처 없이 떠돌아다니던 중 금강산 구룡연九龍淵에 이르러서는 "천하의 명인이 천하의 명산에서 죽는 것이 마땅하다"며 투신했으나 미수에 그쳤다고 하니 그의 광기를 짐작할 만하다. 그는 어느 눈 오는 밤에 만취한 상태로 귀가하다 쓰러져 동사한 것으로 전해진다. 눈보라 속을 헤치며 걷는 그림 속 나그네의 모습에서 자신의 운명을 예감했던 것일까?

동양화에 나타나는 자연관

최북의 그림은 비록 당대의 화가들과 화풍은 다르지만 동양화의 일반적인 자연관을 그대로 보여 준다. 〈풍설야귀인도〉만 보더라도 인간은 자연의 일부로 등장한다. 하늘과 땅과 나무와 짐승, 그리고 인간이 높고 낮음 없이 공존하고 있다. 거센 눈보라에 나무도 흔들리고 사람도 웅크린다. 어디 한 군데 자연 위에 군림하는 인간의 모습을 발견할 수 없다. 오히려 광대한 자연 앞에 보잘것없는 존재일 수밖에 없는 인간의 모습, 겸손할 수밖에 없는 인간의 모습을 보여 주고 있다.

정도의 차이는 있지만 동양 사상은 대체로 자연과 인간을 공존 관계로 파악한다. 도가道家와 불가佛家의 경우는 특히 인간을 자연의 일부로 바라보는 경향이 강하다. 〈대살차니건자경大薩遮尼乾子經〉의 다음 대목은 불교의 자연관을 잘 보여 준다.

성읍이나 촌락과 산림, 연못과 동산, 궁정과 누각, 모든 도로와 교량, 자연적인 동굴 주택과 일체의 농작물, 꽃들과 열매, 초목과 숲 등을 태워서는 안 되며 파괴하지 말아야 하며 물을 빼지 말며 자르거나 베어서는 안 된다. 왜냐하면 그 모든 것에는 다 생명을 가진 짐승들과 곤충들이 있으므로 그 죄 없는 중생들을 상하게 하거나 그 목숨을 해치게 해서는 안 되기 때문이다.

불교에서는 인간이 자연을 이용할 때조차 작은 벌레와 같은 미물이라도 상하지 않게 하는 것이 전제가 된다. 철저하게 자연을 중심으로 인간을 바라본다. 인간도 자연의 여러 생명 중 하나에 불과한 존재이고, 그 이상의 특권적 지위가 인정되지 않는다. 스님들이 지팡이를 지니고 다니는 것 하나에도 다 깊은 뜻이 있다고 한다. 발걸음에 앞서 미리 지팡이를 짚음으로써 벌레들이 미리 피할 수 있게 배려하는 마음이라고 한다. 행여 작은 벌레라도 무심코 발에 밟혀 죽는 일을 방지하기 위한 노력을 할 정도이니 자연 중심의 세계관을 얼마나 강조했는지 쉽게 짐작이 간다.

도가의 자연관은 장주莊周(장자의 본명)의 수많은 우화를 통해 나타난다. 《장자莊子》를 보면 그 유명한 '나비의 꿈' 얘기가 다음과 같이 나온다.

예전에 나는 나비가 된 꿈을 꾼 적이 있다. 그때 나는 날아다니는 나비였고 아주 즐거웠다. 그리고 나비가 아닌 장주임을 조금도 지각하지 못하였다. 그러나 갑자기 꿈에서 깬 순간 분명히 나는 장주가 되었다. 내가 나비가 된 꿈을 꾼 것일까, 아니면 나비가 내가 된 꿈을 꾸고 있는 것일까? 나와 나비는 별개의 것이건만 그 구별이 애매함은 무엇 때문일까?

이 이야기는 인간 인식의 확실성 문제에 의문을 제기하는 내용일 뿐만 아니라 장자의 자연에 대한 태도도 엿볼 수 있는 대목이다. 나비와 자신을 구별하지 않음으로써 자연과 인간의 기계적인 구분을 부정하고 일체화된 관계를 제시하고 있다. 실제로 장자는 "도道가 어디에 있느냐"는 질문에 개구리와 개미, 또는 그보다 더 비천한 풀이나 기와 조각, 더 나아가서 오줌이나 똥에도 도가 깃들어 있다고 대답했다. 그만큼 인간과 자연의 만물을 구별하거나 차별하지 않으려는 태도를 견지했다.

유가儒家는 인간에 의한 자연의 이용을 인정하되 과도한 파괴를 경계한다. 《맹자孟子》'양혜왕 편'의 다음 대목은 인간과 자연의 조화를 꾀하는 유가적 자연관이 잘 묻어난다.

때맞추어 농사를 짓게 하면, 수확이 풍성하여 먹고 남을 것이다. 촘촘한 그물로 연못이나 강물에서 생선을 잡지 않으면, 강물이나 연못에는 먹기 풍족할 만큼 물고기가 있을 것이다. 도끼를 들고 때맞추어 숲 속에 들어가면, 숲에는 쓰고 남을 만큼 목재가 풍족해 질 것이다. 곡식과 생선이 먹고 남을 만큼 있고, 재목도 쓰고 남을 만큼 있다면, 이는 백성들로 하여금 살림살이를 유지하고, 장례를 치르는 데 유감이 없게 한다. 살림살이를 유지하고, 장례를 치르는 데 유감이 없다면, 이것이 바로 왕도의 시작이다.

인간의 삶을 위한 살생은 인정되나 촘촘한 그물로 필요 이상의 고기를 잡는 것은 안 된다. 자연과 조화를 이루기만 한다면 자연은 인간에게 필요한 것들을 풍족하게 제공한다는 생각이다.

조선 선비들의 그림만이 아니라 시조를 봐도 유가와 도가의 영향이 진하게 풍긴다. 조선의 문신인 송순의 시조 하나를 보자.

십 년을 살면서 초가삼간 지어 냈으니
나 한 간, 달 한 간, 맑은 바람 한 간을 맡겨 두고
강산은 들일 곳이 없으니 이대로 둘러 두고 보리라.

10년을 살면서 코딱지만 한 초가삼간을 지은 게 전부란다. 자연을 벗 삼아 살아가는 데 큰 집이 필요할 일이 없다는 생각이다. 그나마 옹색한 초가삼간 중에 자신은 한 간에서 살면 된단다. 나머지 두 간에는 각각 달과 맑은 바람을 들이겠단다. 강산은 너무 커서 방 안에 들일 수 없으니 자연 그대로 놓아두고 유유자적 바라보며 살겠단다. 어디 한 군데에서도 자연에 대한 인간의 오만함을 발견할 수 없다. 자연과 인간이 하나로서 공존하고 일체화되는 순간을 보여 준다.

인간과 자연의 관계에 대한 동서양의 상이한 태도 – 괴테의 《파우스트》

최북의 다른 작품인 〈조어산수도釣魚山水圖〉를 봐도 마찬가지이다. 빠른 속도로 순식간에 그렸을 것 같은 기암괴석이 화면에 가득하다. 전면에는 가느다

〈**조어산수도**〉 _ 최북, 18세기 중엽

란 버드나무 한 그루가 물 쪽으로 자연스럽게 가지를 내려뜨리고 있다. 뒤
로는 초가로 지은 누각이 자연의 일부인 양, 강산이 생길 때부터 원래 거기
에 있었던 것처럼 한가롭게 자리를 지키고 있다. 하늘과 물이 마치 한 몸처럼
맞닿아 있다. 그 사이에 한 어부가 조각배를 띄우고 낚시를 하고 있다. 자연
을 거스르는 존재로서의 인간이 아니라 자연과 동화된 존재로 느껴진다.

하지만 서구적인 자연관은 자연을 지배의 대상으로 여긴다. 괴테Johann Wolfgang Goethe의 《파우스트》는 서구의 자연지배 사상을 극적으로 보여 준다.

> 내 눈은 멀리 넓은 바다에 끌렸다.
> 물결은 도처에 스며들어
> 자신이 비생산적이기 때문에 비생산적인 성질을 파급시키려고 한다.
> 물러나 버리면, 무엇 하나 이루어 놓은 일이 없는 그것이 나를 괴롭히고
> 절망시킨다!
> 여기에서 나는 싸우고 싶고, 이것을 정복하고 싶다.
> 저 거만한 바다를 해안에서 내쫓고 불모의 넓은 습지의 경계를 좁혀
> 파도를 저 먼 바다로 쫓아내는 그와 같은 굉장한 기쁨을 이루어 보겠다
> 고 이 계획을 하나하나 연구해 보았다.
> 나는 수백만 명의 사람들을 위해서 토지를 개척하여 안전하다고는 할 수
> 없어도, 일하며 자유스럽게 살 수 있도록 만들어 주자는 것이다.
> 생활이든 자유든, 이것을 누릴 수 있는 사람은 그것을 나날이 획득하는
> 자뿐이다.

괴테가 보기에 자연은 비생산적인 것에 불과하다. 오로지 반복만 있을 뿐이다. 밀물과 썰물이 그 오랜 세월 동안 반복되지만 어떤 것도 생산적으로 이루어 놓지 못한다. 인간이 개입할 때, 즉 인간이 자연을 개조할 때 비로소 자연은 유용한 그 무엇이 된다. 이를 위해 인간은 자연을 정복의 대상, 이용의 대상으로 명확하게 인식해야 한단다. 바다를 해안에서 내쫓고 불모

의 넓은 습지의 경계를 좁히겠다는 것으로 봐서 간척사업을 하겠다는 의미이다. 간척사업을 통해 인간에게 유용하도록 개발을 해야 자연은 의미 있는 존재가 된단다. 그렇게 비생산적 자연을 정복하여 인간에게 유용하도록 나날이 개조하는 것에서 인간의 자유는 시작된다고 주장한다.

서양화에서도 대체로 자연은 인간을 강조하기 위한 보조적인 장치로 등장한다. 가장 많이 사용되는 것이 인물화의 배경 역할이다. 근대 이후에는 자연 자체를 묘사하는 풍경화도 발달했지만 자연과 인간을 하나로 바라보기보다는 주체에 해당하는 인간의 시점에서 주로 감상의 대상으로 다루어진다. 웅장한 자연경관을 사실주의에 기초하여 표현한 대표적인 서양화가로 카스파Caspar David Friedrich를 꼽을 수 있다. 그는 독일 낭만주의 회화를 대표하는 작가로, 가을·겨울·새벽·안개·월광 등의 풍경을 즐겨 표현했다. 그의 작품 속에서는 거대한 스케일의 자연과 작은 인간이 전형적으로 대비된다. 가장 대표적인 작품으로 〈안개 낀 바다를 보는 방랑자〉가 꼽힌다.

작품 제목 그대로 한 남자가 안개 자욱한 바다를 바라보고 있다. 화면의 중심을 차지하고 있는 것은 인간이다. 꿈틀거리며 일어나는 것 같은 바다의 안개가 역동적이긴 하지만 한 발을 대딛고 내려 보고 있는 인간의 모습이 위압적이다. 자연의 한 부분으로서 인간을 묘사한 동양화와는 대조적인 분위기이다. 인간은 자연을 감상하는 주체이고 자연은 단지 대상일 뿐이다. 일체감보다는 어쩔 수 없는 거리감이 느껴진다. 인간과 자연을 분리시키는 뿌리 깊은 서구적 사고에서 자유롭지 못하다.

서양 회화에서 자연을 이용과 정복의 대상으로 바라보는 것은 뿌리 깊은 서구적 사고방식, 특히 자연지배 사상을 기초로 한 근대 철학의 영향이라

〈안개 낀 바다를 보는 방랑자〉 _ 카스파, 1818

할 수 있을 것이다. "아는 것이 힘이다"라는 말로 유명한 영국의 근대 철학
자 베이컨Francis Bacon은 《신기관》에서 "인간의 지식이 곧 인간의 힘이다. 원
인을 밝히지 못하면 어떤 효과도 낼 수 없다. 자연은 오로지 복종함으로써
만 복종시킬 수 있기 때문이다"라고 단언한다. "아는 것이 힘"이라는 규정에
서 안다는 것은 일반적이고 막연한 앎이 아니다. 자연에 대한 과학적 인식

을 말하는 것이고, 힘이란 자연에 대한 정복과 지배를 의미한다.

서구적인 자연지배 사상에 대한 성찰

흔히 자연을 이용과 정복의 대상으로 인식함으로써 과학기술 문명이 발전할
수 있었고, 이를 통해 인간이 자연의 속박이나 육체노동의 고통에서 벗어나
풍요로운 삶과 정신적인 고양을 실현하도록 해주었다는 항변을 한다. 오히
려 동양적인 자연관에서 벗어나 적극적으로 서구적인 자연관을 수용해야 한
다는 주장인 것이다. 이 모든 주장을 아무런 근거 없는, 터무니없는 넋두리
로 여길 수는 없다. 나름대로의 근거가 있기 때문이다.

실제로 자연을 탐구하고 이를 토대로 과학기술을 발전시킴으로써 인간
은 자연의 속박에서 어느 정도 벗어날 수 있었다. 가뭄이나 홍수 같은 자연
재해에 대해 신에게 비는 일 이외에는 아무 일도 할 수 없었던 인간에게 과
학기술은 일정한 범위 내에서 재해에 대비하거나 부분적으로는 그 원인을
해결할 수 있게 해주었다. 육체노동의 고통을 줄여 준 것도 완전히 부인하
기는 어렵다. 쟁기가 없었다면 지금까지 인간은 돌이나 나무를 이용해 땅을
파고 있을 테니 말이다. 기계를 비롯한 다양한 도구를 통해 끝없는 육체노
동의 고통에서 벗어남으로써 정신노동의 폭을 비약적으로 확대할 수 있었
다. 과학기술의 발전은 생산력의 발전을 낳아 인류에게 물질적인 풍요를 선
사하기도 했다.

하지만 문제는 자연을 정복의 대상으로 규정하고 과학기술을 통해 자연
을 지배해 왔던 서구적인 자연관이 초래한 재앙이 도를 넘고 있다는 점이

다. 단순히 모든 것이 긍정적인 면이 있으면 부정적인 면이 있고, 순기능이 있으면 역기능도 있다는 식의 하나마나인 지적을 하는 게 아니다. 인간이 자연을 지배하지 않아서 생긴 문제보다 인간이 자연을 지배해서 생기는 문제가 더 클 때, 다시 말해서 자연재해로 인한 피해보다 자연 파괴로 인한 재앙이 인류와 자연 전체에 더 위협이 되고 있을 때, 우리는 근본적인 고민을 해야 한다. 또한 인간을 주체로, 자연을 대상으로 분리하는 서구적인 자연관이 과연 인간을 행복의 길을 인도하고 있는가에 대해서도 진지한 성찰이 필요하다.

자연을 지배하기 위한 노력은 일상화된 자연 파괴·생태계 파괴를 통해 인간을 자연의 속박에서 벗어나게 하기보다는 오히려 자연의 재앙 앞에 무기력하게 만들고 있다. 자연에 대한 지배가 만들어 낸 환경 파괴가 이제 부메랑이 되어 인간을 습격하고 있는 것이다. 대기오염이 만들어 낸 오존층 파괴나 해수면 온도 상승, 이상 기온 현상은 자연 생태계 전체에 심각한 위협이 되고 있다. 인간이 자연을 뒤흔들어 버린 결과 한 해가 멀다 하고 치명적인 신종 바이러스가 창궐하고 있다. 광우병, 수퍼박테리아, 사스, 조류독감 바이러스 등은 인간의 오만에 대한 자연의 복수에 해당한다. 1986년 체르노빌 원자력 발전소 폭발에서도 확인했듯이 인간은 거의 회복 불가능한 일상적인 핵 위협 앞에 노출되어 있기도 하다.

자연 파괴로 인한 재앙들 가운데 신종 질병 바이러스 단 하나만 살펴보더라도 섬뜩하다. 예를 들어 조류독감에 걸린 가축이 발견되면 반경 수십 km에 이르는 지역에 걸쳐 그 많은 닭이나 오리를 대규모로 죽여서 땅에 묻는다. 또한 상당 기간 그 지역을 지나는 차에 대한 소독을 실시한다. 거의 군사작전을 방불케 하는 대응이다. 언뜻 생각하기에는 과민한 호들갑처럼 느껴질 정도로 야단법석이다. 신종 바이러스가 높은 치사율을 가지고 있다는 점, 바이러스의 특성상 수시로 유전자 변형이 일어나서 약을 만들기 어렵다는 점, 일단 인간과 인간 사이에 전염이 용이한 방식으로 변형이 일어나면 상상하기 어려울 정도로 많은 인류가 생명을 잃을 수 있다는 점 등을 과학자들이나 정부 스스로 잘 알기 때문이다.

또한 과학기술이 육체노동의 고통을 감소시키는 것이 아니라 오히려 지속시키거나 심지어 증가시키는 면도 있다. 공장에서 자동화된 기계의 도입은 노동자의 노동력 사용을 극대화하는 방향으로 도입된다. 컨베이어 벨트 시스템만 보더라도 그러하다. 과거에는 작업과 작업 사이에 일정한 휴식이 가능했으나 기계적 장치의 도입에 의해 잠시의 쉴 틈도 없이 새로운 작업을 해야 한다. 또한 컨베이어 벨트 시스템은 노동자에 대한 일상적인 감시를 전제로 한다. 단 한 사람만 작업에 소홀하거나 생리적인 문제로 자리를 이탈할 경우 불량품이 쏟아져 나오거나 수시로 작업 중단을 할 수밖에 없기 때문에 CCTV를 통해 노동자의 일거수일투족을 감시하게 된다. 그 결과 육체적인 고통에 정신적인 고통이 덧씌워지는 결과를 초래할 수도 있다.

자연지배 사상에 대한 비판을 한다고 해서 인간의 자연 이용 자체를 부정하는 것은 아니다. 무엇보다도 발상의 전환이 필요한 것은 자연을 정복의 대상으로 삼지 않고도 인간이 자연을 이용하는 게 불가능하지는 않다는 점이다. 과거 동양에서는 인간과 자연의 공존이라는 관점 위에서도 인류의 삶을 영위하는 데 필요한 과학기술을 발전시켜 왔다.

과학기술을 이용해 환경 파괴를 해결할 수 있는 것 아니냐는 반론도 있다. 지난 수십 년 동안 인류의 환경 대책은 이러한 기술적인 관점이기도 했다. 하지만 그 결과 환경 문제가 해결의 방향으로 가고 있는가? 오히려 대기오염과 수질오염은 갈수록 더 심각해지고, 지구의 허파 역할을 하고 있는 열대림은 더 급속히 파괴되고 있지 않은가? 지구 전체의 각종 이상 증상도 더 확대되고 있지 않은가? 그렇기 때문에 이제는 인간과 자연의 관계에 대한 근본적인 발상의 전환이 필요하다는 주장이 점차 설득력을 얻고 있다.

우리의 발상은 어떨까? 현재 우리의 시각은 최북일까, 카스파일까? 동양화의 정신은 전시장에만 있을 뿐 우리를 지배하고 있는 것은 서양화의 정신, 서구적 이원론이 아닐까?

동양과 서양의
목욕하는 여인 ___

서양화 – 여성의 몸으로 직접 드러나는 관능

나체에 대한 관심은 중세의 단절을 예외로 한다면 서양 회화에서 끊임없이
나타나는 하나의 경향이었다. 고대 그리스와 로마에서 남성과 여성의 벗은
몸은 모두 아름다움의 상징이었다. 하지만 엄격한 신神 중심 사회였던 중세
시대에 육체는 정신을 방해하는 욕망과 죄의 상징으로 전락한다. 더군다나
그림의 역할이 문자를 모르는 대다수 민중에게 성경의 가르침을 전하는 도
구로 제한되면서 육체에 대한 부정적인 인식은 더욱 절대적인 것이 되었다.
사람의 몸은 칭칭 감은 옷 속에 감추어졌고, 성경의 이야기를 전달하는 과
정에서 불가피한 한두 가지 경우에만 제한적으로 신체를 드러내는 게 허용
되었다. 그중 하나가 아담과 이브의 이야기이다. 선악과를 따먹기 전 아담
과 이브는 선과 악에 대한 일체의 감정뿐만 아니라 부끄러움이라는 감정도

모르고 있었기 때문에 몸에 아무것도 걸치지 않았다. 그래서 이들의 이야기에는 인간의 나체가 제한적으로 등장할 수 있었다. 다른 하나의 경우가 십자가에 달린 예수의 모습이다. 옷이 벗겨진 채 옆구리를 창으로 찔린 예수의 모습을 보여 주기 위해서는 불가피하게 신체를 드러낼 수밖에 없었기 때문이다. 하지만 이 경우에 나체는 아름다움이 아니라 고통과 고난을 상징하는 것이었다.

르네상스에 이르러서야 인간과 자연에 대한 관심이 일대 부흥을 맞이하면서 벌거벗은 신체도 인간의 자연스러운 일부로서, 아름다움의 상징으로서 복권된다. 처음에는 남성의 몸이, 그 뒤를 이어 여성의 몸도 묘사 대상으로 재등장한다. 하지만 르네상스의 그림만 하더라도 여성의 나체는 주로 신화나 종교를 매개로 하여 제한적으로 사용되었다. 현재를 살아가는 자연인으로서의 여성 나체가 독립적인 예술의 대상으로 등장하기까지는 좀 더 시간이 필요했다. 근대 미술에 이르러서야 여성 나체는 적극적인 묘사의 대상이 되었다. 당시 여성의 나체를 드러내는 방법으로 화가들이 가장 자주 사용한 방법이 목욕하는 장면이었다. 신화나 종교의 옷을 빌려 표현할 때보다 아무래도 목욕하고 있는 여인들의 모습이 매력적이었을 것이다. 신화의 옷을 빌릴 때는 정치적인 부담이야 줄어들지 모르지만 대신 현실성이 떨어지는 결함이 있었을 테니까 말이다.

인상파 화가 르누아르는 유난히 여인을 많이 그렸는데, 다른 화가에 비해 목욕을 하는 여인의 모습을 많이 그렸다. 이는 다분히 의도적인 면이 있었다. 르누아르는 "만일 여인의 유방과 궁둥이가 없었더라면 나는 그림을 그리지 않았을는지도 모른다"라고 했을 정도였다. 그만큼 그는 여인의 벗은

〈목욕하는 여인들〉_ 르누아르, 1887

오귀스트 르누아르 Auguste Renoir | 1841~1919   인상파를 대표하는 화가 중 한 사람이다. 특히 초기 작품은 현실 생활의 단편을 그린 전형적인 인상파 작품이 대부분이다. 1880년대 중반부에는 인상파와 결별하고 초상화와 인물, 특히 여인상에 몰입한다. 만년의 작품을 보면 색채가 미묘하게 융합하고 있어서 선묘적인 요소는 찾아볼 수 없다. 대표작으로는 〈목욕하는 여인들〉 외에도 〈피아노 앞에 앉은 소녀〉 〈관객석〉 〈우산〉 〈테라스에서〉 〈나부〉 등이 있다.

육체에 심취했고 풍부한 색감과 질감으로 이를 표현하고자 노력했다.

목욕하는 여인을 묘사한 르누아르의 작품 가운데 사람들에게 가장 익숙한 것은 단연 〈목욕하는 여인들〉이다. 서양 미술을 소개하는 미술 책이나 잡지에서 목욕하는 여인을 묘사한 작품으로 드가의 작품과 함께 단골로 등장하는 그림이다. 아마 한국인들도 화집이나 잡지가 아닌 일상생활에서 이 그림을 본 사람들이 상당히 많을 것이다. 목욕탕이나 사우나에 가면 벽면을 장식하는 대형 타일 그림이 있는 경우가 꽤 있는데, 거의 예외 없이 르누아르의 〈목욕하는 여인들〉이다.

그림 속 여인들은 강가에서 목욕을 하고 있다. 강 주변으로 나무들이 울창하고 강둑에 수풀도 풍성하다. 하늘은 푸르고 화창해서 목욕하기 딱 좋은 날이다. 앞의 세 여인이 주인공 역할을 하고 있다. 오른쪽의 여인이 물을 끼얹으려 하자 왼편의 여인이 손과 발을 들어 막는 동작을 취한다. 뒤편의 여인은 이제 물로 들어가려는 듯 몸에 걸치고 있던 가운을 벗는 중이다. 세 여인 모두 마치 경쟁하듯 풍만한 육체를 뽐내고 있다.

이 작품은 르누아르가 3년간 온 힘을 기울여 완성했다. 여러 개의 데생과 습작을 통해 준비했을 만큼 깊은 애정이 담긴 그림이었다. 하지만 그림에 대한 반응은 그리 좋은 편이 아니었다. 무엇보다 르누아르의 인상주의 화풍을 선호하던 사람들에게는 실망을 안겨줄 수밖에 없었다. 〈목욕하는 여인들〉에서는 고대 그리스와 로마 미술의 엄격한 형식미를 모방하는 고전주의적인 냄새가 진동을 하고 있기 때문이었다. 여인들의 목욕이라는 소재를 제외하면 전반적으로 그리스 조각품이 주는 느낌과 유사하기는 하다. 그래서 비평가들이 보기에 이 그림은 미술의 후퇴였을 것이다.

실제로 그림의 구석구석에 고전주의 화풍의 거두인 앵그르의 영향이 가득하다. 세 명의 여인을 등장시키는 것이나 뻔한 삼각형 구도 등이 고전주의적인 이미지를 짙게 보여 준다. 인상파 화가들의 독특한 특징이었던 자연의 빛은 사라지고 마치 화실 안에서 작업을 한 것 같은 정형화된 이미지와 색조가 지배한다. 그렇다고 고전주의적인 요소를 선호하는 보수적인 집단에게 큰 호감을 주었는가 하면 그것도 아니었다. 왜 그런지는 앵그르와 비교하면 금방 드러난다. 19세기 고전주의 미술의 최고봉이라고 할 수 있는 앵그르의 그림과 비교를 하면 르누아르는 한참 서툴러 보인다.

앵그르 역시 르누아르만큼이나 여인의 누드를 많이 그렸다. 〈샘〉이라는 그림에서도 나타나듯이 고전주의 예술의 특징이라 할 수 있는 정확한 비례와 세밀한 데생에 기초한 이상화된 비너스의 모습이 두드러진다. 마치 그리스 시대의 대리석 조각을 보는 듯한 착각을 불러일으키곤 한다. 고전주의 미술의 정점에 해당하는 앵그르 그림에 비추어 보았을 때 평론가들의 눈에 르누아르는 한 수 아래였을 것이다.

목욕하는 여인을 담은 서양 회화 중에 르누아르의 〈목욕하는 여인들〉과 함께 거의 대표선수 격에 해당하는 것이 앵그르의 〈터키 목욕탕〉이다. 그는 84세에 이르러 화제의 작품인 〈터키 목욕탕〉을 완성했다. 〈터키 목욕탕〉에는 수많은 여성이 등장한다. 그중에 앞에 있는 5~6명의 여성이 주인공 역할을 하고 있다. 많은 여인이 있지만 자세히 들여다보면 같은 포즈나 동작을 취하고 있는 이들이 거의 없다. 각각 나름대로의 독특한 포즈를 취하고 있다. 앵그르가 한 명 한 명의 여성을 표현하는 데 얼마나 심혈을 기울였는지 알 수 있다. 특히 등을 돌린 채 이름 모를 악기를 연주하고 있는 여인의 모

〈터키 목욕탕〉_ 앵그르, 1863

습이 아름답다. 하지만 앵그르는 한두 명의 아름다운 자태가 아니라 전라의
여인들이 집단적으로 표출하는 관능성을 표현하려 했다.

이 작품은 실제로 터키 목욕탕을 보고 그린 것이 아니라 상상에 기초해
그렸다고 한다. 워낙 여성 누드에 능숙했던 앵그르였기에 상상만으로도 수
많은 여성들이 각자 독특한 포즈로 등장하는 목욕탕의 장면을 연출하는 것
이 가능했으리라. 일반적인 네모난 캔버스가 아닌 원형에 그려진 것이 특색

인데 나름대로 이유가 있다. 처음에 구상할 때는 사각형 캔버스였는데 구멍을 통해 훔쳐보는 관음적 요소를 위하여 둥글게 그렸다나…….

　미술 사조나 화풍에 따라 일정한 차이는 있지만 대체로 르누아르와 앵그르를 비롯한 서양 화가들의 작품에 묘사된 목욕하는 여성들은 몸 자체를 통해 관능성을 드러낸다. 대체로 풍만한 가슴, 어깨에서 가슴과 허리를 거쳐 둔부와 다리로 이어지는 리드미컬한 곡선을 상세하게 보여 줌으로써 감상하는 사람의 시선을 사로잡는다. 혹은 노골적으로 요염한 포즈를 통해 남성을 유혹하기도 한다.

육체적 욕망은 악 _ 플라톤의 《향연》

르누아르와 앵그르의 작품을 통해 중세에 이르기까지 서양의 주류 철학에서 강조했던, 여성에 대한 육체적인 관심과 욕망을 경계하는 사고방식, 아름다움을 정신적인 것으로만 이해하는 관점이 르네상스와 근대에 접어들면서 현격하게 약화되었다고 볼 수 있다. 중세를 지배했던 플라톤 철학은 육체적인 사랑을 악으로 규정하는 데 있어서도 결정적인 역할을 했다. 플라톤은 《향연》에서 다음과 같이 주장한다.

> 바르게 행해지지 않으면 추한 것이 되는 거예요. 사랑에 있어서도 이와 마찬가지로 모든 에로스가 다 아름답고 찬미할 만한 것이 아니고, 오직 올바르게 그리고 아름답게 사랑하는 것을 고무하는 에로스만이 아름답고 찬미할 만한 것이지요. 그런즉, '판데모스 아프로디테'에 속하는 에로

스는 그야말로 정말 저속하고 또 제멋대로 활동하지요. 그것은 바로 저속한 사람들의 사랑이에요. 그들은 영혼보다 육체를 사랑하지요. 그리고 그다음엔 될 수 있는 대로 어리석은 사람을 택하지요. 이건 그들이 그저 목적의 달성만을 원하고, 그것이 훌륭하게 되는가 그렇지 않은가 하는 것은 문제시하지 않기 때문이에요.

여성에 대한 사랑, 특히 육체적인 욕망은 올바름과 반대되는 그릇됨이요, 선이 아닌 악이라고 한다. 육체적인 관심과 욕망은 인간을 저속하고 맹목적이게 한다는 것이다. 또한 플라톤에 의하면 인간의 육체는 아름다운 것일 수도 없다. 그는 《향연》에서 아름다움은 얼굴이나 손이나 그 밖의 다른 육체적인 것의 아름다움으로 나타나지도 않는다고 한다. 아름다움은 감각에 의해 파악될 수 있는 것이 아니라, 그의 이데아론이 그러하듯이 오직 정신에 의해서만 파악될 수 있다. 그런 점에서 플라톤에게 회화나 조각은 좋은 예술은 아니었다. 회화나 조각은 이데아의 모방에 해당하는 '실제'를 한 번 더 모방한 것에 불과하므로 이데아로부터 너무 멀리 떨어져 있는 저차적인 것에 해당했다.

플라톤이 보기에 아름다움은 단순히 형식적인 것을 넘어서는 내용적인 것이기도 하다. 절대적인 아름다움은 절대적인 진리이자 선善이기도 하다. 그런 점에서 선과 미는 분리될 수 없는 관계이고 최고의 이데아로서 존재한다. 그에게 아름다움의 문제는 진리를 탐구하는 형이상학의 문제였고 윤리의 문제이기도 했다. 그런 점에서 플라톤에게 있어 아름다움의 개념은 이상주의, 정신주의, 도덕주의의 성격을 가지고 있었다. 이러한 플라톤의 생각은 신을 중심으로 한 중세의 논리에 딱 들어맞는 적합한 것이었다.

감정적인 사랑과 육체에 대한 플라톤의 경멸은 그렇게 천 년을 넘는 세월 동안 유럽을 지배하다가 유럽 전역에 휘몰아친 르네상스의 폭풍 속에서 점차 사그라졌다. 인간 사회의 변화도 용수철의 작용과 비슷한 점이 있는가 보다. 눌린 만큼 튀어 오르는 용수철 말이다. 한 번 물꼬가 터지자, 그동안 억압을 받았던 육체에 대한 욕망은 더 노골적인 관능의 묘사로 나타났다.

동양화 – 상황을 통해 연출된 관능

조선 시대 화가들 가운데 여성을 표현하는 데 가장 적극적이었던 사람은 단연 혜원 신윤복이다. 신윤복이 그린 대부분의 풍속화에는 아름다운 조선의 여인들이 가득하다. 그리고 그 여인들은 에로틱한 분위기가 물씬 풍긴다. 특히 춘화春畵로 불리는, 성을 소재로 한 풍속화는 현대사회의 포르노를 방불케 할 정도로 노골적이다. 흥미로운 것은 신윤복이 조금의 거리낌도 없이 그 모든 그림에 '혜원蕙園'이라는 낙관을 선명하고 당당하게 찍었다는 점이다.

신윤복의 〈단오풍정〉은 목욕하는 여인을 묘사한 대표적인 그림이다. 교과서에도 실려 있을 정도이니 대한민국 사람들 중에 이 그림을 못 본 사람은 거의 없을 것이다. 깊은 계곡의 흐르는 물에서 목욕하는 그림이라 하여 〈심계유목도深溪流沐圖〉라고도 한다. 신윤복이 목욕하는 여인들을 보면서 그림을 그리다 돌을 맞고 쫓겨난 적도 있었다고 하니 여인들을 사실적으로 묘사하고자 했던 작가의 열정을 짐작할 만하다.

우리나라에는 불교의 종교의식과 더불어 목욕이 널리 보급되었다고 한다. 그 이전에도 몸을 깨끗이 하기 위한 목욕이야 당연히 있었겠지만 불교와 함께 하나의 의식으로서 자리를 잡았다. 석가모니는 극심한 고행을 통한 해탈을 추구했지만 몸만 쇠약해지고 아무런 소용이 없음을 깨닫고는 이를 버리고 니란자나Niranjana 강에서 목욕을 하고 건강을 회복한 후 보리수 밑에서 깨달음을 얻었다. 이후 불교에서는 마음의 때를 벗겨 낸다는 의미에서 목욕이 강조되었다. 불교의 목욕 의식은 한국과 일본의 목욕 문화를 바꿔 놓았는데, 현대의 대중목욕탕은 신라 시대 사찰에 처음 만들어져 백제를 통해 일본 사찰에 전파된 것이라고 한다. 특히 고려인들은 목욕을 매우 즐겨서 〈고려도경高麗圖經〉에는 사람들이 하루에 서너 차례 목욕을 했고, 개성의 큰 강에서 남녀가 한데 어울려 목욕을 했다고 적혀 있다. 물론 여인들은 목욕용 모시 치마를 입고 물에 들어갔지만 말이다. 그러다 조선 시대에 들어오면서 경직된 유교적 의식의 확대로 인해 목욕 문화도 퇴색했다. 그럼에도 불구하고 신윤복의 그림을 보면 민간에서는 여전히 야외에서의 목욕이 일상사 중에 하나였던 것으로 보인다.

그림 가운데 노란색 저고리에 붉은색 치마를 입은 여인이 그네를 뛰는 모습이 나온다. 음력 5월 5일이면 막 더운 여름이 시작되기 직전이어서 우리 조상들은 더위에도 잘 견디고 모내기를 끝낸 곡식이 풍년이 되길 비는 마음에서 단오 축제를 열었다. 단오는 《삼국유사》에도 언급되어 있을 정도로 아주 오래된 명절이다. 특히 그네뛰기는 빼놓을 수 없는 단오 놀이였다. 큰 느티나무에 그네가 달리면 동네 여자들이 모두 모여 아리따운 옷맵시를 뽐내며 그네를 탔다. 축제라는 형식을 빌려 여성의 자태를 남정네들에게 공공연하게 보여줄 수 있는 기회이기도 했을 것이다.

〈단오풍정端午風情〉_ 신윤복, 1805

하지만 신윤복이 정말 강조하고자 했던 것은 아래쪽에서 목욕을 하는 여인들이었다. 상의는 벗은 채 치마만 입은 네 명의 아낙네들이 시원한 계곡물에서 목욕을 하고 있다. 팔 사이로 봉긋 솟은 가슴이 보인다. 걷어 올린 치마 사이로 하얀 다리가 눈부시게 드러난다. 단오에는 맑은 시냇물에서 목욕을 하고 창포를 삶은 물에 머리를 감는 풍습이 있었다. 우리 조상들은 창포물에 머리카락이 더욱 검어지면 악귀를 물리칠 수 있다고 믿었다.

이 그림의 압권은 왼쪽 바위 너머에서 목욕하는 여인들의 육체를 몰래 훔쳐보는 젊은 스님들의 모습이다. 아마 가까이 있는 절간의 젊은 스님들일 텐데 여인을 훔쳐보는 재미에 푹 빠진 듯하다. 한 명은 목욕하는 여인네들에게, 다른 한 명은 그녀를 타고 있는 여인에게 시선이 고정되어 있다. 입을 벌린 채, 입 꼬리가 살짝 올라가 있어 여인들의 몸을 감상하면서 킥킥대며 웃는 소리가 들릴 것만 같다.

앞서 언급했듯이 르누아르나 앵그르의 그림에서 목욕하는 여인의 관능은 여인들의 몸 자체에서 두드러지게 나타난다. 목욕은 하나의 소재에 불과하고 이상적인 여인의 몸매를 드러내고자 하는 데 초점이 맞추어져 있다. 풍만한 여인의 몸과 묘한 포즈를 통해 노골적으로 관능을 드러낸다. 하지만 신윤복의 그림에서는 목욕하는 여인의 유혹은 몸이 아니라 상황 자체에서 온다. 신윤복의 그림에서는 목욕하는 여인들과 이를 훔쳐보는 남정네의 호기심 어린 눈이 자아내는 상황이 웃음과 설렘을 주고 있다.

상황을 통해 에로티시즘을 드러내는 특징은 신윤복의 다른 그림에서도 어렵지 않게 발견할 수 있다. 빨래터 모습을 그린 〈계변가화溪邊街話〉는 사냥을 즐기던 남정네가 가슴을 거의 드러낸 채 빨래를 하고 있는 여인들을 슬쩍 훔쳐보는 장면이다. 〈정변야화井邊夜話〉는 어둑어둑한 밤에 우물가에서 요염한 모습으로 수다를 떨고 있는 두 여인을 점잖아 보이는 양반이 담 너머로 훔쳐보고 있는 장면을 보여 준다. 〈월하정인月下情人〉에서는 늦은 밤 담 모퉁이에서 만난 한 쌍의 남녀가 사랑의 밀어를 나누는 모습이 나온다. 그림에 "달은 기울어 밤 깊은 삼경인데, 두 사람의 일은 두 사람만이 안다"는 짧은 글귀가 덧붙여져 있어서 묘한 여운을 남기고 있다. 이렇듯 신윤복이 작품을 비롯한 동양 풍속화에서 표현된 여성의 관능성은 은근함을 통한 드러냄이라고 할 수 있다. 직설적으로 서두르기보다는 한 호흡을 쉬어가는 여유로운 동양의 사고방식을 보여 주는 것이리라.

　또한 르누아르의 그림에서 자연은 여인들의 몸이 잘 보이도록 드러나게 해주는 장치 역할을 하고 있다. 하지만 신윤복의 그림에서는 등장인물들이 자연 속에 어우러져 자연의 일부처럼 느껴진다. 이는 어느 정도 서양화와 동양화, 더 나아가서 서구식 사고방식과 동양적인 정신의 차이이기도 하다. 르누아르뿐만이 아니라 대부분의 서양 회화에서 자연은 인간을 꾸미는 보조적인 역할을 한다. 동양화에서 자연은 사람과 동일하게 주인공의 자리를 차지하고 있다. 아니 어떤 면에서는 인간이 자연의 한 부분으로 나온다. 서양에서는 그나마 르누아르가 활동한 인상파를 전후한 시기에 와서야 자연이 그 자체로서 미술의 대상이 되기 시작했다.

두 개의
자화상

한 치의 흐트러짐도 없는 당당한 자화상

누구나 성장 과정에서 한두 번쯤은 일기를 써본 경험이 있을 것이다. 초등학생 시절에는 그저 하루 있었던 일을 정리하는 수준이었을 것이다. 그러다가 철이 들고 무언가 삶에 대해 고민을 할 나이가 되면 그때는 일기를 쓴다는 게 힘든 일이 된다. 단지 시간의 부족 문제가 아니라 일기라는 형식의 글을 쓰는 것 자체가 적지 않은 부담으로 다가온다. 조금씩 철이 들면서 자신과 정면으로 마주하는 행위가 얼마나 힘든 일인가를 깨닫게 되기 때문이다.

화가에게 자화상은 일종의 일기와 같다. 단지 반복적으로 자신의 '형태'를 그리는 것이 아니라 자기의 내면을 응시하는 작업이다. 내면을 드러내고자 하는 의도를 갖고 있는가 아닌가는 그다지 중요하지 않다. 화가 자신은 그러한 의도를 전혀 갖고 있지 않을 수 있다. 하지만 일단 자화상을 그리

는 과정에서 자기도 모르게 그림 속의 표정과 눈빛을 통해 내면이 드러나게 마련이다. 고흐는 극심한 가난 때문에 모델을 구하기가 마땅치 않아 어쩔 수 없이 자화상을 많이 그렸다고 한다. 하지만 고흐의 자화상에서 우리는 모델이 없어서 어쩔 수 없이 그린 '형태'가 아니라 그의 내면과 마주하게 된다. 그렇기 때문에 자화상은 그림을 감상하는 사람들에게 또 다른 묘미를 전해 준다.

한국을 대표하는 자화상으로 윤두서의 그림을 꼽는 데 주저할 사람은 별로 없을 것이다. 18세기 초 조선 시대 선비 화가인 그의 자화상은 우리 회화사 최고의 걸작으로 손꼽히기도 한다. 더 나아가서 동양인의 자화상 중 최고라는 평가를 받기도 한다. 이 그림은 현재 국보로 지정되어 있다.

제일 먼저 우리의 눈길을 사로잡는 것은 강렬한 기를 내뿜는 그의 눈빛이다. 일차적으로 눈썹이나 눈의 모양이 호랑이상이어서 보는 이를 섬뜩하게 만들 정도로 안광을 뿜어낸다. 하지만 여기에 더해 마치 살아 있는 것같이 세세하고 생생한 묘사가 한층 더 강렬한 기운을 만들어 낸다. 보통 눈동자를 전체적으로 검게 처리하기 십상이지만 자세히 보면, 윤두서는 동공과 홍채를 구별하여 그리고 있다. 심지어 홍채의 가는 결까지 보이는 듯하다. 다음으로 그림 앞에 선 사람을 순식간에 긴장시키는 게 수염이다. 장비처럼 사방 팔방

〈자화상〉 _ 윤두서, 1710

윤두서尹斗緖 | 1668~1715 조선의 대표적인 선비 화가이다. 정약용의 외증조부이기도 하며 호는 공재恭齋이다. 시서화, 음악, 공예 등 다방면에 능통했고 지리, 천문, 수학 등 폭넓은 학식을 지닌 실학자였다. 그의 그림은 사실주의적 경향을 보이는데, 실제로 그는 인간이나 동식물을 그릴 때, 종일 관찰한 뒤에야 그렸다고 한다. 공재의 그림은 1백 20여 점이 전하고 있는데, 산수화. 자화상, 풍속화, 초상화 등 그 종류가 다양하다.

으로 뻗쳐 있는 구레나룻, 턱수염, 눈썹, 콧수염을 한 올이라도 놓칠세라 정성스럽게 그려 놓았다. 수염이 방사형으로 뻗어나가듯이 펼쳐져 있어 더욱 강한 기운을 만들어 낸다. 입술은 허튼소리는 한마디도 하지 않을 듯이 꽉 다물고 있다. 이 모든 요소가 한데 모여 강렬한 인상을 뿜어내고 있는 것이다.

언뜻 보기에 확고한 신념과 불굴의 의지로 가득 차 보이는 자화상이지만 정작 윤두서 자신은 조선 시대의 치열한 당쟁 속에서 모진 고초를 당했다. 특히 윤두서가 이 자화상을 그리고 있었을 시기는 그에게 온갖 어려움이 겹겹이 쌓여 있을 때였다. 이 그림은 윤두서가 46세인 1713년쯤에 그려졌다. 그즈음 서울 생활을 청산하고 고향으로 돌아왔다. 그는 26세에 진사시에 합격한 이후 줄곧 불행한 일을 겪었다. 남인에 속했기 때문에 서인과의 극심한 당쟁에서 정치적으로 소외될 수밖에 없었다. 셋째 형 윤종서가 귀양 중에 사망했고, 윤두서 자신도 큰형 윤창서와 함께 모함에 연루돼 죽을 고생을 했다. 온갖 풍파에 시달리다 출세의 뜻을 꺾고 고향으로 내려온 터였다.

그래서인가 강인한 인상 뒤로 언뜻 쓸쓸함이 스친다. 우리가 윤두서의 삶을 이미 알고 있는 상태에서 그림을 보기 때문일까? 쓸쓸함과 고독이 언뜻 비추어지기는 했을지언정 자화상에서 절망이나 동요의 그림자는 전혀 찾아볼 수 없다. 자신의 삶을 뒤돌아보면서 눈빛이 흐려진 기억이라고는 조금도 없었을 것 같은 완강한 인상이다. 실제로 그는 자기 절제와 극기에 있어서 남다른 의지력의 소유자였다고 한다. 자존심이 강했고 그림에서도 숨김없이 드러나듯 성격적으로 치밀했다고 한다. 여기에 조선 시대 사대부의 엄숙함까지 더해 한 치의 흔들림도 없는 인상을 만들어 내고 있는 게 아닐까 싶다. 그리고 화가 스스로도 의식적으로 당당한 모습을 그대로 표현하고자 했던 것 같다.

자신감의 흔적조차 볼 수 없는 초라한 자화상

한국 회화에서 윤두서를 꼽듯이 서양 회화에서 자화상으로 유명한 화가는 단연 렘브란트Harmensz van Rijn Rembrandt이다. 근대 서양 회화에서 자화상은 너무나 익숙한 주제였다. 많은 화가들 중에서도 렘브란트만큼 많은 자화상을 그린 이는 없을 것이다. 렘브란트가 그린 자화상만 약 100여 점에 이를 정도이다. 그의 수많은 자화상 중에서도 단연 눈길을 잡아끄는 것은 〈웃는 자화상〉 또는 〈찡그린 자화상〉이라고 불리는 그림이다.

그림을 보면 먼저 너무나 선명한 주름이 보인다. 이마 위나 눈가의 주름은 고목의 나이테처럼 켜켜이 박혀 있다. 주름 사이로 총기를 잃은 눈이 마치 또 하나의 주름인 것처럼 뚫려 있다. 거무튀튀해진 눈가의 그늘은 고통스럽게 인생의 황혼기를 보내고 있는 화가의 그늘을 보여 준다. 칠했다고 말하기보다는 덕지덕지 붙였다고 해야 어울릴 것 같은 물감의 각질층은 수분이 거의 말라 버린 노인의 거친 피부를 그대로 보여 주는 듯하다. 구부정한 허리를 느끼게 하는 굽은 몸은 화가가 이즈음 거동이 불편했으리라는 예상을 하게 만든다. 웃는 것인지 우는 것인지 모를 어정쩡한 입 모양은 자신감을 상실한 노인의 감정을 드러내 보인다.

이에 비해 청년기의 렘브란트 자화상은 자신감에 가득 찬 도전적인 모습이다. 눈빛도 캔버스를 꿰뚫을 것처럼 초롱초롱하다. 활기찬 인생을 즐기는

〈웃는 자화상〉_ 렘브란트, 1668~69

듯 활짝 웃는 모습의 자화상도 있다. 장년기의 자화상은 완숙한 장인의 기
품을 느끼게 한다. 성공한 화가로서의 거만함까지 느껴질 정도로 꼿꼿한 이
미지를 보여 준다. 아무도 넘볼 수 없는 자신의 위상을 자화상을 통해 확인
시키려는 듯하다.

　하지만 노년기의 자화상, 그중에서도 특히 이 〈웃는 자화상〉은 몸도 마
음도 푸석푸석해져서 손을 갖다 대면 부스러기처럼 무너질 것 같은 느낌으
로 다가온다. 실제로 1660년대 이후 렘브란트의 말년은 비참했다. 엄청난

빚더미에 시달리다가 가난한 장인들의 거주 지역에 있는 작은 집에서 죽는 날까지 파산자로 살았다. 1663년, 유럽을 휩쓴 흑사병으로 부인과 아들이 죽음을 맞이한 이후에는 심한 우울증에도 시달려야 했다. 그리고 남은 몇 년은 극도로 쪼들리는 생활 속에서 그림을 그리다 1669년에 세상을 떠났다.

렘브란트는 〈죽은 아내를 그리며 쓴 편지〉에서 이렇게 말했다.

"글쎄, 내가 채권자들에게 빚을 독촉받고 있는 지금의 상황 때문인지는 몰라도, 젊은 날의 야망을 꿈꾸던 내가 아니오. 이제는 보다 조용한 분위기로 귀결되는 나의 그림을 보며 스스로 마음의 평안을 얻고자 하오. 예전의 카라바지오나 루벤스의 영향을 수용하는 자세를 폐기하고 깊은 나만의 사색을 통해 작품을 제작한다오. 내가 젊었을 때에는 명성을 갈구했소. … 외부적인 경제 환경이 어려우면 어려울수록 나의 정신적 성숙과 표현의 힘은 날로 더해지는 것 같소. 이러한 상황 속에서 좌절하기보다 회화적으로 소생하려고 발버둥치고 있는 것이오."

스스로를 아무것도 아닌 것으로 그릴 수 있다는 것 – 카뮈의 《시지프의 신화》

윤두서와 렘브란트는 적어도 외적으로는 절망적인 상황 속에 있는 자신의 모습을 자화상의 형식으로 그렸다는 점에서 비슷하다. 하지만 두 개의 자화상이 주는 느낌은 아주 다르다. 당당함과 초라함이 극적으로 대비되었다. 위축되고 초라해 보이는 렘브란트보다는 자신감에 가득 차 있는 윤두서의 자화상에 더 호감을 느끼는 사람들이 많을 것 같다. 하지만 찌들대로 찌든 렘브란트의 자화상도 사람의 마음을 끄는 매력이 있다.

클림트Gustav Klimt의 제자이자 표현주의의 대가 중 한 사람인 오스카 코코슈카Oskar Kokoschka는 렘브란트의 〈웃는 자화상〉에 대해 이렇게 말한다.

"나는 렘브란트의 마지막 자화상을 보았다. 추하고 부서진, 소름끼치며 절망적인, 그러나 그토록 멋지게 그려진 그림을. 그리고 갑자기 나는 깨달았다. 거울 속에서 사라지는 자신을 들여다볼 수 있다는 것, 스스로를 아무것도 아닌 것으로 그릴 수 있다는 것, 인간임을 부정하는 것. 이 얼마나 놀라운 기적인가, 상징인가?"

렘브란트의 〈웃는 자화상〉에 대해 많은 화가와 미술 평론가들이 감상평을 내놓았지만 코코슈카만큼 강한 공감을 불러일으키는 글은 없다. 그가 본 그대로 외면적으로는 "추하고 부서진, 소름끼치며 절망적인" 렘브란트의 모습이 느껴진다. 하지만 그 그림이 다른 누군가가 렘브란트의 모습을 그린 작품이거나, 그림이 아닌 사진이었다면 우린 이와 같은 느낌을 받지 못했을 것이다. 자화상은 자신에 대한 일기이자 자서전이다. 누구나 자서전은 꾸미고 싶어 한다. 어느 정도 반성적인 모습이 나타나겠지만 일반적으로 부끄러운 내면을 타인에게 알몸 그대로 드러내고 싶어 하지는 않는다. 그래서 반성에 대한 변명이 뒤따르게 마련이고 전체적으로는 자신에 대해 사람들의 이해를 구하는 쪽으로 가곤 한다.

차라리 고흐처럼 광기로 자신의 일그러진 모습을 그대로 드러내는 것이라면 조금은 더 수월할지 모르겠다. 광기는 타인의 시선을 두려워하거나 그것에서 제한을 받기보다는 직접적이든 간접적이든 자신을 폭발적으로 드러내는 특징을 그 자체에 갖고 있기 때문이다. 하지만 이성이나 감성은 강한 자기 보호 본능을 갖고 있다. 그렇기 때문에 자신의 초라한 모습을 숨김없이 솔직하게 만인 앞에 드러내기 위해서는 오히려 용기가 있어야 한다. 현재의 자신을 회피하지 않고 정면으로 마주 대하는 용기 말이다. 그래서 "이 얼마나 놀라운 기적인가, 상징인가?"라고 했던 코코슈카처럼 찌들 대로 찌든 렘브란트의 초라함 속에서, 당당함을 볼 수 있는 것이다.

아내의 죽음을 볼 때도 자신에게 엄습해 오는 죽음을 느끼면서 진솔하게 스스로를 돌아볼 수 있었던 것이다. 죽음이 두려운 만큼 인간은 그 앞에서 가장 솔직해질 것이기 때문이다. 카뮈Albert Camus가 죽음을 통해 진정한 철학적 성찰을 강조했듯이 말이다. 카뮈는 《시지프의 신화》에서 다음과 같이 지적한다.

> 참으로 진지한 철학적 문제는 오직 한 가지뿐이다. 그것은 자살이다. 인생이 살 만한 가치가 있느냐 없느냐를 판단하는 것, 이것이 철학의 근본 문제에 답하는 것이다. 그 나머지의 것, 세계가 세 개의 차원을 가지고 있는가, 정신이 아홉 아니면 열두 개의 범주를 가지고 있는가 하는 것은 다음의 일이다. 그것은 장난이다. … 인생이 살 만한 가치가 없다고 생각하기 때문에 많은 사람들이 죽어 가는 것을 나는 본다. 그중에는 그들에게 살아가는 이유를 부여해 주고 있는 관념이나 환상을 위해 역설적으로 자진해서 죽음을 구하는 사람들도 있다. 그래서 삶의 의미란 많은 문제 중에서 가장 절박한 것이라고 나는 판단한다. … 좋지도 나쁘지도 않은 나날의 삶에 있어서는 시간이 우리를 싣고 간다. 그러나 그 시간을 싣고 가야 할 그러한 순간은 언제나 오게 마련이다. 우리는 미래를 향해 살고 있다. '내일' '좀 더 후에' '네가 어떤 위치를 차지하게 될 때' '나이가 들

면 이해할 수 있을 거다.' 하며. 이러한 모순은 감탄할 만하다. 결국에 가서는 죽는다는 것이 문제가 되기 때문이다.

카뮈는 우리가 흔히 생각하는 그러한 자살이 아닌 철학적인 차원에서 자살의 문제를 검토하고 있다. '인생이 살 만한 가치가 있느냐 없느냐'에 대해서 고민하는 것, 이게 바로 자살, 즉 죽음에 대한 사고라는 지적이다. 사람들은 살아가면서 자신의 죽음에 대한 질문을 던지는 경우가 거의 없다. 그냥 주어진 일상에 쫓겨서 하루하루를 이어 간다. 일상의 삶만이 지배하는 상태에서 철학적인 고민과 철학적인 삶은 끼어들 자리조차 없을 게 뻔하다. 철학은 그렇게 앞을 향해 달려가는 것밖에 모르는 삶을 잠시 멈추고 자기 삶의 의미와 가치에 대해 되돌아볼 때 시작된다는 의미이다.

자신의 죽음에 대한 고민은 기계적인 반복 행위만이 있는 일상의 삶에서 벗어나 '생각하기 시작'함을 의미한다. 아주 작은 출발일 수 있지만 자기 인생에 대해 근본적으로 고민하기 시작하는 것이 진정으로 소중하고 이러한 사고의 끈을 부여잡고 깊이 파고들어가야 한다는 얘기이다. 그러한 의미에서 또한 죽음을 생각한다는 것은 철학의 입구라는 주장이다.

렘브란트도 죽음 자체에 대해 아무런 생각이 없었던 때에는 미래에 대한 희망과 열망으로 가득 차 있었을 것이다. 오늘의 하루하루가 내일의 행복을 준비하는 시간이라 여겼을 것이다. 자신감으로 가득한 젊은 시절의 자화상들이 이를 잘 보여 준다. 카뮈가 지적했듯이 렘브란트도 '내일'을 위해, '좀 더 후에'는 더 나은 미래가 기다린다는 기대감으로 살았을 것이다. 하지만 시간의 흐름 속에서 나이를 먹어 가고 신체적으로 하루하루 늙어 가고, 그리하여 죽음을 눈앞에 두었을 때 렘브란트는 불현듯 자신의 존재가 유한하다는 사실을 현실로서 깨닫고 누구나 그러하듯이 허둥댔을 것이다. 고통스러운 시간이 흐르고 죽음에 대한 성찰이 깊어질 때 초라한 자신의 모습까지도 덤덤하게 인정하고, 그러한 자신을 고스란히 자화상으로 드러낼 수 있었던 게 아닐까.

모래를 손에 가득 쥐고 강하게 힘을 주면 줄수록 모래는 더 빠르게 손가락 사이로 빠져나간다. 그리고 결국 허전하게 빈손만 남는다. 손을 느슨하게 펼쳐야, 손에 빈 공간이 있어야 모래를 쥘 수 있다. 그렇기 때문에 빈 공간은 단순히 비어 있는 게 아니다. 가득 찰 준비를 하고 있는 의미 있는 공간이다. 인간의 마음도 마찬가지일 것이다. 비어 있을 때 채울 수 있다. 스스로 부끄러울 수 있을 때 당당할 수 있다. 스스로 초라해질 수 있을 때 새로운 도약도 가능하다.

시련의
향기 __

볼품없어 보였던 그림, 세한도

많은 사람들이 초·중·고등학교를 거치며 서양 미술만을 의미 있는 미술로 생각하곤 한다. 채색화나 수묵화를 불문하고 왠지 동양화는 대체적으로 유치하게 보인다. 알고 있는 미술가나 작품을 꼽으라고 해도 단연 서양 미술 쪽이 훨씬 많다. 왜 동양화는 유치해 보일까? 그것은 미술 교육과정이 서양 미술 중심으로 짜여져 있어, 동양화는 왠지 미술의 기본적인 양식에서 동떨어져 있는, 일종의 수준 낮은 장난처럼 느껴지기 때문이다. 그나마 서양 미술에 대해서조차 극히 왜곡된 상식에 기초해 있었지만 말이다.

내가 왜곡되어 받아들인 관점에 의하면 미술은 먼저 형태를 정확히 묘사하는 것이어야 했다. 이를 위해서는 원근 개념이 제대로 살아 있어야 했다. 하지만 동양화는 대체로 형태의 정확성이 떨어지고 어떤 경우에는 인체의

〈**세한도**歲寒[圖]〉_ 김정희, 1844

김정희金正喜 | 1786~1856　조선 후기의 학
자로 호는 완당·추사 등이다. 1840년에 윤상
도의 옥사에 연루되어 제주도로 유배되었다
가 1848년에 풀려 나왔고, 1851년 헌종의 묘
를 옮기는 문제로 다시 북청으로 귀양을 갔
다. 학문에서는 실사구시를 주장했고, 서예에
서는 독특한 추사체를 대성시켰으며, 특히 예
서·행서에 새 경지를 이룩했다. 문집에《완당
집》, 저서에《금석과안록》《완당척독》등이 있
고, 그림으로 〈묵죽도〉 〈묵란도〉 〈세한도〉 등
을 남겼다.

비례조차 형편없이 무시해 버리는 경우들이 많았다. 원근 개념은 아예 처음부터 무시되기 일쑤다. 또한 미술은 대상을 선이 아니라 면으로 보고 관찰과 묘사를 하는 것이라고 생각했다. 서양화에서 연필이나 목탄을 이용한 데생도 개개의 선을 통해 묘사를 하는 것처럼 보이지만 사실은 대상을 몇 개의 면으로 분할하여 작업을 한다. 빠르게 동작의 특징을 스케치하는 크로키는 선으로만 제한되는 경우가 많지만, 크로키는 전통적인 서양화에서 그 자체로 작품이기보다는 훈련의 일환으로 사용되었다는 점을 고려할 때 예외적인 것에 해당했다. 하지만 동양화는 단순한 선의 조합으로만 여겨졌다. 또한 미술은 빛의 흐름을 잡아내는 것이어야 했다. 그런 면에서 그림은 명암이 살아 있는, 입체감이 살아 있는 것이어야 했다. 하지만 동양화는 평면적인 느낌에서 벗어나지 않았다.

이와 같은 동양화의 정점에 있는 것으로 보였던 것이 김정희의 〈세한도〉였다. 조금 더 넓히면 그런대로 조선 시대 직업 화가들의 그림은 봐줄 만했으나 이른바 문인화文人畵라고 알려진, 선비들의 그림은 극히 조잡해 보였다. 문인화 중에서 가장 잘 알려진 것이 〈세한도〉다. 소박하다고 말하기도 어려울 정도로 너무 거칠어 보이는 이 그림은 동양화의 아마추어리즘을 상징하는 그림처럼 여겨졌다.

그림을 보면 덩그러니 집 한 채가 있고 그 주위로 네 그루의 나무가 보인다. 오른쪽 상단에 추사체로 '세한도歲寒圖'라고 쓰여 있다. 맨 오른쪽에 있는 나무는 소나무 같기는 한데 나머지 나무는 어떤 종류인지 그림만으로는 알수 없다. 그나마 소나무도 두꺼비처럼 불쑥 튀어나온 거대한 모양의 아래쪽과 전혀 어울리지 않는 앙상한 두 가닥의 가지가 우스꽝스러워 보인다. 솔

이파리라고 해봐야 눈으로 금방 셀 만큼 몇 가닥 되지도 않아 기형적으로 보인다. 옆으로 길게 묘사되어 있는 가옥의 지붕과 벽면을 보면 원근법에 전혀 맞지가 않고 오히려 뒤쪽이 더 높고 커 보여서 어색하지 그지없다. 집 앞 벽면에 있는 둥근 것은 무엇인지 구별할 수도 없다. 또한 집과 나무를 빼놓고 나머지는 그냥 여백뿐이어서 엉성한 느낌이다. 전체적으로 초등학생들이 그렸을 만한 그림으로 보였다. 미술을 배우는 웬만한 초등학생의 데생 실력보다도 한참은 처져 보이는, 수준 낮은 그림으로 여겨졌다.

이 그림은 제주도 유배 당시, 지위와 권력을 잃어버렸는데도 사제 간의 의리를 저버리지 않고 두 번씩이나 북경에서 귀한 책을 구해 보내 주며 그를 잊지 않는 제자인 이상적李尙迪에게 감사의 정을 담아 그려 준 그림이다. "추운 겨울이 되어야 소나무와 잣나무가 그대로 푸름을 알게 된다"는 〈논어〉의 한 구절을 인용해 제자의 변치 않는 인품을 늘 푸른 소나무와 잣나무에 비유해 그렸다. 소나무와 잣나무는 조선 시대 선비들에게 지조의 상징으로 여겨졌다. 집 오른쪽에 있는 소나무 두 그루는 스승인 김정희를 상징하는 것이고 왼쪽의 잣나무 두 그루는 제자인 이상적을 상징한다고 한다.

동양화가 주는 매력의 발견

그런데 세상 경험을 하고 사람과 세계가 움직이는 이치를 아주 조금은 엿보게 되면서 〈세한도〉가 다른 모습으로 다가오기 시작했다. 나중에 그림 말고도 옆에 적힌 발문跋文 내용을 들여다보면서 그림과 김정희에 대한 공감의 폭이 넓어졌다. 단지 글의 내용으로 나타나는 작자의 정신세계만이 아니라 그림의 형식에 있어서도 어린 시절에 갖고 있던 황당하고 왜곡된 상식과 통념을 넘어서서 새로운 면들이 눈에 보이기 시작했다.

먼저 〈세한도〉나 동양화의 여백이 주는 너그러움이 좋아졌다. 무언가 빈 틈없이 형태나 색으로 꽉 차 있는 것이 오히려 점점 부담스러워지고 답답함을 주기도 한다는 것을 알게 되었다. 인간의 삶에도 여백이 있어야 더 윤기가 돌고, 그렇게 틈이 있어야 더 채워질 수도 있듯이 그림의 여백도 단지 비어 있는 것이 아니라는 것을 어렴풋이 알게 되었다. 여백이 있음으로써 오히려 그려진 사물이 살아난다. 여백이 있음으로써 그림을 바라보는 내 나름대로의 상상이 파고들 여지가 생기고, 그러한 의미에서 그림과 내가 대화할 수 있는 공간이 넓어짐을 느끼게 되었다. 다른 한편으로 여백은 작가의 생각을 드러내는 적극적인 역할을 한다. 이 그림에서 여백이 주는 텅 빈 느낌은 유배 생활을 하는 김정희의 심정을 다른 어떤 것보다도 더 잘 전해 준다.

또한 그림과 글씨가 함께 있는 것이 어색하기보다는 그림의 완성도를 높여 줄 수도 있다는 생각을 하게 되었다. 그림을 통해서 말하고자 하는 메시지가 문자를 통해 더 살아날 수만 있다면 굳이 형식에 연연할 필요가 없을 것이다. 형식적인 측면에서도 글씨는 그림의 완성도를 높여 주는 수단이 되기도 한다. 〈세한도〉를 보면 글씨가 있어야 할 자리에 있는 것 같은 자연스러움을 준다. 여백이 글씨와 만나면서 그 의미가 제대로 살아나는 느낌이다.

원근법이나 명암법에 입각한 사실성에 대한 집착은 이미 대학 시절에 서양 미술사를 통해서, 인상주의 미술의 미술사적 의미를 알게 되면서 깨졌다. 서양 미술 스스로가 자기 발전을 위한 활로를 오히려 동양 회화의 평면성이나 아프리카 미술의 단순함에서 찾았다는 것을 알게 되면서 내가 갖고 있던 편협한 사고가 부끄러워지기도 했다.

추운 겨울이 되어야 소나무와 잣나무가 그대로 푸름을 알게 된다

〈세한도〉의 왼편에는 김정희가 쓴 발문跋文있다. 제법 긴 발문 내용은 다음과 같다.

> 사마천이 "권세나 이익 때문에 사귄 경우에는 권세나 이익이 바닥나면 그 교제가 멀어지는 법이다"라고 하였다. 그대 역시 세속의 거친 풍조 속에서 살아가는 한 인간이다. 그런데 어찌 그대는 권세가와 재력가를 붙좇는 세속의 도도한 풍조로부터 초연히 벗어나, 권세나 재력을 잣대로 삼아 나를 대하지 않는단 말인가? 사마천의 말이 틀렸는가? 공자께서 "일 년 중에서 가장 추운 시절이 된 뒤에야 소나무와 잣나무가 그대로 푸름을 간직하고 있음을 알게 된다"고 하셨다. 소나무와 잣나무는 사철을 통해 늘 잎이 지지 않는 존재이다. 엄동이 되기 이전에도 똑같은 소나무와 잣나무요, 엄동이 된 이후에도 변함없는 소나무와 잣나무이다. 그런데 성인께서는 유달리 엄동이 된 이후에 그것을 칭찬하셨다. 지금 그대가 나를 대하는 것을 보면, 내가 곤경을 겪기 전에 더 잘 대해 주지도 않았고 곤경에 처한 후에 더 소홀히 대해 주지도 않았다. 그러나 나의 곤경 이전의 그대는 칭찬할 만한 것이 없겠지만, 나의 곤경 이후의 그대는 역시 성인으로부터 칭찬을 들을 만하지 않겠는가.

우리 옛말에 "대감 집 개가 죽으면 문상객이 줄을 이어도 정작 대감이 죽으면 대문이 쓸쓸하다"는 말이 있다. 자신의 이익을 위해 인간관계를 맺고 진정성이 사라져 가는 세태를 꼬집는 말이다. 귀양 생활을 하고 있는 김정희에게 그 이전과 마찬가지로 대하는 제자가 겨울이 되어도 변치 않는 소나무 같은 존재로 다가왔으리라.

시련을 겪을 때는 진정한 친구만이 아니라 진정한 나 자신도 확인할 수 있다. 좀 더 확대하면 시련을 겪은 사람, 그 시련 속에서도 자신의 방향과 진정성을 잃지 않고 헤쳐 나온 사람에게서 신뢰를 느낀다. 말로 대신할 수 없는 인간의 향기를 느낀다. 누구나 사정이 좋을 때는 자신감과 활력을 유지하며 자신의 길을 간다. 주변 사람들에게 자기 생각을 확신에 실어 강조하기도 한다. 하지만 상상하지 못했던, 아니 머릿속으로는 상상을 했을지라도 실제의 상황이 아니었던 고된 시련이 닥쳤을 때 대부분의 사람들이 흔들린다. 아니 흔들리기만 하는 정도라면 그나마 나은 경우다. 심지어 평소에 비판하던 반대의 입장으로 돌아서서 자신이 원래 서 있던 곳을 손가락질하며 비웃기도 한다. 그리고 그 변신의 자리가 애초에 옳았던 것이었다고 정당화한다.

어쩌면 추사 자신도 시련을 통해서 대가로 거듭날 수 있었을지 모른다. 두 번에 걸친 귀양에도 불구하고 소신을 굽히지 않았던 그에게서 그가 가진 사상이나 입장에 대한 찬반을 떠나서 인간에 대한 신뢰를 느끼게 된다. 그리고 그의 풍모에서도 시련을 겪고 성숙해진 인간의 면모를 본다.

추사의 〈자화상〉을 보면 애써 꾸민 흔적을 찾아보기 힘들다. 대체로 조선 시대의 자화상이나 초상화를 보면 옷이나 관을 제대로 차려입고 어느 정

〈자화상〉 _ 김정희, 19세기
(선문대 박물관)

도는 위세나 선비로서의 당당한 기풍을 뽐내듯이 드러내는 경우가 많다. 하지만 추사의 자화상은 의관을 제대로 갖추지도 않은 채 검은 옷깃의 무명 저고리와 탕건만 쓴 모습이다. 귀 뒤로는 가다듬지 않았는지 머리카락과 구레나룻이 어지럽게 엉켜 흐트러져 있다. 언뜻 보면 그냥 시골의 평범한 노인처럼 보인다. 하지만 형형한 눈빛이나 조금은 고집스럽게 보일 정도로 꼭 다문 입술은 긴장감을 느끼게 한다. 한편으로는 지극히 평범해 보이고 어느 정도 흐트러져 있는 것처럼 보이면서도 다른 한편으로 강인함을 뿜어내는 그의 모습에서 시련을 넘어 한길을 걸어온 사람에게서 느껴지는 성숙함이 배어 나온다.

추사는 〈자화상〉 오른쪽 위에 다음과 같이 설명을 달아 놓았다.

> 이 사람을 나라고 해도 좋고 내가 아니라 해도 좋다. 나라고 해도 나이고 내가 아니라 해도 나이다. 나이고 나 아닌 사이에 나라고 할 것이 없다. 천궁天宮의 여의주가 주렁주렁한데 누가 큰 여의주 앞에서 모습에 집착하는가. 하하.

외면적인 자신의 모습이 자신과 닮았는가 아닌가는 중요한 게 아니라는 말이다. 중요한 것은 겉으로 드러난 자신이 아니라 내면의 자신이라는 것을 전하고 싶었던 것 같다. 그러면서도 예리하게 날을 세우지는 않는다. "하하" 소리 내어 웃어넘긴다. 아마 젊은 시절의 추사라면 이런 웃음이 아니라 날선 주장이 이어졌을 것이다. 그리고 젊은 날에 자화상을 그렸다면 정제되고 당당한 모습이었을 것이다. 하지만 이렇게 시련 속에서 흐트러지고 그러면서도 자신을 지켜 온 사람의 솔직함이 배어 나오는 노년의 김정희 모습은 더 큰 마음의 울림을 준다.

개인적인 시련에 대처하는 다른 방법 - 디포의 《로빈슨 크루소》

개인에게 닥친 시련을 극복하는 이야기는 서양 문학에서 언제나 훌륭한 소재가 되었다. 호메로스Homeros의 《오디세이아》는 고대 그리스인들에게 재미

있는 이야기 수준을 넘어서 서구인의 세계관과 인생관을 형성하는 데 많은 영감을 제공했다. 서양 중세 시기에는 고난을 이겨내는 기사의 이야기를 그린 기사 문학이 대표적인 경우이다. 근대 유럽에서 시련에 저항하는 개인을 상징하는 것은 다니엘 디포Daniel Defoe의 《로빈슨 크루소》이다. 이 소설은 배가 난파되어 무인도에 표류하게 된 한 인간이 어떻게 역경을 이겨내며 자립하는지를 생생하게 묘사하고 있다. 소설에는 인간이 시련을 극복할 수 있는 힘에 대한 다음과 같은 언급이 나온다.

나는 이제 겨우 내 자신이 처해 있는 상황, 내가 빠져 있는 이 현실에 대하여 좀 더 진지하게 생각을 해보았다. … 이성이 차차 우울을 눌러 주었기 때문에 될 수 있는 한, 나 스스로 위안토록 노력하고 자신의 상황을 더 나쁜 상황과 구별하는 하나의 기준을 삼고자 나를 둘러싸고 있는 현상을 길과 흉의 두 가지로 나누어 대비해 보았다. 나는 그것을 극히 냉정하게 그리고 회계 장부에 있는 대차대조표처럼 내가 기쁘게 받아들이는 행운과 내가 당하고 있는 불행을 대조하는 식으로 써 본 것이다. … 다음에는 내가 꼭 있어야 되겠다고 생각할 필수품, 특히 테이블과 의자를 만드는 작업에 들어갔다. … 여기서 나는 다음과 같은 일도 말해 두지 않으면 안 될 것 같다. 즉 이성이라는 것이 수학의 본질이요 원형이므로, 모든 일을 이성적으로 정리하고 조정하고 판단한다면 아무리 어렵고 복잡한 일이라도 끝내는 완수할 수 있다는 점이다. 나는 지금까지 공작 기구를 손에 쥐어 본 일이 없었지만 그래도 세월이 흐르는 동안 고생을 마다하지 않고 일에 열중하며 연구에 거듭한 결과, 마침내 나 자신에게 필요한 물건이라면 무엇이든지 만들어 내는 단계에까지 이르렀다.

로빈슨 크루소는 시련에 대처하기 위해 무엇보다도 먼저 주변 상황에 대한 객관적 분석을 한다. 대차대조표처럼 엄밀하게 외적인 상황을 분석한다. 위험은 항상 외부로부터 온다. 그렇기 때문에 객관적인 상황 파악이 우선한다. 그리고 시련의 극복은 외적인 환경을 변화시키는 과정을 통해 이루어진다. 이때 가장 중요한 무기는 단연 인간의 고유한 능력으로 규정되는 이성이다. "모든 일을 이성적으로 정리하고 조정하고 판단한다면 아무리 어렵고 복잡한 일이라도 끝내는 완수할 수 있다"고 자신한다. 이성을 통해 위험을 강제하는 상황에서 벗어날 뿐만 아니라 내적 안정도 찾는다.

이성에 기초한 인간 의지를 통해 외적인 상황을 개조함으로써 시련에서 벗어나는 길을 찾는 경향은 로빈슨 크루소만이 아니라 서구적 사고방식에 깊이 뿌리를 내리고 있다. 거슬러 올라가면 앞서 언급했던 호메로스의 〈오디세이아〉에서 그 원형을 발견할 수 있다. 트로이 전쟁을 끝내고 고향으로 돌아오는 도중에 오디세우스의 배는 신의 방해에 의해 난파되고 이후 온갖 고초를 겪는다. 수없이 반복되는 죽음의 고비 앞에서 좌절하지 않고 상황을 돌파할 수 있었던 원동력에 인간의 독립적 의지가 자리를 잡고 있다. 신화 곳곳에서 신의 간섭에 저항하는 인간의 의지가 표출된다. 오디세우스는 신에 의해 만들어진 수많은 시련에 불굴의 의지로 도전한다. 신의 뜻에 자신을 마냥 맡기기만 하지 않고 스스로의 판단에 의해 곤경에서 벗어나려 한다. 심지어 신의 뜻을 거스르면서까지 자신의 의지를 관철한다. 냉정한 판단력과 분별력을 통해 자신에게 불리하게 조성된 일체의 외적 상황을 타개해 나간다.

　김정희든 로빈슨 크루소든 외적인 상황에 휘둘리지 않는 내적인 일관성과 견고함을 중시한다는 점은 공통적이다. 그러나 미묘한 차이도 나타난다. 로빈슨 크루소나 오디세우스를 통해 드러나는 서구적인 내적 일관성이 상당 부분 냉철한 이성적 사고 능력에 의존하는 경향이 강하다면, 김정희를 통해 보이는 동양적인 사고방식에서는 다분히 자신이라는 존재에 대한 내적 성찰이 두드러진다. 물론 서양이든 동양이든 시련을 몰고 온 상황에 대한 분석을 통해 객관적인 조건을 변화시키려는 노력은 공통적 요소일 것이다. 하지만 김정희에게서는 상대적인 것이기는 하지만 외적 상황보다 자신에 대한 응시가 우선한다.

　시련을 넘어서는 데 어떤 접근 태도와 방식이 더 우선이고 중요한지에 대해서는 쉽게 판단할 수 없다. 그리고 둘 중에 어느 하나를 배타적으로 선택해야 하는 문제도 아닐 것이다. 다만 분석적인 판단력보다는 반성적인 성찰이 내적인 견고함을 만들어 내고 유지하는 데 더 깊이 있는 뿌리를 제공할 수 있으리라. 만약 서구적인 이성이 과학적인 사고 방법이라는 도구적인 성격을 넘어 그 내부에 성찰적인 요소를 회복한다면 달라지겠지만 말이다.

이성과
광기 __

잠자는 이성은 괴물을 깨운다

한 남자가 책상에 기대어 잠을 자고 있다. 두 팔에 자신의 머리를 묻고 잠에 빠진 듯하다. 무언가 문서 작업을 하던 중이었는지 책상 위에는 한 자루의 펜과 종이가 흩어져 있다. 잠들어 있는 남자의 등 뒤로 부엉이가 날아오른다. 그 뒤로는 박쥐의 모습을 한 괴물이 날갯짓을 하고 있다. 남자가 기대어 잠든 책상 앞에는 다음과 같은 글귀가 새겨져 있다.

〈잠자는 이성은 괴물을 깨운다〉 _ 고야, 1799

프란시스코 고야 Francisco Jos de Goya y Lucientes | 1746~1828 스페인의 화가로 그의 수많은 유화와 소묘, 판화 등은 19세기와 20세기 화가들에게 큰 영향을 주었다. 그는 궁정화가로도 일했는데, 자신이 몸담았던 상류 사회와 후원자들에 대한 신랄한 고발을 그림으로 표현하기도 했다. 1792년에 병을 앓고 귀머거리가 된 뒤 그의 예술은 새로운 특성을 나타냈는데, 자신의 예리한 눈과 비판적인 정신으로 관찰한 현실과 상상의 세계 를 자유롭게 표현한 것이다.

El sueño de la razon produce monstruos

"잠자는 이성은 괴물을 깨운다."

스페인을 대표하는 화가 고야의 그림이다. 고야는 1792년에 병을 앓고 귀머거리가 된다. 그가 "나는 기존의 작품에서는 환상이나 창의력을 발휘할 수 없어 전혀 관찰하지 못했던 것을 지금은 관찰할 수 있습니다"라고 한 것으로 보아 소리를 들을 수 없게 된 것이 그의 예술 세계에 커다란 영향을 주었음을 알 수 있다. 당시 그는 소묘와 판화에 몰두하기 시작하는데, 사회적 풍자와 비판이 가득한 《변덕》이라는 연작 작품집이 대표적이다. 〈잠자는 이성은 괴물을 깨운다〉는 이 작품집에 들어 있는 그림이다.

당시 유럽은 프랑스대혁명으로 촉발된 혁명적 분위기로 꿈틀대고 있었다. 프랑스대혁명은 프랑스에만 영향을 미친 것이 아니라 아직 신분제에 기초한 왕정국가나 봉건사회에 머물러 있던 유럽 전체를 뒤흔들었다. 혁명은 1천 년 가까이 지속된 유럽의 봉건 체제에 결정적인 균열을 냈다. 종교에 기초한 신분제 논리를 거부하고 이성에 기초한 계몽주의적인 열망이 강물처럼 전 유럽을 흐르던 시기였다. 자유·평등·박애라는 프랑스대혁명의 가치, 프랑스 시민과 민중이 보여 준 용기는 국왕·귀족·성직자의 폭정에 신음하던 모든 유럽인들에게 새로운 사회를 향한 영감과 투지를 안겨 주었다.

하지만 고야가 살던 스페인은 봉건적인 질서와 사고방식에서 좀처럼 벗어날 기미를 보이지 않고 있었다. 오히려 귀족과 성직자를 중심으로 한 봉건 지배세력의 부패와 전횡이 점점 더 심화되었다. 고야는 계몽주의적 이성이 잠을 자고 있는 스페인을 고발하고 싶었는가 보다. 이성이 잠든 자리를 무섭게 파고들면서 인간의 마음을 지배하는 미신과 독선, 이기심, 비겁함, 사교에의 현혹, 굴종 등을 괴물에 비유하여 비판하고자 했다.

〈아름다운 금요일〉 _ 고야, 1797

18세기는 이성의 시대였다고 해도 과언이 아닐 정도로 이성의 부흥기였
다. 그렇기 때문에 무능한 왕, 사치와 향락에 빠진 귀족, 타락한 교회와 성
직자는 더 이상 유럽의 미래일 수 없었다. 당시 무적함대의 위력을 잃은 스
페인은 무자비한 폭정과 탄압으로 봉건 체제를 끈질기게 유지하고 있었다.
특히 교회 권력은 이단 재판소를 통한 마녀사냥으로 권력을 유지하고자 골
몰했다.

고야는 큰 충격을 받았는지 마녀사냥을 묘사한 그림을 여러 점 남겼다.
〈아름다운 금요일〉도 그중 하나다. 그림은 이단 재판소에서 이단자로 분류
된 사람을 공개 처형하는 장면을 묘사하고 있다. 이단자로 낙인찍힌 사람들
이 긴 고깔모자를 쓰고 사형집행인에 의해 광장으로 내몰리고 있다. 전체적

인 분위기는 마치 축제의 장인 것만 같다. 뒤편으로 성모마리아상이 보인다. 성모마라아상을 앞세워 풍악을 울리는 살육의 처형장 모습이 마치 괴물들의 축제 같다.

종교재판을 다룬 연작에서 처형의 이유와 관련하여 고야가 붙인 설명을 보면 종교재판이 얼마나 어처구니없는 것이었는지, 고야가 이를 얼마나 증오하고 있었는지 알 수 있다. '쥐를 만드는 방법을 알고 있었기 때문에' '조상이 유대인이었기 때문에' '다리가 없었기 때문에' '좋아하는 사람과 결혼했기 때문에' '땅(지구)이 움직인다는 것을 발견했기 때문에' '바보들을 위해 글을 쓰지 않았기 때문에' 마녀로 몰려 끔찍한 처형을 당했다는 것이다. 고야가 보기에 이성은 사라지고 미치광이 같은 살육이 판치는 스페인은 절망적인 괴물의 상태였다. 그리고 괴물에서 벗어날 수 있는 유일한 희망을 이성, 즉 지성의 각성에서 찾았다.

고야는 유난히 괴물 그림을 많이 그렸다. 그래서 스페인 철학자 오르테가 이 가세트Jose Ortega y Gasset는 고야를 '괴물'이라고 불렀다. 왜 괴물 그림을 많이 그렸을까? 단지 귀머거리가 된 자신의 상태를 비관했기 때문일까? 그의 작품 속에서 드러나는 사회적인 풍자와 비판을 보면 단순히 개인적인 감정의 표출이 아니라는 것을 짐작할 수 있다. 그런 점에서 '괴물을 쫓아내기 위해 괴물을 그린 화가'라는 지적은 더할 나위 없이 정확하다. 또한 "고야의 위대한 공적은 괴물을 창조했다는 데 있다. 그의 괴물은 생명력이 있고 조화롭게 태어났다. 부조리의 가능성을 향해 그보다 더 많은 것을 감행했던 화가는 없다"고 한 보들레르Charles-Pierr Baudelaire의 날카로운 분석도 고야의 특징을 누구보다 잘 설명해 주고 있다.

이성과 광기의 방정식 — 데카르트의 《성찰》

고야의 기대대로 이성은 과연 인간 사회에서 괴물을 몰아냈을까? '잠자는 이성은 괴물을 깨운다'는 고야의 생각이 착각일 수 있음을 증명하는 데는 그리 오랜 시간이 필요하지 않았다. 이성의 토대 위에 세워진 근대사회가 신분제나 마녀사냥이라는 괴물을 사라지게 한 대신 또 다른 괴물을 스스로 창조할 수 있음을 그는 몰랐던 것 같다. 이성이 잠들어서 생긴 괴물보다 이성이 만들어 낸 괴물이 더 흉측하고 난폭할 수 있다는 것을 역사가 보여 주었기 때문이다. 아니 어쩌면 근대적 이성과 괴물이 한 몸에서 태어났다는 지적이 더 정확할지 모르겠다.

푸코Michel Foucault는 육체와 감성으로부터 분리된 이성이 합리적인 사고를 만들어 내는 것이 아니라 광기를 생산해 낼 수 있다고 보았다. 그는 《광기의 역사》에서 "일반적으로 문명은 광기가 발생하기 좋은 환경을 제공한다"고 규정한다. 육체나 감정이 배제된 상태에서 "정신만을 몰두시키는 것은 가장 끔찍한 결과를 가져올 수 있다"는 것이 푸코의 주장이다. 정신이 육체에서 분리될수록, 다시 말해서 이성이 차가워질수록 오히려 극단으로 치달을 수 있다는 의미이다.

확실히 근대 이성은 육체와 감정을 배제했다. 서구의 근대적인 이성관을 정립한 데카르트는 《성찰》에서 다음과 같이 주장한다.

> 나는 어렸을 때부터 많은 잘못된 견해들을 참된 것인 양 받아들여 왔다. 또 그렇게 불안정한 원칙들을 근거로 해서 내가 쌓아 올린 것들은 매우 의심스럽고 불확실할 수밖에 없었다. 따라서 학문에 있어서 그 어떤 확

고부동한 것들을 이룩하려고 한다면 내가 지금까지 믿어 왔던 모든 견해들로부터 벗어나서 아주 기초적인 것부터 새로이 출발해야만 한다고 생각했다. … 지금까지 가장 진실하고 확실한 것으로 받아들였던 모든 것을 나는 직접적인 감각으로부터, 또는 간접적인 감각에 의해서 배웠다. 그런데 나는 이 감각들이 가끔 나를 속인다는 것을 깨달았다. 따라서 우리가 한 번 속았던 어떠한 것은 그것을 전적으로 신뢰하지 않는 것이 현명한 태도이다. … 대수학이나 기하학, 기타 그들이 자연 안에 있든 없든 간에 구애됨이 없이 매우 단순하고 매우 일반적인 것들만을 취급하는, 이와 같은 성질의 다른 학문들은 확실하고 의심할 수 없는 어떤 것을 지니고 있다는 결론을 내릴 수도 있을 것이다. 예를 들면, 내가 깨어 있거나 잠들어 있거나 상관없이 둘 더하기 셋은 다섯이 될 것이며, 사각형은 결코 네 변 이상을 가지지 않을 것이다.

데카르트는 기존의 인식을 위한 통로 가운데 일차적으로 의심해야 할 대상으로 감각을 꼽았다. 시각·청각·촉각·미각·후각 등 우리가 오감이라고 말하는 감각, 육체의 기능에 해당하는 감각이 우리를 속이거나 불확실한 것을 확실한 것으로 여기도록 만든다는 주장이다. 그래서 데카르트는 감각에 기초한 사고가 인간을 진리로 인도할 리가 없기 때문에 감각적인 사고, 감성적인 사고를 배제하고 철저히 이성적인 사고에 기초해야 한다는 결론에 이른다. 감각이 배제된, 철저히 이성적인 사고란 무엇일까? 그의 결론은 수학이었다. 대수학이나 기하학처럼 "자연 안에 있든 없든 간에 구애됨이 없이 매우 단순하고 매우 일반적인 것들만을 취급하는" 학문만이 의심할 수 없는 확실한 요소를 지니고 있다고 주장한다. 모든 학문은 수학과 기하학에 기초해야 한다는 것이 데카르트가 말하고자 하는 핵심이다. 그는 스스로 철학자이면서 유명한 수학자이기도 했다. 데카르트 이후 서양 학문은 수학을 중시하고 수학에 기초한 학문 활동을 강화했다. 그 결과 서양에서는 수학의 비약적인 발전이 나타났다.

그래서 데카르트식 이성관을 흔히 도구적 이성이라고도 부른다. 왜 도구적 이성이라고 할까? 계산 가능성과 증명 가능성을 중심으로 한 수리적 사고 방법이 곧 이성의 의미가 되었기 때문이다. 이성이 더 이상 어떤 목적에 대한 탐구나 반성적인 성찰의 의미를 상실하고 오직 주어진 목적에 도달하기 위한 계산적인 합리성, 수단적인 합리성만을 중시하는 사고방식으로 변질되었기 때문에 도구적 이성이라고 부른다. 감정이나 도덕적인 가치판단 등을 불확실한 것으로 부정하고 오직 계산과 증명 가능성만을 추구하는 근대 이성은 과학기술 만능주의, 산업화 제일주의를 낳게 된다. 수학을 모든 사고의 출발점으로 삼고 여기에 몰입할 때 과학과 기술을 절대화하는 사고가 자연스럽게 형성된다. 과학과 기술이 발전을 하면 사회적으로는 기계의 발달을 매개로 하여 산업화의 진전이 나타난다. 즉 과학기술 만능주의는 현실에서 산업화 제일주의로 귀결되기 마련이다. 이것이 많은 사람들이 데카르트를 서양 근대의 아버지라고 부르는 이유다. 근대 이래로 서양을 대표하는 가장 중요한 문명적 요소인 과학기술의 발전과 산업화의 뿌리에 데카르트적인 사고방식이 자리를 잡고 있는 것이다.

그런데 문제는 여기에서 시작된다. 근대 이성의 산물인 과학기술 만능주의, 산업화 제일주의는 인류에게 수많은 문제를 안겨 준다. 무분별한 산업화는 환경 파괴, 생태계 파괴, 자원 고갈 등은 물론이고 주택 문제, 교통 문제 등 온갖 도시 문제, 유전자 조작, 인간 복제, 대량살상무기와 같은 많은 문제점을 만들어 냈다. 근대 이성을 모태로 한 새로운 괴물들이 탄생한 것이다.

이성이 만들어 낸 괴물의 모습을 극적으로 보여 주는 것 중 하나가 바로 전쟁이다. 이성의 성장기라고 할 수 있는 18~19세기는 물론이고 이성이 세계를 지배하게 된 20세기에 인간 사회에서 나타난 가장 두드러진 특징 중의 하나가 바로 전쟁의 거대화이다. 특히 19세기 이후의 전쟁이 그 이전의 전쟁과 다른 것은 자본주의적인 이윤 획득의 통로라는 점이었다. 19~20세기의 전쟁은 대체로 식민지 쟁탈전의 성격을 지니고 있었다. 식민지 지배를 하기 위해 피식민지의 저항을 분쇄하는 전쟁이 줄을 이었다. 또한 영국과 프랑스, 독일 등 강대국 사이에 식민지를 빼앗기 위한 쟁탈전이 벌어졌다. 식민지를 통해 산업화에 필요한 자원을 무제한 수탈하고, 강대국에서 대량 생산된 제품을 강제로 판매하기 위한 시장이 필요했다. 20세기를 뒤흔든, 전대미문의 대규모 전쟁인 제1차 세계대전과 제2차 세계대전이 바로 강대국 사이의 식민지 쟁탈전이었다. 다시 말해서 감정이나 비이성적인 광기가 전쟁을 일으키는 것이 아니라 오히려 지극히 이성적인 판단과 경제적인 계산에 기초하여 전쟁을 선택하고 결행한다는 점이다. 그리고 이성이 만들어 낸 과학기술의 발달은 대량살상무기의 발전과 확대의 방향으로 치달았다. 또한 전쟁의 규모도 세계적인 차원으로 확대시켜 놓았다.

고야는 전쟁의 끔찍한 현실을 그림을 통해 고발했다. 하지만 새로운 전쟁이 이성의 부족 때문이 아니라 이성의 과잉 때문이라는 것까지는 인식하지는 못한 것으로 보인다. 다만 전쟁 자체의 처참함에 대해 몸서리쳤다. 〈전

<이것이 가장 나쁘다> _ 고야, 1812~1815

쟁의 참화〉라는 연작 동판화가 대표적인데, 침략과 전쟁의 공포 및 그 비참한 결과에 대한 폭로가 가득하다. 여기에는 인간이 같은 인간에게 얼마나 잔인하고 야만적일 수 있는지가 생생하게 드러난다. 이 연작 중에 비교적 잘 알려져 있는 작품이 〈이것이 가장 나쁘다〉이다.

언뜻 보면 무슨 장면인지 잘 구별이 안 간다. 뒤편으로 군복을 입고 칼을 든 병사들의 모습이 보인다. 그런데 앞에 있는 남자의 모습은 뭘까? 팔이 잘린 남성이 나뭇가지에 고치처럼 박혀 있다. 이 연작의 다른 작품들을 보면 병사들이 이 남성의 팔을 자르고 나무에 꽂아 넣는 과정이 나온다. 고야가 목격한 장면을 중심으로 만든 작품이다. '극단적인 장면으로 전쟁의 모습을 일반화시키는 것이 아닌가'라는 의문을 품을지도 모르겠다. 하지만 무자비하고 끔찍한 학살과 고문 등으로 점철되지 않은 전쟁이 과연 있었을까?

예를 들어 이성의 성숙기인 20세기를 대표하는 전쟁이 제2차 세계대전이었고, 그 중심에 홀로코스트holocaust가 있다. 나치가 유대인을 비롯해 집시, 노약자, 동성애자 등 600만 명을 학살한 사건이었다. 하지만 이렇게 광기에 휩싸인 대학살이 이성과는 무관한 괴물에 의해서 만들어졌을까? 현대 사회에서 가장 호전적인 정치가인 딕 체니Richard B. Cheney가 미국 부통령 시절에 한 말을 보면 홀로코스트의 본질이 그대로 드러난다. 아우슈비츠 수용소 해방 60주년을 기념한 축사에서 그는 다음과 같이 말한다.

"우리는 이러한 엄청나게 잔인한 행위가 세계에서 멀리 떨어진 비문명 지역이 아닌 문명화된 세계의 한복판이었던 유럽에서 일어난 일임을 잊지 말아야 한다."

맞는 말이다. 우리 인류는 전쟁과 학살의 광기가 이성의 외부에서 일어난 것이 아니라 이성의 내부에서, 자신의 필요에 의해서 만들어져 왔음을 한시도 잊어서는 안 된다.

이성의
그늘___

과학기술을 바라보는 경이로운 시선

조셉 라이트는 18세기 유럽의 눈부신 과학기술 발전을 소재로 작품 활동을 한 대표적인 화가이다. 〈공기펌프 안의 새에 대한 실험〉은 그중 대표작이라고 할 수 있다. 마치 사진을 보는 것 같은 느낌을 줄 정도로 극사실주의에 가까운 그림이다. 하지만 그림만 언뜻 봐서는 무엇을 하는 장면인지 알기가 어렵다. 제목과 함께 그림을 봐야 조금 이해가 간다. 이 그림은 진공상태의 실험관에서 비둘기가 죽어 가는 모습을 명암의 극적 대비를 통해 그려 낸 작품이다.

그림 중앙의 아래에서 위쪽으로 실험을 위한 유리 기구가 길게 뻗어 있다. 실험 기구 뒤에서 우리를 바라보며 실험을 하고 있는 사람은 과학 교사이다. 그가 윗부분에 있는 공기펌프를 이용하여 기구에 진공상태를 만들고

〈공기펌프 안의 새에 대한 실험〉 _ 조셉 라이트, 1768

조셉 라이트 Joseph Wright | 1734~1797   18세기 영국 화가로 로코코 화풍을 추구했다. 산업혁명이 일어난 중심지인 영국에서 성장하고 활동한 화가답게 산업과 과학기술의 발전에 대한 그림을 많이 그렸다. 그는 사실주의적인 화법으로 기계문명에 대한 묘사했는데, 인공 불빛 밑의 강한 명암의 배합을 보이는 그림을 즐겨 그렸다.

있다. 진공상태 속에서 아래쪽에 있는 새가 죽어 간다. 구경꾼들 중에 성인들은 마치 신비로운 무언가에 홀린 듯한 표정을 짓고 있다. 새가 죽어 가는 것을 보면서 과학과 기술이 주는 경이로운 힘에 감탄하고 있는 듯하다. 하지만 오른쪽 아이들은 무언가 두려워하고 있다. 한 아이는 죽어 가는 새의 끔찍한 모습을 차마 볼 수 없는지 손으로 얼굴을 가리고 있다.

화가에게 가장 중요한 인물은 아마 중앙의 과학자였을 것이다. 그리고 무지하고 겁이 많은 아이들에게 무언가 열심히 설명을 하고 있는 어른의 모습이었을 것이다. 굳이 아이들을 화면에 등장시킨 것은 계몽적인 과학 교육의 이미지를 강조하기 위해서이다. 이성의 빛을 통해 구질서의 어둠을 몰아내는 것이 바로 계몽주의자들의 목표였듯이 아이들을 무지로부터 벗어나게 해주려는 모습을 나타내고자 했다. 실험과 관찰을 통해서 자연의 이치를 터득하고 인간을 위해 이용할 수 있다는 낙관적인 신념을 후대에 심어 주려 한다.

인류에게 있어서 지난 2~3세기는 과학기술의 시대라고 불러도 큰 무리가 없을 정도로 각 분야에서 두드러진 발전이 연속적으로 이루어졌다. 처음에는 학문이나 산업의 영역에서 출발해서 점차 인간의 일상생활 전반을 규정하는 가장 중요한 요소로 확대되었다. 21세기를 살아가는 지금 우리의 주변을 둘러보면 과학기술이나 기계문명의 영향을 받지 않은 물건이 거의 없을 정도이다.

아침에 눈을 뜨면 전등 불빛이 우리를 반긴다. 밤 사이에 혹시 문자메시지 온 게 없는지 핸드폰을 살핀다. 부스스한 눈으로 거실로 나가면 가전제품의 천국이 기다린다. TV, 오디오, 냉장고, 디지털 벽시계……. 빨래는 버튼만 몇 가지 조작하면 세탁기가 알아서 세제의 양과 물의 양을 조절하고 탈

수까지 끝내 준다. 집을 나서서 버스나 전철을 탈 때는 정보가 전자식으로 처리된 교통카드를 사용한다. 어디를 가나 항상 온라인 상태로 대기 중인 컴퓨터가 있다.

이 모든 것을 가능케 해준 일등공신을 찾으라고 한다면 단연 '이성'의 발전이다. 근대 서양에서 꽃피우기 시작한 이성적 사고방식이야말로 인간을 과학기술, 기계문명으로 인도한 안내자였다. 일체의 미신적·마법적인 사고를 추방하고 오직 수학적·과학적 엄밀성에 기초한 사고만을 의미 있는 것으로 선언한 근대 이성은 인간 정신의 승리 선언이었다. 특히 계산 가능하고 증명 가능한 것만을 추구한 근대 이성은 곧바로 과학기술의 발전을 추동하는 힘이 되었다. 과학과 수학은 인간에게서 독립하여 존재하는 객관의 세계를 다루는 것으로, 시공을 초월하여 절대 진리를 담고 있는 것으로 여겨졌다. 실험과 관찰을 통해 증명된 과학적 지식은 부정할 수 없는 절대적 진리로 간주되었다.

이성과 과학이 신앙이 되어 버린 시대 – 베이컨의 《신기관》

과학기술의 발전은 사회적으로 산업혁명을 낳았다. 18세기 영국은 산업혁명과 기계문명의 예루살렘이었다. "아는 것이 힘이다"를 외치며 자연에 대한 과학적인 인식과 지배를 강조한 베이컨Francis Bacon은 과학기술 혁명의 선지자였다. 그는 《신기관》에서 다음과 같은 주장을 펼친다.

인간의 지식이 곧 인간의 힘이다. 원인을 밝히지 못하면 어떤 효과도 낼 수 없다. 자연은 오로지 복종함으로써만 복종시킬 수 있기 때문이다. ⋯ 자연철학이 개개의 학문에 적용되고, 그 학문들이 다시 자연철학으로 돌아가지 않는 한, 학문의 어떤 위대한 진보도 기대할 수 없다. 그러한 연관이 없고는 천문학, 광학, 음악, 대부분의 기계적 기술, 심지어 의학조차도, 그리고 도덕철학과 정치철학, 논리학 등도 전혀 깊이를 가질 수 없으며, 기껏해야 사물의 표면과 다양성 위에서 왔다 갔다 하는 데 그칠 수밖에 없기 때문이다. 자연철학이야말로 운동, 관성, 음향, 물체의 조직과 구성, 감정, 지적 이해력 등에 대한 올바른 고찰을 바탕으로 개개의 학문에 새로운 활력과 성장력을 주는 것이니, 이 뿌리로부터 단절된 학문들이 성장하지 못했다는 것은 조금도 놀랄 일이 못 된다. ⋯ 오늘날 철학이 금과옥조로 삼고 있는 주장이나 신조도 결국 인간이 기술이나 노력으로 자연을 지배하거나 정복할 수 있다는 기대는 걸지 말라는 것이다. 이러한 주장은 엄밀히 말하면 인간의 능력에 재갈을 물리고, 의도적으로 절망을 가르친다.

서양의 근대사상들은 경험론이든 합리론이든 인간과 자연을 분리시키고 인간을 자연에 대한 지배자의 지위로 끌어올리는 이원론적 자연지배 사상이라는 점에서 공통점을 갖고 있다. 18세기 영국에 불어닥친 기계문명의 광풍은 다양한 영역에서 맹신도와 지지자를 만들어 냈다. 예술 영역도 예외가 아니어서 미술에서도 이러한 변화에 몰두하는 작가들이 나타났다. 조셉 라이트가 이 그림을 그린 후, 200년을 넘는 동안 인류의 모습은 과학기술에 경이로운 눈빛을 보낸 그림 속 어른들의 모습이었다. 이성과 이에 기초한 과학기술이 인류에게 새로운 장밋빛 미래를 선사해 주리라는 확신을 갖고 살아왔다.

산업혁명이 만들어 낸 방직기와 방적기가 대량으로 옷을 만들어 내자 많은 이들이 경탄을 했다. 그 이전까지 거의 초인적인 노동으로 직접 옷을 만들던 인간에게 증기기관을 이용해 자동으로 옷을 만드는 기계가 고된 노동에서 벗어나게 해줄 해방자로 여겨졌다. 사람이 직접 발로 밟아서 작동하는 수차**로 고통스럽게 물을 푸던 농부나 광부에게, 기계화된 동력을 이용하는 양수기는 예수님의 기적과 같았다. 호롱불을 사용하다가 촛불이 등장했을 때 방 안 구석구석이 다 환해 보였던 인간에게 에디슨이 만든 전등 불빛은 장님이 눈을 뜨는 것과 같은 광명의 아침으로 다가왔으리라.

그밖에도 지난 수백 년 동안 이성적 사고와 과학기술의 발전이 인간에게 놀라움과 경이로움을 제공한 예는 너무 많아서 하나하나 예를 드는 것이 불가능할 정도이다. 전반적으로 기계제 대공장 체제는 생산과정을 혁신시켜 대량생산을 가능케 했고 이로 인해 인간이 이용하고 소비할 수 있는 자원과 물품의 범위를 획기적으로 확대했다. 철도, 비행기 등 교통수단의 발달은 인간에게 한 국가를 좁게 여겨지도록 만들었을 뿐만 아니라 나아가 세계를 손에 잡힐 듯 가깝게 만들었다. 또한 의료기술의 발달은 인간의 평균수명을 산업혁명 이전에 비해 두 배 가까이 증가시켰다.

그리하여 이제 이성과 과학은 과거 절대적인 존재였던 신을 대체하고 하나의 신앙이 되어 버렸다. 조셉 라이트가 살던 시대에도 이미 그러한 징조는 나타나고 있었다. 그의 그림 중에는 앞에 언급한 작품에서 나타나는 경이로움을 넘어서서 거의 과학에 대한 경배의 이미지를 보여 주는 것도 있

〈인광체를 관찰하는 연금술사〉 _ 조셉 라이트, 1771

다. 〈인광체를 관찰하는 연금술사〉가 그것이다.

그림은 실험을 하는 연금술사를 묘사하고 있다. 영국의 과학자 로버트 보일이 원소元素의 개념을 명확히 하기 전까지 연금술사들은 현자賢者의 돌 Philosophers' Stone을 만들어 내기 위해 혈안이 되어 있었다. 현자의 돌은 비금속을 황금으로 변화시키는 힘이 있다고 알려진, 연금술사들이 찾아 헤매던 물질이었다. 이들은 금을 만드는 과정에서 현자의 돌이라고 불리는 물질이 필요하다고 생각했다. 연금술사들은 온갖 물질을 혼합하는 등 많은 노력을 기울였으나 아무도 성공하지 못했다. 화학적 지식의 축적으로 원소의 개념이 확립되고 금이 화합물이 아닌 원소라는 사실이 이해됨에 따라 근거 없음이 밝혀졌다. 하지만 연금술을 연구하는 과정에서 많은 새로운 물질이 발견되고 결과적으로 근대 화학의 발전에 적지 않은 기여를 한 것은 널리 알려진 사실이다.

그림의 배경이 되는 건물은 교회 같은 분위기를 풍기고 있다. 아치형의 기둥이 성스러운 교회의 엄숙함을 느끼게 한다. 뒤편 창문으로 달빛이 은은하게 비추고 있다. 연금술사는 실험기구 앞에 앉아 있고, 그 뒤쪽에 조수로 보이는 청년 두 명이 작업을 하고 있다. 연금술사가 관찰하고 있는 것은 유리로 만들어진 비커 안에서 빛을 발하고 있는 인광체이다. 금을 만드는 현자의 돌을 찾고 있던 연금술사가 그 과정에서 발광체인 인을 발견한 모양이다. 그는 이 새로운 물질 앞에 무릎을 꿇고 경건하게 기도하는 듯한 모습을 보여 주고 있다. 마치 신에게 경배하듯이 말이다.

'현자의 돌'에서 벗어나기

근대 이후 우리 인간이 갖고 있는 과학과 기술에 대한 태도를 이 연금술사가 그대로 보여 주고 있다. 감히 과학기술을 연금술과 비교하다니 괘씸하기 짝이 없다고 생각할지 모르겠다. 하지만 원소 개념이 확립되기 전까지는 연금술사가 사실상 과학자의 역할을 했다는 점을 고려할 때 마찬가지라고 봐야 한다. 또한 현대인들이 과학기술에 대해 갖고 있는 태도도 연금술사와 별반 다를 게 없기도 하다.

일반적으로 사람들은, 과학적 지식이 절대적 진리에 속한다고 여긴다.

또한 과학기술로 인간이 이루지 못할 것이 없다는 믿음을 갖고 있다. 어떤 면에서는 중세의 연금술사들보다 현대인들이 더 지독하게 과학기술에 대한 맹신도가 되어 그 앞에 공손하게 무릎을 꿇고 경배를 드리고 있다. 현대사회에서 너무나 자연스러운 개념이 되어 버린 '생명공학'이라는 표현만 봐도 그렇다. 연금술사들은 인간이 과학적인 방법으로 금을 만들 수 있다고 보았지만 이제 우리는 더 나아가서 생명조차도 공학적인 개념으로 인식하고 이를 과학으로 만드는 것이 가능하다고 보고 있다. 또한 인간을 비롯한 동식물의 유전자를 마음대로 조작해서 인간이 원하는 결과를 만들어 낼 수 있다고 믿고 있다. 그 모든 일들이 과학기술이라는 면허증만 있으면 가능하다고 여긴다.

그런 점에서 현대 과학자들이나 대부분의 현대인들은 '현자의 돌' 앞에서 무릎을 꿇고 있는 연금술사나, 〈공기펌프 안의 새에 대한 실험〉에서 죽어 가는 새를 신기하고 경이로운 눈으로 바라보는 어른들과 다르지 않다. 하지만 정말 우리가 주목해야 하는 것은 죽어 가는 새를 바라보며 두려워하고 있는 아이들의 모습이어야 하지 않을까? 과학기술 만능주의가 만들어 낸 온갖 재앙들을 두려움의 눈으로 봐야 하지 않을까? 환경 파괴, 유전자 조작이 만들어 낼 생태계의 교란, 핵의 위협 등이 가능성의 문제가 아니라 이미 현실의 위협이나 재앙이 되고 있는 상황에서 경계의 눈초리를 갖는 것이 정상적이지 않을까? 차가운 어른의 이성으로 아이들의 감성을 계몽하는 것이 아니라 오히려 이제는 그림 속의 어른들이 아이들의 순수한 감정에서 배워야 한다.

이성의 총아인 과학기술은 인간의 감정과 상상력을 배격하고 과학적으로 논증될 수 있는 것만을 가치 있다고 여긴다. 하지만 인간은 상상력을 쓰레기통에 던져 버리면서 동시에 수많은 의미들도 함께 버렸다. 인간에게 계산 가능성과 증명 가능성만이 의미 있는 것은 아니다. 사랑이라는 감정, 내면적인 가치 등은 증명될 수 없지만 인간에게는 참으로 소중하다. 또한 과학기구 안에서 죽어 가는 비둘기는 물론이고 자연의 하찮아 보이는 풀 한 포기, 바람 한 줄기에서도 소중한 영혼을 느끼는 상상력은 의심스럽거나 수상한 애니미즘으로 치부될 수 없는 의미를 갖는다. 감정과 상상력이 사라진 세상에서 인간의 내면은 마치 수분이 차단된 나무처럼 점점 건조해진 것이 아닌지 우리 스스로 성찰해 보는 게 필요하다. 이성 전체에 대한 부정은 곤란하다 하더라도 적어도 이성에 대한 맹신에서는 벗어나는 태도가 필요한 때가 아닐까?

욕망과 이성은
지옥? __

악마의 화가, 지옥의 화가

일반적으로 기괴한 그림이라고 하면 달리^{Salvador Dali}나 마그리트^{Rene Magritte}와 같은 초현실주의적인 화가들을 떠올릴 것이다. 기괴한 상상의 세계를 묘사한 초현실주의의 원조를 찾아서 거슬러 올라가다 보면 보슈와 만나게 된다. 그의 그림을 보고 있으면 후대의 많은 초현실주의 화가들이 보슈에게서 적지 않은 영향을 받았음을 쉽게 짐작할 수 있다. 그만큼 서양 회화의 역사에서 상상력의 수원지 역할을 하고 있는 화가라 할 수 있다.

현대의 초현실주의 화가들은 인간 내면의 불안이나 갈등과 같은 고통, 혹은 철학적인 의문이나 문제제기를 캔버스를 통해 표현한다. 하지만 보슈의 그림은 주로 종교적인 메시지를 초현실주의적인 상상력에 의존해서 묘사하는 특징을 갖는다. 특히 상상력이 유감없이 발휘되는 장면은 지옥을 묘사

하는 대목에서 주로 나타난다. 작품에 등장하는 지옥의 모습이 소름끼치도록 끔찍해서 '악마의 화가''지옥의 화가'로 불릴 정도이다. 보슈의 작품 대부분이 중세 기독교적인 믿음 위에 서서 신神에 대한 불신과 성서의 말씀을 거스르는 삶을 경고하기 위해 만들어졌다. 실제로 그는 마리아형제회의 초정통주의 종교단체에 속해 있었고, 그의 작품들은 대부분 신자와 문하생들을 대상으로 한 설교용 그림이었다.

대표작에 해당하는 그림이 〈쾌락의 동산〉이다. 이 그림은 플랑드르에서 전통적으로 많이 제작된 세 폭 제단화이다. 제단화란 신이나 정령 따위의 초자연적인 존재에 공물을 바치기 위해 사용되는, 제단 위에 세웠던 그림을 말한다. 그 가운데 왼쪽 날개는 낙원을 표현하고 있다. 그리스도를 중심으로 하여 두 명의 남녀가 묘사되어 있고 주변에는 산과 물, 나무와 동물들만이 등장하는 점을 볼 때 아담과 이브로 보인다. 전체적으로 평온하고 세상 만물이 조화를 이루고 있는 모습이다. 신이 인간에게 내려 준 진정한 의미의 낙원이다.

왼편의 그림이 진정한 낙원이라면 중앙의 그림은 가짜 낙원이다. 선악과를 따 먹은 이후 인간의 욕망과 타락을 보여 주는 장면으로 가득하다. 그림 곳곳에 사과처럼 생긴 과일이 보이는데, 선악과를 상징한다. 그리고 여기저

〈쾌락의 동산〉 중 지옥 _ 보슈, 1504

히에로니무스 보슈 Hieronymus Bosch | 1450~1516   네덜란드의 화가로서 상상 속의 풍경을 담은 작품들로 유명하다. 나무 판넬에 그려진 3개의 그림이 서로 맞붙은 연작화를 여러 점 그렸다. 기괴한 그림을 많이 그렸기 때문에 초현실주의의 선구자로 평가되기도 한다. 주요 작품으로 〈쾌락의 동산〉〈성 안토니오의 유혹〉〈천국과 지옥〉 등이 있다.

기에 남녀의 성적인 욕망을 상징하는 모습들이 등장한다. 남녀가 키스를 하고 있거나 서로 부둥켜안고 있다. 남성들끼리의 성적 유희를 상징하는 장면도 있다. 과일과 물고기, 조개 등이 많이 보이는 것은 인간의 식탐을 그린 듯하다. 춤을 추면서 축제를 즐기기도 한다. 거대한 올빼미를 머리에 이고 있는 인물도 있는데, 서양에서 올빼미가 이성의 상징으로 쓰였다는 점을 고려할 때 인간이 이성에 의존하는 모습이다. 무질서하게 어지러운 공간에서 사람들이 저마다 쾌락을 추구하고 있다. 원하는 것은 무엇이든 추구하고 절제가 필요 없는 인간의 희망, 즉 지상에 낙원을 만들고자 했던 인간의 모습을 종합적으로 그렸다.

우리가 주목해서 볼 그림은 오른쪽에 있는, 지옥에 해당하는 부분이다. 욕망과 이성에 기초한 지상의 낙원을 만들고자 했던 인간들이 어떻게 지옥에서 고통을 받게 되는가를 여러 측면에서 상세하게 묘사하고 있다. 전반적으로 인간에게 쾌락은 잠깐이고 그로 인한 고통은 길고 지독하다는 것을 보여 주고자 했던 화가의 의도가 곳곳에서 드러난다. 마치 성경의 요한계시록에 나오는 최후의 심판을 그려놓은 듯하다. 그런데 장면 하나하나가 악마적 상상력이라 불릴 정도로 섬뜩하다.

모든 인간적인 것들에 대한 불신과 경계

〈쾌락의 동산〉 지옥 부분에는 워낙 여러 종류의 단죄 모습이 그려져 있다. 각 부분을 세부적으로 보면 보슈가, 또한 당시 교회와 권력이 인간에게 심어 주고자 했던 이데올로기가 무엇이었는지가 극명하게 드러난다.

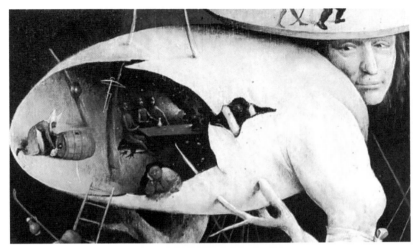

〈쾌락의 동산〉 부분 1

　먼저 '부분 1'을 보자. 그림 중앙에 크게 얼굴이 나와 있는 인물의 텅 빈 몸 안을 가만히 들여다보면 세 명의 남자가 탁자를 앞에 두고 음산한 모습으로 술을 마시고 있다. 이들은 악마를 상징하는 두꺼비 위에 앉아 있다. 왼쪽으로는 술집 주인으로 보이는 여자가 술통에서 술을 받고 있다. 머리에 수건을 쓰고 있지만 위쪽으로 뿔이 불쑥 솟아 있는 것으로 보아 악마의 모습이 분명하다. 인간에게 있어서 유흥적인 요소와 떼려야 뗄 수 없는 술이 악마의 상징으로 등장한다. 술을 마신다는 것은 몸 안에 악마를 키우는 것과 마찬가지라는 뜻일까?

　도박도 지옥으로 가는 지름길이다. '부분 2'를 보면 도박을 상징하는 주사위를 들고 있는 남자의 손이 보인다. 도박 역시 인간의 탐욕을 상징한다. 도박을 했던 손이 잘린 채 칼에 꽂혀 걸려 있다. 손목이 방금 잘린 듯 시뻘건

<쾌락의 동산> 부분 2　　　　　　　　　　　<쾌락의 동산> 부분3

피가 아래로 흘러내리고 있다. 주사위는 도박과 함께 예기치 못한 운명, 우연 등을 상징하는 도구이기도 하다. 이 우주의 질서와 인간의 운명은 신에 의해 만들어져 있어야 했다. 인간은 신이 만들어 놓은 그 필연의 세계에서 벗어나려 해서는 안 된다. 그러한 의미에서 자유는 운명을 거부하는 우연의 영역이기도 하다. 보슈의 칼끝은 자유를 추구하는 인간의 열망을 향하고 있는 게 아닐까?

　아름다워지고자 하는 여인의 욕구도 지옥으로 향하는 욕망이 되어 버린다. '부분3'을 보면 실오라기 하나 걸치지 않고 벌거벗은 여인이 사탄의 발밑에 앉아 있다. 온갖 고통을 겪은 듯 고개와 팔을 늘어뜨리고 절망의 상태에 빠져 있다. 이 사탄은 사람을 잡아먹는 새에 관한 북유럽 전설에 기초하고

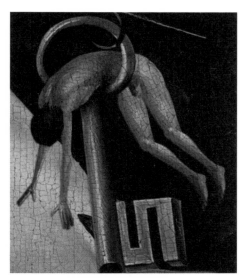

〈쾌락의 동산〉 부분4

있다. 그녀는 악마의 엉덩이에 있는 거울에 비친 자신의 모습을 보고 있다. 아름다움을 가꾸는 것조차 허영으로 단죄된다. 여인의 가슴에는 악마를 상징하는 두꺼비가 자리를 잡고 있다.

허영이 이 정도니 당연히 성적인 욕망, 특히 동성애는 더욱 용서될 수 없는 죄에 해당한다. 술을 마시고 있는 텅 빈 몸으로 사다리를 오르고 있는 벌거벗은 두 남성을 보자. 두 남성이 등장하고 사다리를 오르는 남성의 엉덩이에 화살이 박혀 있는 것으로 봐서 남색에 대한 벌을 상징한다.

이쯤 되면 인간의 욕망 가운데 등장하지 않을 수 없는 것이 돈이다. '부분 4'에는 열쇠에 걸려 있는 인간이 등장한다. 열쇠는 동서양 모든 곳에서 부의 상징이었다. 열쇠는 부의 창고를 여는 수단이다. 마치 열쇠와 한 몸인 것

〈쾌락의 동산〉 부분 5

처럼 열쇠고리에 끼여서 늘어져 있다. 열쇠의 색깔이나 인간의 색깔이 구별이 안 될 정도로 비슷한 것도 돈과 일체화된 인간의 모습을 보여 주고자 한 작가의 의도이다. 전쟁이라는 것도 따지고 보면 대부분 부를 약탈하기 위한 목적으로 일어난다. 또한 옛날이나 지금이나 인간 사회에서 흔하게 나타나는 범죄나 배신도 돈과 관련이 깊다. 그런 점에서 돈이란 그 자체가 욕망의 대상이면서 다른 욕망을 충족시켜주는 도구 역할을 하기도 한다.

지금까지는 그림이 상징하는 것을 쉽게 찾을 수 있는 경우에 속한다. 하지만 더 꼼꼼하게 관찰을 하다 보면 무슨 의미인지 쉽게 짐작이 안 가는 것

〈쾌락의 동산〉 부분 6

들도 몇 가지 눈에 띈다. 그중 하나가 '부분 5'이다. 한 사람이 하프 줄에 감긴 채 고통을 당하고 있다. 하프의 줄이 남성의 온몸을 관통하고 있다. 그 옆에는 어떤 남자가 만돌린으로 보이는 악기에 십자가 처형을 당하는 것처럼 묶여 있다. 그리고 이 악기들을 뱀이 휘감고 있다. 도대체 무슨 의미일까? 서양에서 뱀은 에로티즘의 상징이고, 만돌린이 여성의 풍만한 엉덩이로 비유되는 경우가 많다는 점을 고려할 때 음악에 심취하여 탐닉하는 것조차 성적인 향락으로 치부되어 단죄의 대상이 되는 것이라 할 수 있다. 중세에 교회에 의해 인간들에게 강요된 금욕이 얼마나 지독하고 철저했던가를 더할 나위 없이 잘 보여 주고 있다.

또 하나 이해하기 힘든 것은 그림 좌측 상단에 있는 귀 그림이다. '부분 6'을 보면 귀를 화살이 꿰뚫고 있다. 그리고 두 귀 사이로 날카로운 칼이 지나가고 있다. 이 칼로 귀를 자른다는 의미일 것이다. 좀 더 자세히 보면 귓구멍 쪽에 검은색으로 그려진 작은 악마가 있다. 귀로 듣는 인간의 소리가 악의 근원이 됨을 경고하고 있는 것이다. 신의 소리는 귀로 듣는 것이 아니라 마음으로 듣는 것일 테고, 귀는 인간에 속하는 지식을 듣는 창구 역할을 한다. 앞에서 보았듯이 이 제단화의 중앙 패널에 인간의 지혜를 상징하는 올빼미가 등장한다. 세속의 지식과 이성에 몰두하는 인간도 신에게서 멀어지는 죄악을 범하기는 마찬가지라는 의미이다.

욕망과 이성의 역할 – 프로이트의 《정신분석 강의》

욕망과 이성이 어떤 역할을 하기에 지옥의 나락으로 떨어질 대죄로 규정되는 것일까? 두 가지 모두 인간적인 요소의 양 측면에 해당한다. 욕망이 인간의 육체적이고 감성적인 욕구의 표현이라면 이성은 정신적인 욕구의 결정체라 할 수 있다. 중세 기독교에 있어서 절대자인 신에게 가는 길은 인간의 길을 포기할 때 열린다. 인간이 자신의 육체적·정신적 욕구에 충실할 때 신이 설 자리가 사라진다고 봤다. 더 나아가서는 오직 숙명론의 전제 아래에서만 존재할 수 있는 신분제와 같은 세속적인 계급 구조도 인간적인 욕구를 배제해야 할 절대적인 필요성이 있었다는 점에서는 마찬가지였다.

흔히 나쁜 욕망이나 죄악에 대해서 말할 때, 다른 죄는 참회가 가능하지만 오직 한 가지 죄악, 즉 성性적인 쾌락은 용서받을 수 없는 것처럼 묘사한다. 확실히 인간의 역사를 보면 성적인 욕망이나 쾌락을 유난히 기피하고 단죄해야 할 부도덕이나 죄악으로 여겨 왔다. 기독교, 불교와 같은 종교에서는 성직자들에게 성을 가장 중요한 금지 대상으로 강제했다. 중세 기독교는 오직 신에 대한 사랑만을 인정하고, 인간에 대한 사랑은 무질서하고 왜곡된 감정으로 규정했다. 하물며 성적인 것은 말할 필요도 없을 정도로 온갖 금기를 강제했다. 자녀를 생산하기 위한 목적을 제외한 모든 성행위는 육체의 욕구에 해당하므로 단죄의 대상이 되었다. 특히 여성들에게 더 가혹해서, 이슬람에서는 여성들에게 차도르를 쓰도록 해 모습을 드러내지 못하도록 했다.

이성 역시도 마찬가지였다. 중세 기독교 신학에서 이성은 오직 신의 존재를 증명하기 위한 목적, 신의 절대성과 영광을 표현하기 위한 목적에만 봉사해야 했다. 이들이 보기에 이성이 신의 피조물에 불과한 인간 자체를 분석하거나 자연을 대상으로 탐구하는 것, 나아가서 이성을 통해 사회구조를 비판하고 새로운 대안을 탐구하는 것은 신에게서 멀어지는 지름길에 해당했다. 인간과 세상을 향한 이성은 신에 대한 의심만이 아니라 현실의 신분제도에 대한 비판적 문제의식을 키울 수 있다는 점에서도 경계의 대상이었다.

그렇기 때문에 반대로 중세 신분제를 넘어서기 위한 새로운 모색은 인간의 육체적·정신적 욕구의 부활을 통해 나타났다. 역사적으로 볼 때 욕망과 이성은 인간을 주체로 세우는 두 개의 기둥 역할을 했다. 그런 점에서 욕망과 이성은 서양에서 근대를 여는 동맹군이기도 했다. 르네상스 시기에 미술이나 문학에서 나타난 인간 신체와 성에 대한 관심의 폭발적 분출과 이성을 통한 세계의 재구성을 추구한 근대 철학의 부흥이 동시에 나타난 것이 이를 잘 보여 준다. 하지만 공동의 적이 무력해지자 인간의 재발견을 위한 동맹은 무너진다. 이성만이 최후의 승자로 옥좌를 차지하고 욕망과 감성은 다시 억압의 대상이 되어 버렸다.

욕망과 감성을 거세한 이성이 스스로 신의 자리를 차지하고 있다는 비판이 과연 과도하다고 할 수 있을까? 적과 싸우면서 적을 닮아 간다고 하듯 이성은 과거 신의 모습을 점점 닮아 가고 있는 게 아닐까? 신에 대한 믿음을 합리성과 효율성으로 대체했을 뿐 그 이외의 모든 것을 인간 사회에서 배제해 나간다는 점에서 동일한 모습을 보이고 있는 게 아닐까? 그 결과 욕망이 배제된 인간적인 요소는 반신불수의 모습으로 전락하고 있는 게 아닐까?

프로이트Sigmund Freud는 오랜 세월 동안 이성의 감옥에 갇혀 있던 욕망을 다시 부활시키려 했다. 인간의 행동을 지배하는 무의식을 규명하고, 특히 이를 성적인 욕망과 연결한다. 그는 《정신분석 강의》에서 다음과 같이 주장한다.

> 정신분석이 그 연구 결과의 하나로 공표하고 있는 또 하나의 명제는 좁은 의미에서나 넓은 의미에서 성적性的인 것으로 지칭할 수 있는 본능 충동이 신경증이나 정신질환을 불러일으키는 데 상상할 수 없을 만큼 커다란 역할을 하고 있다는 주장입니다. 아니, 그 이상입니다. 이와 같은 성적인 충동은 또 인간 정신 가운데 최고의 문화·예술·사회적 창작 활동에도 결코 무시할 수 없는 지대한 공헌을 해왔습니다. … 사회는 성적 충

동이 해방되어 원래의 목표로 회귀하려는 경향성이 강화될 때 빚어지는 위험을 자신의 문화에 대한 가장 무서운 위협으로 간주합니다. 그러므로 사회는 그 근거를 이루고 있는 이러한 가장 예민한 부분이 건드려지는 것을 원치 않습니다. 사회는 또 이러한 성 충동이 얼마나 강한 것인지를 인정하거나 성생활이 개개인에게 가지는 중요성을 설명하는 데 조금도 관심을 갖고 있지 않습니다. 그보다는 오히려 교육적인 목적에서 이 부분에 대한 주의를 딴 곳으로 돌려 버리는 방법을 택하는 것입니다.

프로이트가 보기에 무의식의 세계를 지배하는 것은 성적인 충동이다. 그는 성적 충동을 정신질환과의 관계만이 아니라 사회 일반적인 영역으로 확대 적용한다. 성적 충동은 인간 정신 가운데 최고의 문화·예술·사회적 창작 활동에서도 결코 무시할 수 없는 지대한 공헌을 했다. 정신과 의식을 동일시했던 서양 철학의 관점에서는 문화와 예술 영역도 철저히 이성의 영역 안에서 이루어지는 것으로 이해했다. 하지만 그가 보기에 문화·예술 영역에서도 무의식에 의한 지배, 성적 충동에 의한 지배가 광범위하게 나타난다.

하지만 사회는 의도적으로 성적 충동과 정신질환의 관계를 부정하거나 회피한다고 주장한다. 왜 그럴까? 사회는 법과 제도 등으로 이루어진 이성적이고 인위적인 요소가 지배하기 때문이다. 사회는 지극히 의식적이고 이성적인 성곽에 둘러싸여 있기 때문에 사회의 입장에서 볼 때 성적인 충동은 의식이나 이성을 허물어뜨릴 수 있는 괴물로 여겨진다. 당연히 사회는 성적 충동을 적대적인 것으로 규정하고 사람들의 관심이 여기에서 멀어지도록 힘을 쓴다. 그래서 사회는 육체적인 욕망을 혐오스러운 것으로, 도덕적 관점에서 비난받아 마땅할 것으로, 더 나아가 위험한 것으로 낙인찍어 버린다.

확실히 인류가 의식의 성城을 쌓는 동안 무의식이 배제되어 왔고 그렇기 때문에 욕망이나 충동이 담당하고 있는 역할이 부당하게 억압당해 왔다는 그의 비판은 상당히 주목할 만하다. 또한 문화와 예술 영역에서 욕망과 충동이 큰 역할을 했다는 점도 부정할 수 없다. 고대에서 현대에 이르기까지, 동서양을 막론하고 인간은 성적 욕망을 문화와 예술을 통해 표출해 왔고 이 과정에서 예술 형식의 발전에 상당한 기여를 했다.

21세기를 살아가고 있는 현재는 어떨까? 이성 만능주의에 빠졌던 과거를 극복하고 정신과 육체, 의식과 무의식, 이성과 욕망을 하나로 조화시키고자 하고 있을까? 아니면 여전히 욕망과 이성을 물과 기름처럼 융화될 수 없는 적대적인 요소로 파악하고 있을까?

인간과
로봇의 경계 __

인간을 닮은 기계들

서양 미술에는 기괴한 분위기를 풍기는 그림의 족보가 있다. 주로 초현실주의적인 작품들이 이에 속하는데, 시대마다 대표적인 작가들을 꼽아볼 수 있다. 거슬러 올라가면 먼저 희한하기 짝이 없는 괴물들이 무더기로 등장하는 보슈의 〈쾌락의 정원〉이 원조에 해당한다. 그 뒤를 이어 고야의 〈사투르누스〉를 비롯한 괴물 그림들도 굵직한 흔적을 남겼다. 〈불안〉을 비롯한 뭉크 Edvard Munch의 작품은 인간 내면의 갈등을 극단적으로 묘사했다는 점에서 대상의 기괴함을 표현한 앞의 그림들과는 다르겠지만 우리에게 비슷한 감정을 갖게 하는 공통점이 있다. 기괴함은 근대 이후 초현실주의자들에서 더 자주 나타난다. 달리의 경우가 대표적이다. 그리고 여기에 빠질 수 없는 사람이 바로 에른스트이다.

〈셸레브의 코끼리〉_ 에른스트, 1921

막스 에른스트 Max Ernst | 1891~1976　독일에서 출생하고 본 대학에서 철학을 전공했다. 1919년 쾰른에서 다다운동을 이끌었으며, 1922년 파리에 정착해 초현실주의 운동에 참여했다. 〈셸레브의 코끼리〉는 그의 최초의 초현실주의 그림으로 알려져 있다. 1929년에는 최초의 콜라주 소설인 〈100여 개의 머리를 가진 여인〉을 발표하기도 했다. 주요 작품으로 〈황야의 나폴레옹〉〈비 온 뒤의 유럽〉 등이 있다.

에른스트의 〈셀레브의 코끼리〉는 초현실주의의 발전 단계를 보여 준다. 근대 이후 두드러진 현상인 기계의 발달을 초현실주의적 접근과 접목시켰다는 점에서 그러하다. 그림을 보면 먼저 중앙에 둔중한 모습의 물체가 눈에 띈다. 제목으로 봐서는 코끼리를 묘사한 것일 텐데, 마치 기계 장치 같다. 거대한 난로 같기도 하고 쇠로 만든 가마솥 같기도 하다. 코끼리의 꼬리는 연통이나 거대한 파이프를 연상시킨다. 왼쪽 밑으로 언뜻 보이는 코끼리 상아는 날카로운 칼을 두 자루 이어 붙인 모습이다. 꼬리에는 소의 머리처럼 생긴 이상한 괴물을 달아 놓았다. 등 위에는 삼각형, 사각형 뿔 모양의 기하학적 물체를 올려놓았다. 왼쪽으로는 긴 안테나를 연상시키는 선이 그려져 있다. 오른쪽 밑에는 목이 없는 여인이 손짓을 하고 있다. 이 여인은 에른스트가 겪었던 제1차 세계대전의 악몽을 표현한 것이라고 한다. 이 여인과 철제 괴물을 한 화면에 담은 것으로 봐서 화가는 기계문명에 대해 비판적인 메시지를 던져 주고 싶었던 것으로 보인다.

초현실주의자들은 대체로 전쟁에 대한 비판적인 시각을 그림으로 묘사하는 경향이 강했다. 이들은 '초현실'이라는 표현이 상징하듯 무언가 현실을 넘어선 대상이나 사고를 그려 내고자 했다. 내적인 무의식 세계이든 외적인 물체이든 그 매개를 통해서 꿈과 환상을 보여 주고자 했다. 에른스트는 스스로를 '광기의 대모'라고 칭했다. 광기 역시 초현실주의자들의 공통점이라 할 만하다. 상식을 뛰어넘는 극단적인 표현으로 현실과의 극적인 대비를 만들어 낸다. 특히 기계문명이 만들어 내는, 전쟁과 인간성의 파괴에 대해 혐오감을 드러내곤 했다. 에른스트의 〈셀레브의 코끼리〉도 그 연장선 위에 있다. 코끼리 모양의 괴물 로봇과 목이 잘린 인간을 대비시킴으로써 기계에 대한 인간의 환상에 경종을 울리려 한 것이다.

인간과 로봇의 관계와 경계

긍정적이든 부정적이든 기계를 가장 이상화시킨 것이 로봇이다. 우리 역시 어린 시절부터 기계문명 발전의 상징으로 꿈꿔 왔던 것이 로봇이었다. 어린 시절을 TV와 연관시켜 떠올려 보면 로봇처럼 친숙한 것이 없다. 초등학생 시절 내내 저녁 시간을 기다리게 하는 것은 로봇이 등장하는 만화영화이다. 내 어린 시절 맨 처음 등장했던 것은 〈아톰〉이었다. 그 뒤를 이어 로봇도 진화를 거듭했다. 〈철인 28호〉와 〈짱가〉라는 거대한 로봇이 탄생했다. 하지만 이때까지도 아직은 어색한 외모였는데 한 단계 업그레이드한 것이 유명한 〈마징가Z〉와 〈로보트 태권V〉였다. 하지만 다음 세대 로봇인 〈에반게리온〉은 이전의 모든 로봇을 촌스럽게 여겨지도록 만들었다. 전투 장면을 보면 마치 사무라이 영화를 보듯이 피가 튄다. 최근에는 더 진화한 〈트랜스포머〉가 등장해 자동차와 오디오 등 인간이 친숙하게 사용하는 일상의 기계와 로봇을 일체화시켰다.

컴퓨터 기술의 발달로 로봇은 더 이상 상상 속의 존재가 아니다. 이제 로봇은 병렬 계산을 통해 일반적인 사고를 더 빨리 처리할 수 있다. 단지 복잡한 기계 덩어리가 아닌 일정한 사고 능력을 갖춘 로봇이 실제로 등장하게 되었다. 로봇이 체스 세계 챔피언과 대결을 하는 것도 신기한 일이 아니다. 이 속도로 컴퓨터 기술이 발달하면 앞으로는 게임의 규칙이 바뀌어도 로봇이 유연하게 대처할 수 있는 단계로 발전하는 게 가능하다고 한다. 인간의 모습만이 아니라 사고 능력까지 도전하는 로봇이 등장할 수 있다는 예상이 나오고 있다. 이러한 로봇을 가리켜 휴머노이드humanoid라고 부른다.

휴머노이드는 인간의 형태뿐만 아니라, 인간과 같은 인식 기능, 운동 기능을 구현한다. 고난도 지능형 로봇을 구현하기 위해 최첨단 기술이 동원된다. 동작만 하더라도 단순히 두 발로 평지를 걷는 것만이 아니라 굴곡이 있는 바닥을 감지하여 안정된 보행 기능을 갖추는 것, 예상치 못한 상황에서 상반신을 이용한 균형 잡기 등이 연구되고 있다. 여기에 복잡한 인지 기능까지 개선되는 중이어서 가사 노동을 비롯하여 인간의 다양한 작업을 로봇이 대신할 날이 멀지 않았음을 알 수 있다.

이미 영화로는 휴머노이드가 우리에게 친숙하게 다가와 있다. 〈아이 로봇〉이라는 할리우드 영화에서는 인간이 정한 원칙 내에서 인간의 편리함을 위해 복종하는 로봇이 아니라 스스로 원칙을 재설정하며 인간에게 도전하는 새로운 로봇이 등장한다. 이 영화는 인간과 로봇의 경계가 어디에서 그어져야 하는지, 둘은 어떤 관계를 맺어야 하는지에 대한 고민을 던져 준다. 그리고 로봇이 독자적인 사고 능력을 갖추게 된다면 그들을 도구 이상의 독립적인 존재로 인정해야 하는 것인지에 대한 문제의식을 보여 준다.

일본 애니메이션인 〈공각기동대〉는 이런 종류의 고민을 가장 극적으로 던져 준다. 〈공각기동대〉의 배경은 컴퓨터와 통신 기술의 비약적 발달로 국가나 사회가 거대한 네트워크를 이루고 있는 시대이다. 인간은 네트워크상에서 정보 조작과 파괴 활동을 담당하는, 일종의 사이버 로봇 '인형사'를 만들지만, 통제를 벗어나자 이들을 회수하려고 한다. 그런데 이야기의 압권은 체포된 인형사가 자신의 정치적 망명을 요구하는 대목이다. 인간들은 그에

〈공각기동대〉의 한 장면

게 "넌 단순한 프로그램일 뿐이야"라고 말한다. 하지만 인형사는 "그렇다면 당신들의 유전자도 자기 보존을 위한 프로그램에 불과해. 생명이란 정보의 흐름 속에서 생긴 결정체 같은 거지. 인간은 유전자라는 기억 시스템을 통해, 기억에 의해 개인이 되는 거야. 기억이 환상이라 해도 인간은 기억으로 살아가는 거지"라고 함으로써 자신과 인간이 차이가 없음을 주장한다.

　인간의 사고 능력과 로봇의 프로그램이 차이가 없다는 주장이다. 인간의 사고 능력이라는 것도 결국은 뇌에 의해서 만들어진, 물질 작용의 결과라는 것이다. 《이기적 유전자》라는 책으로 유명한 리처드 도킨스Richard Dawkins가 주장하듯이 인간 역시 유전자의 확대재생산을 위한 운반 기계에 불과하다고 할 때, 인간과 로봇의 사고 능력, 기억 능력이 크게 다를 바가 없는 게 아닌가 하는 문제의식을 가져 볼 수 있다. 인간의 사고 기능·행위 기능과 별 차이가 없다면 로봇을 아무렇게나 처리할 수 있는 대상으로 규정하는 것도 부당한 것이 된다. 그러므로 인형사는 인간에게 부당한 상황에 처했을 때 망명을 선택할 권리가 있듯이 로봇에게도 기본권으로서 정치적인 권리를 보장해 주어야 한다고 주장하는 것이다. 인간과 로봇의 경계에 대해 의문을 제기하는 내용이지만 더 근본적으로는 인간이란 무엇인가에 대한 문제와 맞닥뜨리게 된다.

문제는 로봇이 아니라 인간이다 – 데카르트의 《방법서설》

인간과 로봇의 경계가 문제가 되는 것은 인간 스스로가 자신에 대해 내린 규정과 관계가 깊다. 우리는 흔히 "인간은 이성적 존재"라는 규정에 공감을 표한다. 인간을 동물과 같은 인간 이외의 존재와 구별 짓는 가장 중요한 요소로 이성을 든다. 이는 소크라테스 이래로 고대 서양 철학에서부터 일관된 관점이었다가 데카르트를 비롯한 근대 서양 철학에 와서 확정되어 하나의 진리처럼 받아들여져 왔던 입장이다.

데카르트는 인간은 이성이 있기 때문에 동물과 다르다고 한다. 그리고 그는 동물을 포함하여 인간 이외의 일체의 존재를 기계로 간주했다. 그는 《방법서설》에서 다음과 같이 말한다.

우리의 몸과 비슷한 모습을 하고, 가능한 한 우리의 행동을 모방하는 기계가 있다면, 이런 기계는 인간이 아니라는 것을 알 수 있는 두 가지 확실한 방법이 있다. 첫째, 기계는 우리가 하듯이 자신의 생각을 나타내기 위해 말이나 신호를 사용할 수 없다. 물론 말하는 기계를 만들 수도 있고, 기계에 가해진 물리적 행위에 적절한 말을 하게 만드는 것도 가능하다. 예를 들어 어떤 부분을 건드리면 기계는 무엇을 원하느냐고 되물을 수도 있고, 다쳤다고 울거나 그 비슷한 일을 하게 할 수 있다. 그러나 이런 기계도, 아무리 멍청한 사람이라도 할 수 있는 것처럼 상황에 맞게 말을 바꾸지는 못한다. 둘째로 비록 그 기계가 우리만큼, 또는 더 잘, 많은 일을 할 수 있어도, 어떤 다른 방법으로 잘못을 저질러서, 기계는 인간처럼 이해에 의해 움직이지 않고 기계의 배치에 따라 움직인다는 것을 알게 될 것이다. 왜냐하면 이성은 모든 상황에서 사용할 수 있는 보편적인 도구인 반면에, 기계는 특정한 일에 대해 특정한 배치가 필요하기 때문이다. 그러므로 이성이 우리를 움직이게 하는 것과 같이, 삶에서 일어나는 모든 일에 대처할 만큼 많은 장치가 한 기계 안에 있으리라고 생각하는 것은 사실상 불가능하다.

인간만이 이성과 이에 기초한 언어 능력을 가지고 있다는 것이다. 그런데 문제는 이렇게 인간의 정체성을 규정할 때 이성 능력과 언어 능력을 갖춘 존재가 생겨난다면 인간과 동일한 존재가 되어 버린다는 점이다. 그래서 인간과 로봇을 구별하려는 사람들은 로봇이 이성적 사고 능력을 가질 수 없다는 점을 증명하려고 애쓴다. 어떤 이는 "상상력과 창의력은 영원히 기계가 침범할 수 없는 영역"이라고 한다. 상상력을 공학적 방법으로 기계에 입력하는 작업이 가능할 수는 있지만 수학적 모듈을 통한 상상력은 인간이 할 수 있는 상상과는 다르다는 것이다. 또한 어떤 이는 "삶과 죽음에 대해서 생각하는 것, 즉 어떤 삶이 좋은 삶인가, 혹은 어떠한 죽음이 우리가 맞이해야 할 죽음인가 하는 문제에 대한 고민을 로봇이 할 수 있을 것이라고는 생각하지 않는다"라고 했다.

　하지만 사유 능력이 있다는 것과 사유 능력이 얼마나 발달해 있는가는 별개의 문제이다. 확실히 인간의 사유 능력은 지구 상의 다른 어떤 존재보다 우월하다. 하지만 우리가 인간에 대해 내린 규정은 이성이 발달했다는 점이 아니라 인간만이 이성적 존재라는 것이었다. 이렇게 규정을 내릴 수밖에 없는 것이 인간 내에서도 사고 능력의 차이는 얼마든지 편차가 있기 때문에 발달 정도의 문제로 정의하면 인간을 인간이 아닌 존재와 인간인 존재로 구별을 하는 황당한 사태가 벌어질 것이기 때문이다. 그런데 문제는 컴퓨터 기술의 비약적 발달로 기계를 통해 지극히 초보적이지만 분석, 종합, 적용과 같은 이성적 사고의 특징을 구현하는 게 가능해졌다는 데 있다. 또한 감정의 표출도 마찬가지다. 일본 와세다 대학의 휴머노이드 로봇인 'WE-4R'은 즐거움, 슬픔, 노여움, 두려움, 놀람, 평온한 마음 등 일곱 가지 감정을 느끼는 것은 물론 표현할 수도 있다고 한다. 초보적이긴 하지만 어느 정도 감정 표현도 선택해서 할 수 있는 단계에 이르렀다.

　그러므로 인간과 로봇의 경계 문제는 인간의 정체성을 이성적 사고 능력에서 찾는 이상 끊임없이 마주치게 될 문제일 수밖에 없다. 이제 우리의 접근 방식을 바꿔야 한다. 로봇의 능력이 어디까지가 한계이냐의 문제가 아니라 인간을 어떻게 규정할 것인가의 문제로 되돌아가야 한다. 오직 인간만이 이성을 가지고 있고 이성만이 다른 존재와 구별되는 인간만의 특징이라는 규정 자체를 재검토해야 하지 않을까? 더 나아가서는 인간을 다른 모든 존재와 질적으로 구별하고 인간을 만물의 지배자로 규정하려는 발상 자체에 대해 재검토하는 것에서 출발해야 하지 않을까?

파놉티콘
사회 ___

.

그림 속의 죄수

미술 작품 속에 등장하는 인물들은 아주 다양하다. 온갖 직업과 연령대의
주인공들이 등장하고 표정도 같은 경우를 찾아볼 수 없을 정도로 서로 다르
다. 하지만 서양 미술이든 동양 미술이든 화폭에서 거의 찾아보기 힘든 인
물들도 있다. 그중 대표적인 사람들이 죄수다. 사회적으로도 죄수는 높은
담에 둘러싸여 갇혀 있기 때문에 금기의 영역처럼 느껴진다. 그러한 통념의
연장인지 미술에서도 이들의 흔적을 찾아보기가 힘들다. 아마 직접 관찰하
기가 어려운 조건도 원인으로 작용했을 것이다. 어느 교도소가 화가에게 죄
수들의 모습을 그리도록 허락하겠는가.

그렇기 때문에 고흐의 〈죄수들의 보행〉은 호기심을 자극하기에 충분하
다. 이 그림은 1890년, 고흐가 귀를 자르고도 몇 번의 발작을 더 일으킨 후

생 레미의 정신병원 독방에 갇혀 있을 때 그렸다. 독방 안에서의 작업만이 허용되던 때, 그는 렘브란트, 들라크루아 등 다른 화가들의 작품을 모사하곤 했는데 이 그림도 구스타프레가 지은 《런던》이라는 책 속에서 판화로 실려 있는 삽화를 모사해 그렸다고 한다.

그림을 보면 어림잡아 30명쯤 되어 보이는 죄수들이 원을 형성해 돌고 있다. 대부분의 죄수들이 자신의 발밑을 응시하며 걷고 있다. 오른쪽에는 죄수를 감시하는 간수로 보이는 몇 사람이 서 있다. 앞에 있는 간수는 팔짱을 끼고 죄수들의 동태를 감시하고 있는 모습이 역력하다. 뒤에서는 몇 사람이 자기들끼리 이야기를 나누고 있다. 죄수들은 회색으로 보이는 죄수복을 입고 있다. 겨울인지 두터운 모자를 눌러쓰고 바지 주머니에 손을 찔러 넣은 채 걷는 사람들도 여럿 눈에 뜨인다. 뒤로는 높이를 짐작하기 어려운 벽이 사방으로 둘러서 있다. 작은 창문이 몇 개 보인다. 뚫려 있다고 해야 적당할 정도로 아주 작은 창문이고 어렴풋이 쇠창살 같은 게 보인다. 그 너머에 죄수들의 방이 있는가 보다. 죄수들의 표정만큼이나 전체적인 분위기는 어둡다. 무채색에 가까운 물감을 주로 사용했고 그래서인지 한층 더 우중충한 분위기를 풍긴다.

아마도 죄수들의 운동 시간인 듯하다. 이들에게는 하루 중 가장 기다려지는 시간일 것이다. 하루 종일 좁은 방 안에 갇혀 있다 밖으로 나와 햇볕을

〈죄수들의 보행〉 _ 고흐, 1890

빈센트 반 고흐Vincent van Gogh | 1853~1890   네덜란드 출생의 화가. 하층민 생활 묘사에서부터 풍경과 정물, 자화상에 이르기까지 그의 작품 세계는 한마디로 요약할 수 없을 정도로 방대하고 심오하다. 병마와 가난에 시달리면서도 광기 어린 예술혼을 불태우다 권총 자살로 37세의 생을 마감했다. 대표작으로 〈해바라기〉 〈감자 먹는 사람들〉 〈별이 빛나는 밤〉 등이 있다.

쬐고 맑은 공기를 마실 수 있는 유일한 시간이다. 또한 방 안에서는 한 발짝도 움직이기가 쉽지 않을 테니 이렇게 빙빙 원을 도는 운동이나마 새로운 활력을 만들어 주었을 것 같다. 물론 조금 뒤에는 다시 열을 맞추어 각 방으로 돌아갔겠지만.

고흐는 감옥 안에서 간수의 감시 아래 좁은 공간을 빙빙 돌아야 하는 죄수들의 모습에서 자신을 보지 않았을까? 정신병원 독방에 갇힌 채 그림을 그리고 있었을 고흐의 고통이 이 그림을 통해 그대로 전해져 오는 듯하다.

몸의 감금, 마음의 감금

죄수들에게는 감금당해 있는 육체의 고통 이상으로 정신의 고통이 크게 자리 잡고 있을 것이다. 자유를 송두리째 빼앗기는 것만큼 끔찍한 고통도 드물다. 독일의 신학자로서 나치에 반대하다 결국 강제수용소에서 처형당한 본회퍼Dietrich Bonhoeffer가 쓴 〈나는 누구인가〉라는 시가 있다.

> 나는 누구인가?
> 사람들이 종종 날 보고 하는 말이
> 내가 내 독방 밖으로 걸어 나가는 모습은
> 시골집 다람쥐마냥
> 가만가만 경쾌하면서도 단호하다 한다.
> ……
> 사람들이 또 하는 말이

내가 날마다 역경을 참는 모습은

승전 노장마냥

덤덤한 웃음으로 늘 당당하다 한다.

나는 과연 사람들이 말하는 그대로일까?

아니면, 새장 속의 새처럼 지치고 그립고 아프고

가위눌림이라도 당하는 양 숨이 차 헐떡이고

색깔들과 꽃들과 새소리들이 그립고

다정한 말과 따뜻한 이웃에 목마르고

독재와 치사한 모욕에 분노로 치를 떨고

대이변을 꿈꾸며 잠자리를 뒤척이고

이역만리 친구들 생각에 힘없이 떨려 오고

기도도 생각도 삶도 피곤하고 허허롭고

그리고 이 모든 것에 안녕을 고하고만 싶은 약하디 약한,

내가 아는 내가 진짜일까?

        ……

　감옥이 주는 마음의 고통을 고백하듯이 솔직하게 드러낸다. 다른 사람
들은 본회퍼가 성직자요 투사로서 두려움 없이 감옥에서 자신의 신념을 지
키고 있다고 여기지만 정작 당사자는 다르다. 남들은 그가 당당하게 소신과
신념을 갖고 하루하루의 역경을 이겨내고 있다고 생각하지만 그는 고통과
갈등 속의 나날을 지낸다. 지치고 그립고 아프고 헐떡이고 목마르고 허허롭
다. 약하디 약한 자신의 내면을 스스로 응시한다.

이렇게 인간이 한없이 약해지고 초라해지는 곳, 야만스런 국가의 폭력 앞에 굴복해야 하는 나날⋯⋯. 인간에게 가장 야만스러운 곳이 있다면 그곳은 전쟁터와 감옥일 것이다. 그렇기에 역사적으로 보더라도 세계의 독재 정권들은 자유와 평등, 민주주의를 외쳤던 수많은 사람들을 감옥에 처넣었다. 10명이 들어가면 8~9명은 감옥에서 겪은 육체적 정신적 고통 때문에 사회운동을 그만둔다는 걸 그들은 경험적으로 알고 있었기 때문이다. 진보에 대한 확신과 민주주의에 대한 신념으로 가득했던 그들이 왜 그만두었을까? 사람에 따라 여러 이유가 있겠지만 대부분 공통적으로 깔려 있는 것은 두려움이다. 자유를 박탈당했을 때 겪는 끔찍한 고통에 대한 두려움 말이다. 그렇기에 감옥은 그 사회 인권의 척도이다. 가장 억압이 심한 곳을 들추어내고 빛을 비추는 것이 인권의 출발이라면 감옥은 당연히 가장 먼저 관심을 두어야 하는 곳이어야 한다.

거대한 감옥으로 변한 현대사회 – 푸코의 《감시와 처벌》

갇힌 자의 비극은 높은 담으로 둘러싸인 감옥의 건물 속에만 있는 것이 아니다. 미셸 푸코Michel Foucault는 《감시와 처벌》에서 다음과 같이 말한다.

> 현실적인 예속화는 허구적인 관계로부터 기계적으로 생겨난다. 따라서 죄인에게 선행을, 광인에게 안정을, 노동자에게 노동을, 학생에게 열성을, 병자에게 처방의 엄수를 강요하기 위해서 폭력적 수단에 의존할 필요는 없다. 벤담은 일망 감시 시설이 그렇게 섬세한 것일 수 있다는 사실

에 경탄했다. 쇠창살이나 쇠사슬, 그리고 묵직한 자물쇠도 필요 없는 것이다. 단지 구분을 명확히 하고, 출입구를 잘 배치만 하면 되는 것이다. 권력의 효과와 강제력은 말하자면 다른 쪽, 즉 권력의 적용면 쪽으로 옮겨 가게 되었다. 즉 가시성의 영역에 예속되어 있고, 또한 그 사실을 알고 있는 자는 스스로 권력이 강제력을 떠맡아서 자발적으로 자기 자신에게 적용시키도록 한다. 그는 권력 관계를 내면화하여 1인 2역을 하는 셈이다. 그는 스스로 예속화의 원칙이 된다. 바로 이런 사실 때문에 외부의 권력은 물리적인 무게를 경감할 수 있게 되고 점차 무형적인 것으로 된다. 권력이 한계 지점에 가까워질수록 그 효과는 더 지속적이고 심원해지며, 단 한 번에 획득되고, 끊임없이 갱신될 수 있다. 즉 모든 물리적인 충돌을 피하고, 늘 앞서서 결정되는 영원한 승리인 것이다.

서구의 근대화는 잔혹하기 짝이 없어서 토론과 대화로 정신을 설득하는 과정이 아니라, 감시와 처벌의 채찍으로 신체를 길들이는 과정이었다고 한다. 감옥은 범죄자들의 단순한 수용소가 아니라 권력의 사회통제를 위한 전략의 소산이다. 감옥이라는 존재 자체가 사회 구성원들에게는 국가가 항상 개인을 감시하고 있다는 것, 국가가 정한 규칙에서 벗어났을 때 언제든지 처벌이 가해진다는 것, 그럼으로써 개인은 국가의 이익이라는 틀 내에서만 행동해야 한다는 것을 강제하는 장치 역할을 한다. 그런데 그가 보기에 감시와 처벌의 기구는 감옥만이 아니다. 가정, 학교, 군대, 병원, 공장 등 우리들이 일상적으로 소속되어 살아가는 공간들이 사실상 감시와 처벌의 기구이다. 그러한 의미에서 근대사회와 현대사회는 감금사회, 관리사회, 처벌사

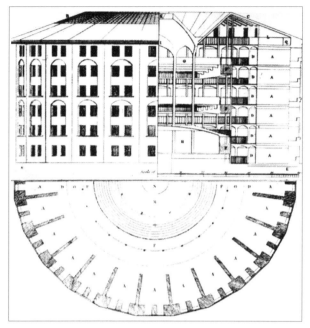

벤담의 파놉티콘

회, 감시사회를 특징으로 하고 있다는 주장이다. 한마디로 현대사회 전체가 여러 개의 감옥으로 이루어진 사회라는 의미이다.

푸코만이 아니라 많은 사람들이 현대사회가 영국의 공리주의 철학자 제레미 벤담Jeremy Bentham이 말한 파놉티콘panopticon, 즉 원형 감옥과 같다고 말한다. 파놉티콘은 벤담이 1791년에 고안해 냈다. 파놉티콘은 원래 '다 본다'라는 의미를 가진 단어이다. 벤담이 제안한 바에 따르면 파놉티콘은 바깥쪽으로 원주를 따라서 죄수를 가두는 방이 있고, 중앙에는 죄수를 감시하기 위한 원형 공간이 있다. 죄수의 방은 항상 밝게 유지되고 중앙의 감시 공간은 항상 어둡게 유지되어, 중앙의 감시 공간에 있는 간수는 죄수의 일거수일투족을 모두 볼 수 있는 반면에 죄수는 간수가 자신을 감시하고 있다는 사실도 알 수 없다. 따라서 파놉티콘에 수용된 죄수는 보이지 않는 곳에서 항상 자신을 감시하고 있을 간수의 시선 때문에 규율을 벗어나는 행동을 하지 못한다.

한마디로 소수에 의한 감시가 효과적으로 가능한 시설이다. 그런데 왜 현대사회를 파놉티콘과 비교하는 걸까? 왜 감옥만이 아니라 학교와 기업을 비롯한 일상적인 공간마저도 사실상의 파놉티콘이라는 걸까? 우리 주변을 유심히 살펴보면 어떤 의미인지 어렵지 않게 이해할 수 있다. 특히 정보화사회가 되면서 파놉티콘 현상은 더욱 두드러지게 나타난다. 원형 감옥의 원리가 소수에 의해 다수가 일상적으로 감시당하는 것, 감시를 하는 사람이 보이지 않기 때문에 오히려 감시를 당하는 사람들 스스로가 자신을 자발적으로 감시하는 것과 같은 상황이라면 우리 사회 곳곳에서 이 원리가 작동하고 있음을 알 수 있다.

먼저 대다수의 사회 구성원이 10여 년 동안 대부분의 시간을 보내게 되는 학교를 살펴보자. 건물의 구조 자체가 파놉티콘과 유사하다. 대부분의 학교 건물은 긴 복도를 따라서 교실이 일렬로 나열된 구조이다. 최소한의 인원으로 효과적인 감시와 관리가 가능하다. 감옥에서 죄수들의 행동을 시간 단위로 정해진 시간표를 통해 통제하듯이 학교도 시간표를 통해 학생들의 행동을 제한한다. 특히 학교의 건물 구조와 시간표가 결합되면 관리의 효율성은 극대화된다. 수업 시간과 쉬는 시간이 일률적으로 구분되어 있고, 긴 복도 구조를 갖고 있기 때문에 복도 끝에서 한 명만 지켜보고 있어도 이탈자를 한눈에 확인할 수 있다. 복도 끝에 CCTV를 설치해 놓으면 감시 효과는 더욱 커진다.

학생들의 개인 정보 관리만 해도 그렇다. 학생들은 NEIS(교육행정정보시스템)에 의해 정보가 관리된다. 20~30개의 정보를 일상적으로 관리한다. 정부에 의해 추진되고 있는 전자주민카드제도 마찬가지로 20여 개의 개인정보를 관리한다고 한다. 우리 자신의 개인정보에 해당하는 것을 열거해 보면 이름, 나이, 성별, 주소, 주민등록번호 등으로 이어질 텐데, 이런 식으로 헤아리다 10개 정도의 항목을 넘어서면 또 뭐가 있을지를 생각해 봐야 한다. 그런데 20~30개의 항목이라면 개인적으로 상당히 비밀스러운 정보에 해당하는 것까지 나올 수밖에 없다. 왜 학생을 비롯한 사회 구성원 개인의 비밀스러운 정보를 국가가 일괄적·일상적으로 관리해야 하는 걸까? 이것뿐만이 아니다. 이미 금융전산망이 통합되면서 개인의 금융 정보가 통합 관리되고 있다. 건강보험의 전산화로 개인의 질병과 관련된 정보들이 정부에 의해 관리되고 있다. 사실상 개인의 거의 모든 정보를 국가가 관리하는 현실이다. 개인의 비밀스러운 정보까지 국가에 의해 관리될 때 개인과 국가의 관계는 일방적일 수밖에 없다. 정보를 장악하고 있는 국가에 개인은 항상 위축되고 수동적일 수밖에 없다.

성인들 대부분이 수십 년 동안 아침부터 저녁까지 근무해야 하는 직장이라는 공간도 마찬가지다. 개인 이메일 수신·발신을 감시하고 웹서핑 내역을 감시하는 회사도 많다고 하며, 심지어 핸드폰 위치 확인 서비스를 통해 회사원 개인의 위치 정보까지 관리하는 곳도 있다. 웬만한 직장에서는 사무실과 복도에 CCTV가 설치되어 있어서 노동자의 행동을 감시한다. 그래서 복도에 설치된 자판기에서 동료와 함께 커피 한 잔 마시며 대화를 나누는 것도 눈치를 보아야 한다.

어디 그뿐인가? 관공서는 물론이고 은행, 백화점, 지하철이나 철도역, 심지어 작은 편의점에 이르기까지 곳곳에서 CCTV가 우리를 지켜보고 있다. 우리는 우리 자신의 정보나 행동을 관리, 감시하는 이들을 볼 수 없다. 하지만 그들은 일상적으로 우리를 관리한다. 이보다 파놉티콘의 원리가 더 훌륭하게 실현될 수 있을까.

고흐의 그림 속에서 줄지어 걸어가는 죄수들의 모습이 혹시 현대를 살아가는 우리들의 자화상이 아닐까? 비록 높은 벽이 눈에 보이지는 않지만 무언가 관리와 감시의 눈길에 주눅 들어 위축된 생활을 하고 있는 것은 아닐까?

아테네 학당의
철학 이야기__

라파엘로의 〈아테네 학당〉

라파엘로의 〈아테네 학당〉은 교과서에도 곧잘 실릴 정도로 유명한 그림이 이어서 많은 사람들이 한 번쯤은 어디선가 보았을 것이다. 이 그림은 크기가 579.5×823.5cm에 이르는 대형 벽화이다. 고전 건축에서 볼 수 있는 균형 감각이 살아 있고 부분과 전체의 조화가 뛰어난 르네상스 미술의 걸작으로 잘 알려져 있다. 이 작품은 라파엘로가 26세 때 교황 율리우스 2세의 개인 도서실에 그린 것으로 지금은 바티칸 성당에 있다. 레오나르도 다빈치의 〈최후의 만찬〉이나 미켈란젤로의 〈시스티나 천장벽화〉〈천지창조〉에 비길 수 있는 작품으로 여겨진다.

그림에는 고대 그리스의 철학자들이 주요 인물로 등장한다. 중앙에 플라톤과 아리스토텔레스가 있고 이들의 왼쪽 옆으로는 플라톤의 스승인 소크라

〈아테네 학당〉 _ 라파엘로, 1509

산치오 라파엘로 Sanzio Raffaello | 1483~1520 이탈리아에서 출생하여 37세의 젊은 나이로 세상을 떠났다.
레오나르도 다 빈치, 미켈란젤로와 더불어 이탈리아 르네상스 예술의 3대 거장으로 꼽힌다. 그는 일찍이 천
부적 재능을 인정받아 교황 율리우스 2세와 레오 10세의 적극적인 후원 속에 교황청 전속 건축가로 임명되
기도 했다.

테스가 사람들에게 무언가 열심히 설명하는 모습이 보인다. 왼편 기둥 쪽에 풀잎으로 만든 모자를 쓰고 있는 인물은 에피쿠로스, 그 앞쪽에서 무언가 책에 기록을 하고 있는 뚱뚱한 아저씨는 우주 만물이 수數로 되어 있다고 설파한 피타고라스이다. 계단에 앉아 턱을 괴고 사색에 잠겨 있는 인물은 헤라클레이토스, 계단에 비스듬히 누워 있는 사람은 견유학파로 잘 알려진 디오게네스이다. 그 외에도 파르메니데스, 유클리드, 제논 등 고대 그리스를 대표하는 철학자와 수학자가 수십 명이나 등장한다. 하나의 그림 안에 고대 그리스 철학사가 파노라마처럼 펼쳐져 있다.

서양 철학의 주류 – 소크라테스, 플라톤, 아리스토텔레스

이 작품에서 가장 유명한 장면은 단연 중앙에서 플라톤과 아리스토텔레스가 걸어 나오며 대화를 나누고 있는 모습이다. 옆구리에 〈티마이오스 Timaeus〉 즉 형이상학이라고 쓰인 책을 낀 채 손가락으로 하늘을 가리키고 있는 인물이 플라톤이다. 아리스토텔레스는 윤리학을 의미하는 〈에티카Ethica〉라는 책을 허벅지에 받치고 손바닥을 펴 지상을 가리키고 있다. 이 두 학문 영역은 논리학과 더불어 고대 그리스의 3대 학문이었다.

라파엘로는 두 사람의 철학적 차이를 재미있게도 손동작 하나로 구분하고 있다. 하늘을 가리키는 손가락을 통해, 진리만으로 이루어진 이데아의 세계가 실재한다고 주장했던 플라톤의 생각을 표현하고 있다. 아리스토텔레스는 이데아의 세계가 하늘 어디엔가 실재하는 것이 아니라 사물과 함께 존재한다고 주장했다. 이를 대지를 가리키며 자연과 현실의 중요성을 상징

플라톤과 아리스토텔레스

하는 손동작으로 대신하고 있다.

플라톤은《국가》에서 이데아에 대해 다음과 같이 설명한다.

진리와 실재가 비추는 곳, 이곳에 혼이 고착할 때는, 이를 지성에 의해 대뜸 알게 되고 인식하게 되어, 지성을 지니고 있는 것으로 보이네. 그러나 어둠과 섞인 것에, 즉, 생성되고 소멸되는 것에 혼이 고착할 때는 '의견'을 갖게 되고, 이 의견들을 이리저리 바꾸어 가짐으로써 혼이 침침한 상태에 있게 되어, 이번에는 지성을 지니지 못한 이처럼 보인다네. 그러므로 인식되는 것들에 진리를 제공하고 인식하는 자에게 그 '힘'을 주는 것은 '좋음善의 이데아'라고 선언하게. 이 이데아는 인식과 진리의 원인이지만, '인식되는 것'이라 생각하게나. 반면에 이 둘이, 즉, 인식과 진리가 마찬가지로 훌륭한 것들이기는 하지만, 이 이데아는 이것들과도 다르며 이것들보다 한결 더 훌륭한 것이라 믿는다면, 자넨 옳게 믿게 되는 걸세. 그러나 인식과 진리를, 마치 가시적 영역에 있어서의 빛과 시각을 태양과도 같은 것으로 간주하는 것은 옳지만, 태양으로 믿는 것은 옳지 않듯, 마찬가지로 여기에서도 이들 둘을 '좋음'을 닮은 것으로 간주하는 것은 옳으나, 어느 쪽 것도 '좋음'이라 믿는 것은 옳지 않다네. 오히려 '좋음'의 처지를 한층 더 귀중한 것으로 존중해야만 하네.

플라톤은 이데아를 존재와 변화의 원인으로 제시한다. 어떤 것이 뜨거워지는 것은 그것이 뜨거운 이데아에 관여할 때이다. 즉 그것에 뜨거움을 가져오는 불에 관여할 때이다. 불이 뜨거움을 가져온다면, 불은 뜨거움의 대립자인 차가움을 받아들일 수 없다. 마찬가지로 인간은 삶에 관여할 때, 즉 인간에게 삶을 가져다주는 영혼을 가질 때 살아 있게 된다. 영혼이 삶을 가져오므로, 영혼은 삶의 대립자인 죽음을 받아들일 수 없고, 따라서 영혼은 불멸한다는 것이다.

이데아론은 인간의 감각으로 접근할 수 있는 물리적 사물들 외에 아름다움과 올바름 같은 형상形相들 즉 이데아가 존재하며, 최고의 단계로 선善의 형상이 존재한다는 가정을 기초로 하고 있다. 감각적으로 지각되는 물리적 세계는 끊임없이 변화하기 때문에 감각적 지식들은 제한적일 수밖에 없지만, 지성으로 파악한 이데아의 영역은 영원하고 불변적이라는 것이다. 따라서 개개의 이데아는 사물들의 특성을 결정하며, 사물들은 이 완전한 이데아의 불완전한 모사물에 불과하다고 여겨진다. 플라톤은 자연을 '감각적 사물의 세계'라 불렀다. 그리고 플라톤 스스로 참된 실재로 불렀던 여러 이데아인 정신적 제 본질의 부동적이고 불변인 세계로부터 자연이 파생된 것으로 간주한다. 결국 본질이나 진리는 현실의 사물이나 인간의 감각을 초월하여 별도의 세계에 존재한다. 플라톤은 이성을 통해 이데아를 탐구하고 이를 인간 사회에 실현하고자 했다.

플라톤이 보기에 대부분의 사람들은 진실의 세계, 즉 이데아의 세계가 아니라 모사물의 세계인 감각적 세계에서 살아간다. 이데아의 세계로 나아갈 수 있는 유일한 가능성은 오직 감각적인 세계를 벗어날 때뿐이다. 이데아의 인식 과정은 육체나 감각기관에 의한 것이 아니라 지성에 의한 것인데 철학자는 육체나 감각을 죽이지 않고서는 절대로 순수한 진리를 직관할 수 없다.

아리스토텔레스는 《형이상학》에서 플라톤의 이데아론을 집중적으로 비판한다. 먼저 플라톤의 이데아는 경험적으로 확인할 수 있는 사물에다 '그 자체'라는 말을 붙여 경험적 사물을 영원화한 것에 불과하다고 비판한다. 책상에다 '책상 그 자체'라고 하면 책상의 이데아가 되고, 말에다가 '말 그 자체'라 붙이면 말의 이데아가 되고, 마찬가지로 사람에다 '그 자체'라는 말을 붙인 '사람 그 자체'가 사람의 이데아가 된다. 그런 점에서 감각적인 사물을 머릿속에서 영원한 것으로 개념화한 것에 불과하다.

그가 보기에 플라톤은 이데아를 경험적 사물의 본질이라고 하면서도 이데아를 경험적 사물에서 분리시키고 있는데, 이데아가 경험적 사물들의 본질이 되기 위해서는 사물들 속에 내재해야 한다. 아리스토텔레스는 이를 질료와 형상이라는 개념을 통해 논한다. 그는 질료와 형상은 분리될 수 없고 형상은 질료를 통해 발현된다고 주장한다. 플라톤이 이데아라고 지칭한 형상들이 질료에 해당하는, 보거나 만져서 알 수 있는 사물들과는 따로 떨어져서 존재하는 것이 아니라 이것들과 결합하여 존재한다. 그가 보기에 이데아라는 것은 단지 인간의 머릿속에만 있는 생각일 뿐이다. 즉 존재한다는 것은 사물들 자체 속에, 사물과 함께 존재하는 것이라는 점에서 현실주의적인 일원론을 펼쳤다.

본질이 사물과 함께 존재한다고 믿었던 그는 인간 정신을 탐구하는 인식론만이 아니라 물리학, 화학, 생물학, 심리학, 정치학, 윤리학, 역사, 문예이론, 수사학 등 다양한 학문 분야를 탐구했다. 그는 120종의 어류와 60종의 곤충을 포함해 500종이 넘는 동물을 분류했는데, 18세기에 린네가 분류학을 체계화할 때까지 2000여 년 동안 그대로 쓰였다.

플라톤과 아리스토텔레스의 이데아에 대한 상이한 태도는 이후 중세 신학의 서로 다른 기반을 이루게 된다. 서양의 중세 초기와 중기 신학을 지배한 것은 플라톤적인 철학이었다. 이데아가 실재했다고 여겼던 플라톤의 주장과 당시 저 하늘 어디엔가 하느님 나라가 있다고 주장했던 기독교의 이해가 정확히 맞아떨어진 것이었다. 하지만 중세 후기로 가면서 아리스토텔레스의 철학이 신학에 영향을 미치기 시작한다. 어딘가에 실재하고 있을 천국만을 쳐다보는 것이 아니라 인간 자신의 내부에서 신의 진리를 찾으려는 경향을 만들어 낸다.

하지만 두 사람이 기본적으로는 소크라테스의 영향에서 벗어나지 못했

소크라테스

다는 점에서는 많은 공통점을 갖고 있다. 소크라테스는 올바름, 아름다움 등 인간 정신이 도달해야 할 궁극적인 것을 탐구하는 데 평생을 바쳤다. 소크라테스의 철학적인 이상이 플라톤과 아리스토텔레스를 통해서 서양 철학의 가장 커다란 흐름을 만들어 냈다.

소크라테스가 했던 가장 유명한 말을 떠올려 보라고 하면 아마 대부분의 사람들이 틀림없이 "너 자신을 알라"라고 대답할 것이다. 그런데 이 말이 왜 그토록 유명할까? 언뜻 생각해 보면 평범해 보이는 이 철학적 명제가 소크라테스 이전의 철학과 이후의 철학을 구분 짓는 매우 중요한 내용이기 때문이다. 만약 이 명제가 그냥 무지를 질타하는 일반적인 의미에 불과하다면 좀 우스워진다. 그러면 "공부해서 남 주냐, 공부 좀 해"라고 항상 말씀하시는 부모님들도 소크라테스와 동기동창쯤 되어 버린다. "너 자신을 알라"는 여러 가지 의미가 있지만 그중 하나로 철학의 대상을 자연에서 인간으로 바꾼, 코페르니쿠스적인 발상의 전환을 의미한다.

여기에서 '너 자신'은 곧 인간을 의미한다. 이전의 서양 철학은 대부분 자연철학이었다. 모든 만물의 근본이 물이라고 했던 탈레스나 불이라고 했던 헤라클레이토스 같은 철학자들이 여기에 속한다. 철학의 대상을 자연의 본질 탐구에 두고 있었다. 소크라테스는 여기에 근본적인 문제제기를 한 것이다. 자기 자신, 그리고 인간에 대해서도 제대로 모르면서 자연 탐구에 몰두하는 것은 잘못이라는 얘기다. 그래서 그는 '올바름'이나 '덕'과 같이 인간 내면의 문제와 인간 상호간의 관계에서 어떠한 원칙이 올바른 것인가를 탐구했다. 소크라테스에서 비로소 자신과 자기 근거에 대한 물음이 철학의 주제가 되었다. 이런 의미에서 소크라테스는 영혼(내면) 철학의 시조라 할 수 있다. 소크라테스 이후 서양 철학은 이러한 문제의식 위에서 발전해 왔다. 그렇기 때문에 소크라테스를 서양 철학의 아버지라 부르는 것이다.

그림 상단 왼편에 녹색 옷을 입고 무언가 열심히 설명하고 있는 사람이 소크라테스이다. 화가는 들창코와 앞머리가 벗겨진 모습으로 그를 표현하고 있다. 그 옆에 파란 옷을 입은 젊은 사람이 유명한 알렉산드로스 대왕이다. 그리고 그 왼편으로 소크라테스와 마주한 채 투구를 쓰고 군인 복장을 한 사람이 알키비아데스이다. 그는 소크라테스의 절친한 친구로 소크라테스가 다른 사람을 사귀면 질투가 나서 훼방을 놓아 헤어지게 만들었다고 한다. 소크라테스 자신도 나중에 "내가 사랑한 것은 알키비아데스와 철학뿐"이라고 이야기했다.

서양 철학의 이단아 — 헤라클레이토스, 디오게네스

고대 그리스에서 소크라테스나 플라톤, 아리스토텔레스와는 다른 철학적 전통을 가지고 있었던 대표적인 철학자들이 헤라클레이토스와 디오게네스 였다. 맨 앞에서 계단에 앉아 팔을 탁자에 기댄 채 사색의 즐거움에 깊이 잠겨 있는 인물이 헤라클레이토스이다. 한 손으로 얼굴을 괴고 종이 위에 무언가를 적고 있다. 라파엘로는 플라톤을 레오나르도 다 빈치, 헤라클레이토스를 미켈란젤로의 얼굴을 통해 그렸다고 한다. 헤라클레이토스는 〈아테네 학당〉의 완성 단계에 새로 첨부한 부분으로, 미켈란젤로의 〈시스티나 천장 벽화〉를 본 후 감탄과 경의를 표하기 위해 새로 그려 넣었다고 한다.

헤라클레이토스는 "만물은 유전한다"라는 말로 유명하다. 말 그대로 세상 만물은 변화를 가장 본질적인 특징으로 한다는 주장이다. 그래서 "우리는 같은 강물에 발을 두 번 담글 수 없다"고 한다. 사람들은 사물의 본질이 아니라 눈에 보이는 현상을 진리로 믿곤 한다. 강물은 끊임없이 위에서 새로운 물이 흘러들어 오기 때문에 같은 물에 두 번 발을 담글 수 없음에도 어제와 같은 물에 서 있다고 착각한다.

그리스의 많은 자연철학자들이 물이나 흙처럼 세계의 근원적인 물질을 찾는 데 주목했다면, 헤라클레이토스는 '변화' 자체의 중요성을 설파했다는 점에서 그리스 자연철학에서 뚜렷하게 독자적인 지위를 차지하고 있다. 그는 대립된 성질을 갖는 요소들 사이의 투쟁을 통해 변화가 나타난다고 보았다. 우주에는 서로 상반된 것들 간의 다툼이 있고 만물은 이러한 상반된 것 사이의 다툼에서 생겨난다. 그러한 의미에서 "싸움은 만물의 아버지요 만물의 왕"이라고 했다. 세계는 대립과 모순으로 되어 있고 조화란 이러한 싸움

헤라클레이토스

의 과정 속에서만 가능하다. 진리나 조화를 영원히 변하지 않는 어떤 고정적인 것으로 생각했던 소크라테스나 플라톤과는 아주 상이한 철학적 태도이다. 플라톤에게 있어서 갈등과 대립은 진리, 조화가 아닌 상태를 상징했다. 헤라클레이토스는 우주 만물의 변화를 불을 통해 해명을 했는데 여기에서 불은 에너지, 기氣와 같은 것을 뜻한다. 불은 언제나 타고 있기 때문에 헤라클레이토스는 우주의 '탄생'을 부정했다.

계단 한복판에 보라색 망토를 깔고 거의 반라의 모습으로 비스듬히 누워 있는 사람은 명예와 부귀를 천시했던 견유학파 디오게네스이다. 그는 대낮에 의인을 찾으려 등불을 들고 다닌 철학자로 유명하다. 온갖 재물과 명예

디오게네스

같은 것들은 아무 소용없다고 생각하여 쾌락을 멀리하고 간소한 생활을 추구했다. 그와 알렉산드로스 대왕 사이의 일화는 잘 알려져 있다. 알렉산드로스 대왕이 항아리에서 잠을 자고 있는 디오게네스를 찾아가 정중하게 대화를 청한다. 그리스, 소아시아, 나아가 온 세상의 정복을 바라는 알렉산드로스에게 그다음에는 무엇을 원하느냐고 묻자 "그렇게 하고 나면 아마도 좀 쉬면서 즐겨야 하겠지"라고 대답한다. 그러자 디오게네스는 "이상하군요. 왜 지금 당장 좀 쉬면서 즐기시지 않습니까?"라고 물었다고 한다. 이에 쓴웃음을 지으며 왕인 자신이 해줄 게 없느냐고 그에게 묻자 "햇빛을 가리지 마시오"라고 했다.

　　디오게네스를 가리키는 말로 자주 쓰이는 '견유학파'는 '개같이 사는 지식인'이라는 뜻으로 종교, 사랑, 철학 등 모든 세속적인 가치를 거부하는 이들을 말한다. 그는 당시 시체를 담는 항아리인 옹관에 살면서 일체의 문명, 관습, 법률을 거부했다. 동일하다고는 할 수 없지만 문명적인 사고, 거대한 국가적인 통일 등에 대해 거부감을 갖고 대항했던 노자, 장자와 비슷한 문제의식을 갖고 있었다고 할 수 있다. 동서양을 막론하고 고대국가의 사상과 법률을 정비하는 데 학문의 관심이 온통 쏠려 있던 그 시대에, 문명적 사고를 비판하며 인간 본래의 모습을 추구하고자 했던 디오게네스는 "플라톤의 각주에 불과하다"(알프레드 화이트헤드)고 까지 여겨지는 서양 철학의 역사에서 의미 있는 이단아로 볼 수 있다.

노동의
고단함 ___

미술작품 속 여성 노동자

동양과 서양을 모두 살펴보아도 19세기까지 노동자의 삶을 묘사한 그림은 그리 많지 않았다. 아무래도 미술을 비롯하여 음악, 문학 등이 귀족 출신의 상류층이나 시민계급, 지식인들의 전유물이었던 사정과 연관이 깊다. 특히 신분제도가 유지되던 시절에 미술은 왕족이나 귀족의 모습, 혹은 신화 속의 일화를 그림의 소재로 삼았다. 농노의 삶은 예술의 소재가 될 수 없었다. 그나마 시민혁명 이후 신분제가 사라지면서 조금씩 하층민의 삶이 캔버스에 담기기 시작했다. 인상파에 의해 미술이 화실 작업에서 야외 작업으로 바뀌면서 밀레의 작품처럼 농부의 모습이 캔버스에 등장하기 시작했다. 하지만 여전히 도시 노동자들을 그린 작품들은 적었다. 그중에서도 여성 노동자들의 삶을 묘사한 경우는 더욱 드물었다.

19세기 대표적인 여성 노동은 세탁 공장에서의 빨래와 다림질이었다. 토지를 잃고 도시로 떠밀려 온 수많은 농부들이 할 수 있는 일은 공장에서의 육체노동뿐이었다. 그나마도 대부분 남성들이 차지하고 있어, 가난하고 배우지 못한 여성들이 일할 수 있는 곳은 드물었다. 그녀들에게 세탁 공장의 노동은 적은 돈이라도 만질 수 있는 기회였다. 당시 몇몇 화가들은 종종 세탁부의 모습을 캔버스에 담았다. 드가의 〈다림질하는 여인〉도 그중 하나이다. 우리에게 드가는 우아한 발레리나의 모습이나 목욕하는 여인을 그린 화가로 알려져 있다. 하지만 그는 일상의 노동에 찌들어 사는 가난한 여성 노동자들의 삶도 외면하지 않고 작품에 담았다. 세탁부의 노동을 그린 작품이 14점이나 되는 것은 드가가 그녀들의 삶에 깊은 관심을 가지고 있었음을 보여 준다.

　　〈다림질하는 여인〉은 여성 세탁부를 다룬 14점의 연작 중 하나이다. 오른쪽 여성은 다림질을 하고 있다. 주름을 펴고 있는 중인지 두 손을 모아 다리미를 힘껏 눌러 가며 식탁보나 침대 시트로 보이는 옷감을 다리고 있다. 깊숙하게 숙인 고개에서 고단함이 뚝뚝 묻어난다. 그녀의 어깨와 팔에서는 팽팽한 긴장감이 느껴진다. 왼쪽의 여인은 피곤에 지쳤는지 졸린 눈으로 크게 입을 벌리고 하품을 하고 있다. 앞에 세탁물과 다리미 대신 작은 물통이 있는 것으로 보아 다림질을 할 때 옆에서 물을 뿌려 주는 보조 역할을 하고 있는 것 같다. 그녀의 한쪽 손에는 병이 들려 있는데 병 속의 액체는 피곤을 쫓기 위한 포도주로 보인다. 다림질을 하고 있는 오른쪽 여성이 풍기는 긴장감과는 다르게 하품을 하고 있는 모습에서 이완된 분위기를 느낄 수 있도록 재미있는 대조를 보여 주고 있다.

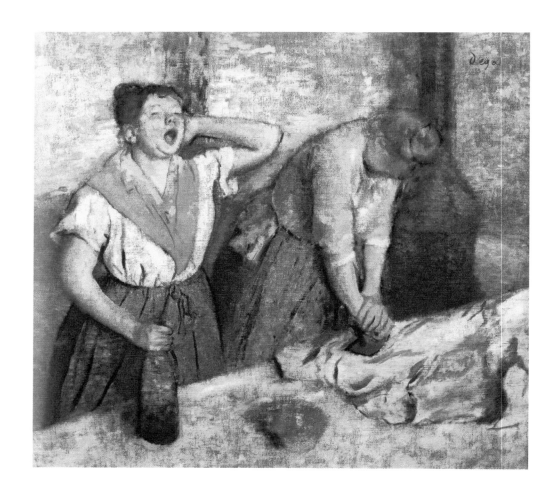

〈다림질하는 여인〉_ 드가, 1884

에드가 드가 Edgar Degas | 1834~1917 　프랑스 상류 가문의 장남으로 태어나, 가업을 이어 가리라고 믿던 아
버지의 기대를 저버리고 화가의 길로 들어섰다. 1873년, 세잔·모네·피사로 등의 인상파 화가들과 인상파
전시회에 참여한다. 그는 흙과 브론즈를 조각했던 조각가이기도 했으며, 감성이 풍부한 시인이기도 했고,
사진작가로도 활발한 활동을 보여 주었다. 대표작으로는 〈압생트를 마시는 사람〉〈무대 위의 발레 연습〉
〈목욕통〉 등이 있다.

두 여인의 뒤편으로 난로가 흉물처럼 서 있다. 세탁 일을 위해서는 항상 뜨거운 물이 준비되어 있어야 하고 다리미의 열기를 위해서도 계절을 가리지 않고 난로가 필요했다. 겨울이야 그렇다고 해도 가뜩이나 더운 여름에는 그녀들에게 난로가 괴물처럼 느껴졌을 것이다. 그런 느낌을 상상하면 다림질의 열기와 수증기로 후끈거리는 세탁소 안의 분위기가 더 실감나게 다가온다. 그래서인지 후덥지근한 실내에서 일하느라 옷도 대충 걸치고 화장은 신경조차 쓰지 못한 모습이 역력하다.

생동감이 주는 감동

이 그림에서는 드가의 특색을 뚜렷하게 발견할 수 있다. 그의 그림은 대체로 순간적인 움직임을 포착해 우리에게 그대로 보여 준다. 특히 발레리나의 모습을 담은 수많은 작품에서 순간 동작의 특징이 더욱 두드러지게 나타난다. 그림을 감상하는 사람이 마치 그 장소에 있는 것 같은 착각을 불러일으킬 정도로 현실감이 살아난다. 〈무용 수업〉〈무대 위의 무희〉〈리허설〉 등의 작품을 보면 무희들의 역동적인 동작이 너무나 생생해서 춤 동작에 열중하고 있는 소녀들의 거친 숨소리가 전해져 오는 느낌이다. 통 속에 앉아서 목욕을 하고 있는 여인을 그린 〈목욕하는 여인〉도 순간적인 동작이 주는 생생함 때문에 마치 우리가 옆에서 여인의 몸을 훔쳐보는 듯한 느낌을 갖게 한다.

　〈다림질하는 여인〉도 마찬가지다. 오른쪽의 여성처럼 그냥 다림질하는 모습만 있었다면 정지된 화면이 주는 고정적인 느낌에서 벗어나지 못했을 것이다. 하품을 하고 있는 여인의 표정과 몸짓이 극적으로 그림에 생동감을 불어넣고 있다. 그녀의 길게 늘어진 하품 소리가 가깝게 들릴 듯하다. 실내에 가득한 습기와 열기로 후덥지근한 세탁장 안에 함께 있어서 숨이 턱 막히고 우리 몸에도 땀이 날 것만 같다. 물론 생동감은 현장성을 중시한 대부분의 인상파 미술가들에게서 공통적으로 나타난다. 하지만 당대의 화가들 중에서도 드가는 현장성과 생동감이라는 면에서 누구와도 비교할 수 없을 정도로 탁월한 연출력을 보여 준다. 미술을 통한 연출력이 다분히 의도한 결과임을 드가가 친구에게 들려준 다음의 이야기를 통해 알 수 있다.

"젊은 여인들을 그리는 이유는 피조물로서 한 인간이 그 자신에게 집착하는 모습을 보여 주기 위해서이네. 마치 고양이가 제 몸을 핥아서 닦는 것에 비유할 수 있을까? 누드화는 항상 관객의 시선을 염두에 두었지만 내가 그린 여인들은 정직하고 소박한 자신의 신체적 상황 외에는 전혀 다른 관심이 없는 사람들이라네. 이는 마치 열쇠 구멍을 통해서 몰래 바라보는 것과 같다고 할 수 있네."

같은 소재로 그린 다른 그림과 비교해 보면 드가의 특징이 더욱 잘 살아난다. 피카소의 〈다림질하는 여인〉도 세탁부의 고단함을 보여 주는 대표적인 그림 중 하나로 이른바 피카소의 청색시대The Blue Period(1901~1904)를 상징하는 작품이다. 이 시기 피카소는 청색을 주로 사용해 노동자를 비롯한 하층계급에 속하는 사람들의 생활 참상과 고독감을 표현했다. 당시 피카소는 낯선 파리에서의 생활을 시작하던 때였는데, 거처할 곳이 없어 몽마르트르 언덕에 사는 친구의 방에 더부살이를 할 정도로 가난했다. 그래서 가난한 사람들의 어려운 삶에 더 공감을 했고 그들을 캔버스에 자주 등장시켰다.

피카소의 작품은 드가의 것과 같은 소재, 같은 제목이지만 사뭇 다른 분

〈다림질하는 여인〉 _ 피카소, 1901

위기를 풍긴다. 물론 드가의 그림과 마찬가지로 다림질을 하고 있는 여성이 피곤에 절어 있음을 알 수 있다. 눈이 전체적으로 검게 묘사되어 있어서 피곤함의 정도를 더해 주고 있다. 그림 속 여인은 밤을 새워 똑같은 동작을 되풀이했을 것이다. 두 손으로 다리미를 쥐고 세탁물을 다리고 있는 모습이 힘겨워 보인다. 세탁장의 칙칙한 분위기도 비슷하다. 하지만 드가처럼 그 장소에 우리가 함께 있는 느낌은 아니다. 캔버스 속의 장면이 일정하게 대상화되어 있고 감상자의 눈으로 작품에 접근하도록 하고 있다. 어떤 면에서는 석고상을 바라보는 듯한 느낌을 준다.

세탁부의 노동과 삶 – 에밀 졸라의 《목로주점》

드가의 〈다림질하는 여인〉을 비롯해서 당시 세탁부의 노동을 묘사한 많은 화가들의 그림은 다분히 에밀졸라Emile Zola의 대표적인 소설이라고 할 수 있는 《목로주점》에서 큰 영감을 얻었다고 한다. 1877년, 이 소설이 발표되자 뜨거운 논란과 함께 수많은 사람들의 관심의 대상이 되었다. 당시에 매년 3~5만 부 정도씩 팔렸다고 하니 얼마나 폭발적인 관심을 불러일으켰는지 알 수 있다. 이 소설은 에밀 졸라를 자연주의 소설의 기수로 만들어 주기도 했다.

《목로주점》에는 찬사와 함께 비난도 쏟아졌다. 비판하는 이들은 "노동자 계급의 참상을 그려 노동자를 비하하고 중상하는 것"이라거나 "사회의 욕된 면과 저열한 면만을 극히 일방적·일반적으로 폭로하고 있는 비관적이고 무정부주의적인 작품"이라며 경멸을 했다. 이 작품에 대해 에밀 졸라는 어느 편지에서 다음과 같이 말했다.

"노동자 계급을 그린 내 그림은 특별한 음영이나 바람도 시도하지 않고 그리고 싶은 대로 내가 그린 것입니다. 나는 내가 본 것을 말로 표현할 뿐입니다. 나는 상류층의 상처를 발가벗겼습니다. 하층민의 상처도 결코 은폐하지는 않을 것입니다."

《목로주점》은 세탁 공장에서 일하는 주인공의 삶을 사실적으로 묘사함으로서 세탁 일을 하는 여성 노동자들의 고단한 삶을 생생하게 보여 준다. 소설에서 세탁 공장의 노동을 묘사한 다음 대목은 다림질하는 여인들의 모습을 스케치하듯 우리에게 보여 준다. 드가의 그림을 그대로 설명하고 있는 듯하다.

> 클레망스는 서른다섯 장 째의 남자 셔츠에 줄을 대고 난 참이었다. 일거리는 넘칠 정도였다. 서둘러 해도 11시까지는 밤일을 해야 할 참이었다. 그야말로 작업장 전체가 한눈 하나 안 팔고 열심히 거세게 다리미질을 해댔다. 다리미 난로엔 또다시 코크스를 퍼 넣었다. 천장에 스커트와 식탁보가 널려 있어 숨이 막힐 지경으로 답답했다. 이 때문에 사팔뜨기 오귀스틴느는 침이 마르는지 혀끝을 입술 끝에 내밀고 있었다. 과열된 스토브와 쉰내 나는 풀, 다리미의 녹내가 목욕탕같이 후덥지근하게 무미한 냄새를 만들어 내는 한편, 열심히 일에 취해 있는 네 여자의 머리와 땀에 밴 목덜미에서 한결 더 강한 냄새가 섞여 나왔다.

당시 유럽은 우리가 흔히 야경국가라고 부르는 상태 그대로였다. 국가는 도둑 잡는 일이나 하고 시장과 공장의 운영에 대해서는 어떤 간섭도 하지 않던 시절이었다. 기업의 이윤 획득에 어떠한 제한도 없는 상황에서 노동자들의 삶은 갈수록 처참해져 갔다. 임금은 날이 갈수록 줄어들었다. 기업가가 가장 손쉽게 이윤을 확대할 수 있는 방법이 임금을 내리는 것이었기 때문이다. 처음에는 남성들의 노동으로 살림을 유지하다가 임금이 계속 내려가게 되면 이미 온갖 집안 일로 시달리고 있던 여성들도 공장에서 일을 해야 입을 풀칠을 할 수 있게 되었다. 기업의 입장에서 여성 노동은 남성 노동에 비해 훨씬 싼값으로 이용할 수 있다는 장점도 있었다. 기업이 이윤을 손쉽게 확대하는 또 하나의 방법은 노동시간을 늘리는 것이다. 지금처럼 노동시간을 제한하는 법도 없는 상태여서 무한정 장시간 노동이 이어졌다. 위의 소설 내용에도 언급되었듯이 새벽부터 시작해서 밤 11시까지든 12시까지든 시키는 대로 일을 해야 했다. 그림에서 보이는 지칠 대로 지친 여성 노동자들은 우연한 것이 아니라 매일 반복되는 일상적인 모습이었다.

문제는 여기에서 끝나지 않았다. 한동안은 그렇게 생계를 유지하다가 계속 임금이 내려가면 급기야 철부지 아이들까지 공장 일을 해야 하는 상황을 맞이하게 되었다. 당시 유럽에서는 아동노동이 일상적인 현상이었다. 7~8세 정도만 되면 공장에서 일을 하는 경우가 많았다. 심지어 당시 영국의 관청에서 조사한 보고서에 의하면 아이들이 도망가지 못하도록 발을 쇠사슬로 묶어 놓기도 했고, 심지어 채찍질도 다반사였다고 한다.

예술 작품은 종종 현실을 있는 그대로 묘사하는 것만으로도 사회에 대한 비판적인 힘으로 작용하곤 한다. 그래서인지 시대를 막론하고 지배층은 노동자나 농민의 고단한 삶을 사실적으로 묘사하는 그림을 경멸해 왔다. 마치 자신의 치부가 드러나기라도 하는 것처럼 격렬하게 비난을 쏟아냈다. 우리는 어떤가? 지금 한국 사회에서 미술이나 문학은 노동자나 농민, 빈민과 같은 가난한 사람들에게 얼마나 관심을 갖고 있을까? 작가 자신의 내면에만 갇혀서, 혹은 우아하고 세련된 문체를 구사하는 테크닉에 갇혀서 우리 주변에서 일어나고 있는 고통에 대해서는 눈을 감고 있는 건 아닐까?

꽃과
노동 __

꽃과 노동자가 자연스럽게 연결이 될까?

'꽃'이라는 단어를 들으면 무엇이 떠오르는가? 일단 시각적으로는 풀과 나무가 함께 연상될 것이다. 좀 더 넓게는 산이나 들, 강과 같은 자연의 풍광이 떠오를 것이다. 혹은 봄이나 여름이 연상되는 사람도 있을 것이다. 느낌이나 감상의 측면에서는 아름다움, 한가로움, 즐거움, 관조 등의 단어가 생각날 수도 있다. 적어도 꽃에 대해 부정적인 이미지를 갖는 사람이 극히 드물 것이라는 예상은 할 수 있다.

꽃과 사람은 어떻게 연결이 될까? 아마 꽃은 몇 가지의 예외를 제외하고는 대체로 여성이 연결될 것이다. 서양화에서든 동양화에서든 여성이 꽃과 함께 등장하는 것이 일반적이다. 남성이 떠오르는 경우는 물에 비친 자신의 아름다운 얼굴에 반해서 샘물에 빠져 죽은 뒤 그 자리에 수선화로 피었다는

<꽃 운반 노동자> _ 디에고 리베라, 1947

디에고 리베라 Diego Rivera | 1886~1957 멕시코의 화가로 유럽 회화의 전통과 기법을 멕시코의 전통에 결합시키려 노력했다. 파리에서 활동을 할 때 피카소, 브라크 등 입체파의 영향을 받기도 했다. 이탈리아 르네상스 시기의 벽화에 감명을 받아 이후 멕시코에서 활발한 벽화 운동을 벌였다. 주요 작품으로 <아라메다 공원의 일요일의 꿈> <헬렌 윌스 무디의 초상> <농민 지도자 자파타> 등이 있다.

나르키소스 정도이다. 설사 남성이 떠오른다 하더라도 신화 속의 아름다운 신, 인간의 경우는 귀족 신분의 화려한 옷을 입은 사람, 사랑에 빠진 남자가 여성에게 구애를 하는 장면 정도이다.

그러면 꽃과 노동, 혹은 꽃과 노동자는 자연스럽게 연결이 될까? 꽃과 노동자는 무언가 부자연스럽고 같이 비교되는 것 자체가 거북해 보인다. 남성이라 하더라도 하얗고 가느다란 손에나 어울리고 아무래도 노동으로 다져진 노동자의 투박한 손과 꽃은 쉽게 연결이 되지 않는다. 하지만 이 둘을 연결하여 많은 작품을 쏟아 낸 화가가 있다. 주요 활동 무대였던 멕시코만이 아니라 중남미, 나아가 세계적인 민중 화가가 된 디에고 리베라이다. 그 가운데 유난히 눈을 잡아 끄는 그림이 〈꽃 운반 노동자〉이다.

그림을 보면 거의 사람 키만 한 거대한 꽃바구니 안에 화사한 분홍색 꽃이 가득하다. 무슨 꽃인지는 모르겠지만 제 계절에 피어난 듯 풍성하면서도 곱다. 짚을 엮어 만든 것으로 보이는 바구니도 꽃과 잘 어울린다. 만약 사람이 등에 짊어지는 장면이 아니라 꽃과 바구니만 있었다면 싱그러움을 느끼는 장식적 효과를 주었을 것이다. 하지만 이 그림에서는 그런 것을 느낄 겨를이 없다. 거대한 꽃바구니를 폭이 넓은 끈으로 둘러 상체에 지고 있는 남성이 보인다. 제목으로 봐서 이 사람이 꽃을 운반하는 노동자일 것이다. 꽃을 나르는 일에 지쳤는지, 아니면 보기와는 다르게 무거운지 버거운 듯한 동작을 취하고 있다. 두 팔과 다리에 의지한 채 힘을 모아 막 일어나려고 하는 중이다. 같이 일하는 여성이 일어나는 걸 돕기 위해 뒤에서 바구니를 받쳐 주고 있다. 남성은 모자를 깊이 눌러쓰고 있어서 표정이 직접 보이지는 않지만 노동에 찌든 모습 그대로일 것 같다. 지금 그에게 꽃은 아름답고 귀

〈꽃 노점상〉 _ 디에고 리베라, 1935

한 무엇이 아니라 단지 버거운 '짐'일 뿐이다.

　디에고의 그림에는 꽃과 관련해 노동을 하는 여성들도 자주 등장한다. 앞의 그림과 비슷한 느낌을 전달하는 것으로는 〈꽃 노점상〉이 있다. 마찬가지로 거대한 꽃바구니를 힘겹게 들어 올리는 여성이 등장한다. 바구니 밑으로 투박한 발의 모습이 보인다. 꽃 위쪽에서 살짝 드러나는 대머리는 도와 주는 남성의 것이다. 여인의 머리 위로 백합 비슷한 모양의 거대한 꽃송이들이 만개해 있다. 어깨에 둘러맨 끈이 여성을 졸라매는 듯이 팽팽하다. 있는 힘을 다해서 들어 올리려 애쓰는 흔적이 역력하다. 그래서인지 꽃이 그다지 아름다워 보이지 않는다. 심지어 여인을 괴롭히는 괴물처럼 느껴지기조차 한다. 여자는 이 꽃을 지고 어느 길가에 앉아 꽃을 사줄 손님을 하염없이 기다릴 것이다.

노동자에 대한 디에고의 사랑

디에고는 멕시코의 상징적인 존재이기도 하다. 스페인과 유럽에 피카소가 있다면 멕시코와 중남미에는 디에고가 있다고 할 정도로 멕시코인들의 애정을 듬뿍 받고 있다. 그는 수많은 벽화를 통해 독재자와 지배층을 고발했는데, 그 저변에는 저항 정신이 깔려 있다. 그림에 등장하는 이른바 '가진 사람들'은 탐욕스러운 표정이 뚝뚝 묻어나게 묘사되어 있다. 당연히 멕시코에서 부와 권력을 쥐고 있거나 이에 가까이 가려고 하는 사람들은 디에고에 대해 경멸적인 태도를 숨기지 않는다. 또한 그는 식민주의자들에 대한 비판적 태도를 줄곧 유지했다. 그리고 아메리카 대륙의 전통적인 문명과 삶에 대한 애정을 강하게 표현했다. 대표작 중 하나인 멕시코 독립궁의 거대한 벽화에는 마야 문명의 전성기, 아스텍 문명의 멸망과 스페인 세력인 코르테스의 침공, 가톨릭의 상륙, 판초빌라와 자파타의 농민혁명, 미국의 멕시코 침공, 멕시코의 독립 과정 등이 자세히 그려져 있다.

특히 작품에 가장 빈번하게 등장하는 것은 박해받는 노동자, 농민의 삶이었다. 앞의 꽃 노동자나 노점상 그림들은 그중에 잘 알려진 것들이고 비슷한 주제의 수많은 작품들이 있다. 힘겨운 노동과 고된 삶이 파노라마처럼 펼쳐진다. 하지만 어려운 생활에도 불구하고 그의 작품 속에서 멕시코 민중은 순박한 표정으로 등장한다. 디에고는 순박한 원주민과 노동자의 표정을 통해 그들에 대한 사랑을 표현했다.

하지만 민중에 대한 그의 애정과 순박한 얼굴에도 불구하고 그림 속의 노동이 전혀 아름답게 다가오지 않는다. 노동과 연관되어 있는 화려한 꽃은 우리 마음을 더 고통스럽게 한다. 차라리 철근이나 벽돌을 나르거나 용접을 하고 있는 모습이면 덜 참혹해 보였을 것 같다. 노동의 대상이, 노동자의 어깨를 짓누르는 '짐'이 꽃이기에 더 잔인하게 다가온다. 꽃이 아름답듯이 노동도 아름다울 수는 정말 없을까?

노동이 아름다울 수는 없는가 – 마르크스의 《자본론》

마르크스는 《자본론》의 시초 축적에 대한 내용에서 자본주의 사회에서 노동이 어떻게 강제적인 성격을 갖고 출발했는가를 상세하게 분석하고 있다. 시초 축적이란 자본주의 사회 태동기에 대규모의 자본이 처음에 어떻게 형성되었는가를 가리키는 개념이다. 그는 다음과 같이 설명한다.

> 자본주의적 생산은 상품 생산자들의 수중에 상당한 양의 자본과 노동력이 존재하고 있는 것을 전제로 한다. 우리는 자본주의적 축적에 선행하는 '시초' 축적, 즉 자본주의적 생산양식의 결과가 아니라 그 출발점인 축

적을 상정하지 않으면 안 된다. … 시초 축적은 자본 관계를 창조하는 과정은 노동자를 자기 노동조건의 소유로부터 분리하는 과정, 즉 한편으로는 사회적 생활수단과 생산수단을 자본으로 전환시키며, 다른 한편으로는 직접적 생산자를 임금노동자로 전환시키는 과정 이외의 어떤 다른 것일 수가 없다. 따라서 이른바 시초 축적은 생산자와 생산수단 사이의 역사적 분리 과정 이외의 아무것도 아니다. … 역사적으로 보아 시초 축적의 역사에서 획기적인 사건 − 이미 스스로 형성되어 가고 있던 자본가 계급에게 지렛대로서 이바지한 모든 변혁들이 해당되지만, 그 가운데에서도 특히 획기적인 사건 − 은 많은 인간이 갑자기 폭력적으로 그 생존수단으로부터 분리되어 보호받을 길 없는 '프롤레타리아'로서 노동시장에 내던져진 그 사건이다. 농촌의 생산자, 곧 농민으로부터의 토지 수탈은 이 모든 과정의 기초를 이루고 있다.

자본주의 사회의 핵심인 자본이 처음에 축적되는 과정은 생산자를 생산수단과 분리하는 과정을 통해 이루어졌다. 우리가 흔히 인클로저 운동 enclosure movement이라 부르는 것이 바로 이에 해당한다. 농민을 대상으로 일종의 토지 수탈이 대대적으로 일어났다. 우리의 지금 상식으로는 원래 농노들에게는 토지에 대한 어떤 종류의 소유권도 없었을 것 같지만 역사적 사실은 전혀 다르다. 자본주의 이전의 토지 소유권은 이중적이다. 농노들에게도 토지에 대한 점유권, 일종의 사용권이 있어서 지주 마음대로 경작을 금지시킬 수 없었다. 또한 공유지에 대해서는 공동의 소유권이 있었다. 하지만 자본주의적인 사적 소유를 확립하는 과정에서 '교회 재산의 약탈, 국유지의 사기적 양도, 공유지의 횡령, 봉건적 및 공동체적 소유의 약탈'이 대대적으로 벌어졌다.

그 과정도 지극히 무자비하고 폭력적이었다. 생산자와 생산수단의 분리는 바로 이를 두고 말한다. 원래 농민들은 토지에 대한 일정한 소유권을 가지고 있었는데 강제로 박탈당하면서 어떠한 생산수단도 소유하지 못한 존재로 전락해 버렸다. 이를 통해 자신의 노동력 말고는 판매할 것이라고는 손톱만큼도 없는 노동자가 탄생한 것이다. 또한 거지와 부랑자가 대량으로 발생했는데, 이는 당연한 것이었다. 토지에서 쫓겨난 농노들이 갑자기 어디에서 어떻게 살길을 마련했겠는가. 대대로 삶을 이어 가는 터전이었던 농촌에서 쫓겨난 이들로서는 생명을 유지하기 위해서 도시로 흘러들어 갈 수밖에 없었다. 도시에서 부랑자가 되어 하루하루 끼니를 걱정하며 사는 신세가 되었다.

그러자 영국에서는 '부랑자법'으로 알려진, 부랑에 대한 피의 입법이 실시되었다. 공장에서 일을 하지 않고 부랑자로 살아가는 사람들에 대한 폭행과 감금을 제도화하는 법이 만들어졌다. 공장주가 아무리 터무니없는 임금이나 노동조건을 제시하더라도 무조건 인정하고 일을 하는 수밖에 없게 되었다. 도둑질이나 강도질과 같은 범죄를 저지른 것도 아니고, 단지 일을 하지 않는다는 것만으로도 처벌을 당하니 어쩔 수 없었다. 처음에는 폭력적으로 토지를 수탈당하고 추방되어 부랑자로 된 농촌 주민들은 그다음에는 무시무시한 법령들에 의하여 채찍과 낙인과 고문을 받으면서 임금노동 제도에 필요한 규율을 얻게 된 것이다. 결국 자본주의 발생과 더불어 탄생한 노동자에게 있어서 노동의 성격은 본질적으로 강제였던 것이다.

물론 현대 자본주의 사회에서는 법적으로 강제노동은 사라졌다. 적어도 일을 하지 않는다는 이유만으로 처벌을 하지는 않는다. 하지만 대량 실업이 만성화된 현대사회에서 임금과 노동조건의 칼자루는 일방적으로 기업이 쥐고 있다. 최저임금제라는 제도가 있기는 하지만 그 정도의 액수로는 가족이 정상적인 생활을 영위할 수 없다. 아무리 부당한 조건이라도 채용만으로 감지덕지하며 계약서에 도장을 찍어야 하는 것이 현실이다. 또한 대규모 정리해고나 비정규직화가 제한 없이 보장된 조건에서 노동력 제공만이 아니라 인격적인 모욕도 감내해야 하는 경우가 다반사로 나타난다.

　　진정으로 자발적이고 창조적인 노동은 불가능한가? 노동이 즐거움이자 자기 성취일 수는 없는 것일까? 자본주의 사회에서 자본의 탐욕만이 아니라 인간의 얼굴을 찾는 것은 공상에 불과할까? 나중의 문제는 나중으로 돌린다 하더라도 일단 지금 조금이라도 노동이 아름다울 수 있는 가능성이 있으면 좋겠다. 꽃이 아름다운 것처럼 꽃을 나르는 노동도 아름다워 보일 수 있는 그날을 기다린다.

가난은 나라도
못 구한다?___

그림에서도 소외된 거지

기독교가 권력이 된 서양 중세 시대, 절대 빈곤에 빠져 있던 가난한 이들은 교회의 관심 대상이 아니었다. 교회와 성직자들은 점점 예수로부터 멀어져 갔다. 예수는 "수고하고 무거운 짐 진 자들아 다 내게로 오라 내가 너희를 쉬게 하리라" 혹은 "나는 분명히 말한다. 부자가 하늘나라에 들어가기가 어렵다. 거듭 말하지만 부자가 하느님 나라에 들어가는 것보다는 낙타가 바늘 귀로 빠져나가는 것이 더 쉬울 것이다"(마태복음)라고 했지만 예수는 베드로에 의해 세 번 배반당한 게 아니라 그 제자의 제자들인 성직자들에게 수천 번, 수만 번 배반을 당했다. 교황에서 추기경·신부에 이르기까지, 베드로의 제자에 해당하는 신부들 상당수는 하느님 나라로 가기 위해 가난을 선택하기는커녕 정반대로 현세에서 부를 축적하거나 사치스러운 생활에 몸을 맡겼

〈거지 소년〉 _ 무리요, 1650

바르톨로메 에스테반 무리요 Bartolome Esteban Murillo | 1618~1682   17세기 스페인에서 가장 인기를 누렸던 바로크 양식의 종교화가. 그가 즐겨 그린 성모화는 미묘한 명암과 우아한 형태, 따사로운 색조 속에 자애와 경건함이 가득한 감미로운 작품을 보여, 그는 '스페인의 라파엘로'라고 불렸다. 주요 작품으로는 〈성 안토니우스의 환상〉〈원죄 없는 마리아의 발현〉〈로마 지방관의 꿈〉 등이 있다.

다. 교회는 교회대로 자기 소유의 토지를 늘리기에 여념이 없었다.

중세와 근대 초기의 서양 미술도 사정은 마찬가지였다. 루브르 박물관을 비롯해 유럽의 주요 미술관을 장식하고 있는 미술품의 상당 부분은 이 시기에 제작된 종교화이다. 하나님의 영광이나 예수의 희생, 예언자나 순교자를 찬양하는 그림으로 가득하다. 정작 예수가 온몸을 던져 감싸 안으려 했던 가난한 이들의 모습은 거의 자취를 찾아볼 수 없다. 심지어 당시 제작된 종교화에서 예수나 마리아는 가장 부유한 귀족들이나 입었을 만한 화려한 의상으로 치장한 채 등장한다. 그것도 모자라 예수는 한 나라의 재정을 거덜 낼 정도로 막대한 제작비가 들어가는 스테인드글라스의 단골 주인공이 된다.

그렇기에 더 눈길이 가는 그림이 무리요의 〈거지 소년〉이다. 그는 17세기 스페인에서 가장 인기를 누렸던 바로크 양식의 종교 화가였다. 사실적인 표현을 통해 정확하게 묘사함으로써 대상을 이상화하는 화법으로 유명했다. '스페인의 라파엘로'라고 불릴 정도로 성모마리아의 모습을 아름답게 잘 그렸다. 하지만 그는 서민들의 생활 모습이나 거리의 거지를 소재로 한 작품도 많이 남겼다. 교회의 위력이 여전하던 17세기 유럽 사회 분위기 아래에서 가장 빈곤한 집단을 회화의 대상으로 삼았다는 것은 무리요에게 관심을 갖게 하는 중요한 이유가 된다.

〈거지 소년〉은 무리요의 두드러진 특징이라 할 수 있는 사실적인 묘사의 매력을 물씬 풍긴다. 한 거지 소년이 따뜻한 햇볕 아래에서 벼룩을 잡고 있다. 영락없는 거지의 누더기 옷을 입고 두 엄지손가락 손톱으로 벼룩을 죽이고 있는 모습이다. 살짝 숙인 얼굴을 자세히 보면 눈가에 그늘이 가득하다. 눈썹 위에 얼핏 스치듯 그려진 주름이나 꼭 다문 입술은 거지 소년이 겪고 있는 일상적인 고통을 보여 주는 듯하다. 발바닥을 보면 덕지덕지 더러운 흙에 절어 있다. 주위에 신발도 보이지 않는다. 맨발로 살아가고 있음이 분명하다. 바닥에는 어디에선가 구걸해 온 것으로 보이는 새우 부스러기 몇 개가 흩어져 있다. 바구니에는 누군가 입을 댄 흔적이 있는 사과가 보인다.

소년의 모습도 그러하지만 빛과 그림자의 강렬한 대비가 소년의 슬픔을 더 극적으로 느끼게 해준다. 왼쪽의 창에서 따가운 햇볕이 스며들고 있다. 빛이 강한 만큼 그림자도 짙다. 또한 창가 아래쪽에 벽의 균열을 따라 이어진 빛의 주름이 소년의 마음속 아픈 상처를 보여 주는 듯하다. 하지만 이 따사로운 햇볕도 잠깐일 것이다. 밤이 되어 어둠이 허술한 공간을 지배하게 되면 추위가 온몸으로 파고들 것이다. 또한 밤새 추위와 허기에다가 벼룩의 습격까지 더해 이중 삼중의 고통과 끝없는 싸움을 벌여야 할 것이다.

거지 소년에 대한 사실적인 묘사와 따스한 색에서 느껴지는 연민은 무리요의 성장 과정과도 연관이 있다. 그는 고아로 자랐다. 또한 아홉 자녀 가운데 다섯을 먼저 보낸 아픔도 간직하고 있었다. 미술에 대한 재능이 아니었다면, 아주 어려운 처지에서 삶을 영위해야 했을 자신을 뒤돌아봤을 수도 있다. 그러한 연민의 정이 아름답고 화려한 성화 작품들 속에서도 거지들의 삶을 묘사하게 만든 동기가 아니었을까 싶다.

가난한 이들의 친구 브뢰헬

무리요가 화려한 성화들 가운데 틈틈이 가난한 이들의 모습을 화폭에 담았다면, 그에 앞선 16세기에 활동한 브뢰헬Pieter Bruegel de Oudere은 대부분의 작

〈거지들〉_브뢰헬, 1568

업을 가난한 농민이나 거지, 불구자들의 지극히 현실적인 삶을 묘사하는 데 치중했다. 흔히 그를 '북유럽 농민 미술의 아버지'라고 부르는데, 브뢰헬의 작품 목록을 보면 전혀 과장이 아님을 알 수 있다. 그 역시 농민의 아들로 태어났다. 그는 당시 화가들이 즐겼던 극적인 요소를 버리고 순수하고 사실적으로 농민의 실상을 캔버스에 담아내고자 했다.

브뢰헬의 작품 중에 절대 빈곤층을 그린 대표작으로 〈거지들〉을 꼽을 수 있다. 화면 가득히 마을의 어느 골목길에 모여 있는 거지들을 그린 작품이다. 다섯 명의 거지들은 모두 불구자이기도 한데, 우리가 앉은뱅이라고 부르는, 다리가 불편한 이들이다. 이들은 모두 목발을 짚고 있다. 그의 작품에는 이렇게 불구자들이 종종 등장한다. 거지들 옆으로 한 행인이 지나간다. 챙이 넓은 모자를 쓴 행인은 시선을 외면한 채 거지들로부터 가급적 멀리 떨어져서 걸으려고 하는 기색이 역력하다.

특이하게도 이들은 서로 다른 모자를 쓰고 있다. 이 모자들은 각각 왕, 주교, 병사, 시민 등의 신분을 나타내는 상징들이다. 왜 거지들이 이들의 모자를 쓰고 있을까? 무언가 풍자를 하고 있는 것으로 보인다. 비밀은 이들의 옷에 달려 있는 여우 꼬리에 있다. 여우 꼬리는 뇌물, 아부, 아첨, 기만행위를 상징한다. 16세기 네덜란드는 종교재판의 폭정이 극에 달하고 있을 때였다. 브뢰헬은 왕족, 귀족이나 가진 자들의 위선을 이 그림을 통해 풍자적으로 폭로하려 한 것이다. 진정한 불구자들은 여기에 있는 거지들이 아니라 권력과 부를 한 손에 쥐고 있는 그들이라고 말하고 있는 듯하다.

그래서인지 거지들이 구걸을 위해 억지로 측은지심을 불러일으키는 불쌍한 표정을 짓고 있는 것으로 보이지 않는다. 거지들은 애처로운 눈길로 지나가는 행인을 바라보거나 머리를 숙여 눈길을 피하고 동정을 구하는 것이 일반적이다. 하지만 이 그림에서 앞의 두 명은 오히려 하늘을 향해 고개를 쳐들고 있다. 이들 중 오른쪽에 있는 인물은 무언가 세상을 향해 고함을 치고 있는 것 같기도 하다. 또한 다리가 불편하지만 나름대로 역동적인 분위기를 풍기고 있어서 우울하고 불쌍한 느낌만을 전달하고 있지는 않다.

이 그림만이 아니라 다른 브뢰헬의 많은 작품들에서도 옛날부터 전해 내려오는 우화나 지방의 풍속을 매개로 네덜란드 사회를 향한 날카로운 풍자가 나타난다. 하지만 노골적으로 직접 드러내기보다는 〈거지들〉의 모자나 여우 꼬리처럼 상징과 비유를 통해 은근히 드러내는 방식을 선호했다. 적어도 그림에 등장하는 신랄한 사회적 비판이 화가의 의도적인 시도였다는 점은 분명하다. 브뢰헬은 나중에 병으로 죽음을 앞두고 있을 때, 자기의 데생에 드러난 풍자가 너무 노골적이어서 혹시 두 아들과 부인에게 피해가 미칠 것을 걱정해 수많은 데생을 모두 불태워 버렸다고 한다.

가난은 나라도 못 구한다? – 맹자의 《맹자》

가난은 과거의 일이 아니라 오늘의 일이기도 하다. 물질적인 풍요를 특징으로 하는 현대사회에 와서 절대 빈곤은 마치 과거의 일인 것처럼 치부되곤 한다. 하지만 기본적인 의식주조차 해결할 수 없는 절대 빈곤에 빠진 사람들이 여전히 많다. 절대 빈곤층이 전 세계 인구의 6분의 1에 이르고 해마다 800만 명 이상이 빈곤 때문에 죽어 가고 있다. 선진국이라고 일컫는 유럽이나 일본에도 노숙자들이 늘어나고 있는 실정이다.

　우리나라도 예외가 아니다. 10만 명 이상의 결식아동이 오늘도 제때에 끼니를 해결하지 못하고 있고, 잠자리가 없어 노숙을 하거나 부랑자로 살아가는 사람들도 상당수다. 정부에서 운영하는 노숙자 쉼터에만 4천 명 이상이 거주하고 있다. 민간단체나 종교단체에서 운영하는 시설, 길에서 노숙하는 사람들까지 합하면 훨씬 더 늘어난다. 여기에 흔히 쪽방이라고 불리는, 노숙이나 다름없는 조건에서 살아가야 하는 사람들도 거의 1만여 명에 이른다.

　IMF 외환위기 초기, 급증하는 노숙자 문제를 해결하기 위해 임시로 마련된 노숙자 쉼터조차도 주거 공간이라고 하기에는 너무나 열악하다. 당초 기대와 달리 노숙자들이 쉼터나 자활센터의 문을 박차고 거리로 쏟아져 나오고 있는 것도 이와 무관하지 않다. 어느 신문기사에 실린 노숙자의 항변은 이들이 노숙자 쉼터를 기피하는 이유를 알 수 있게 해준다.

"내 몸에서 나는 냄새 정말 고약하지? 노숙자 쉼터에 가봐. 이불에서 풍기는 악취 때문에 도저히 잠을 잘 수가 없어. 내가 짐승도 아니고……."

외환위기 이전에도 부랑인, 행려자 등으로 표현되는 사람들이 있었다. 그러나 한국 사회에서 이들은 보호와 배려의 대상이 되지 못했다. 불과 십수 년 전까지도 노숙자는 정부의 부랑인 정책으로 통제와 격리의 대상이었다. 직장이 없고 잠을 잘 곳이 없다는 이유로 강제로 연행·구금하는 것이 도대체 말이나 되는 행위인가. 정도는 덜하지만 노숙자나 부랑자를 격리의 대상으로 여겼던 것은 자본주의 초기에 대부분의 유럽 국가에서 공통적으로 나타났었다. 어느 한두 국가의 특수한 경우가 아니라 당시 자본주의 형성기에 있던 대부분의 국가에서 부랑인을 구금의 대상으로 삼았다는 것은 자본주의 체제 자체의 논리와 밀접한 관련이 있다고 봐야 한다.

자본주의 사회는 사람을 크게 '노동할 수 있는 사람'과 '노동할 수 없는 사람'으로 구분한다. 생산성, 효율성을 중심으로 인간의 가치를 정하는 사회에서 노동력 여부가 사람을 판단하는 핵심적인 기준이 되었다. 국가는 노동할 수 없는 사람 대부분을 그 가족이 책임지게 하는데, 가족이 책임질 수 없는 사람들을 국가가 처리하는 과정에서 최소의 비용으로 손쉽게 관리할 수 있는 방식을 택하곤 한다. 가장 효과적인 방법이 집단적인 수용 시설에 강제 구금하는 방식이었다. 하지만 직접적인 범죄와 관련이 없는 사람들을 극빈층이라는 이유로 강제 수용하는 것은 어떠한 논리로도 정당화할 수 없기에 자본주의 발전 과정에서 차츰 사라졌다.

그런데 한국 사회에서는 비교적 최근에 이르기까지 부랑인에 대한 강제 수용이라는, 말도 안 되는 폭력이 국가의 이름으로 자행되어 왔던 것이다. 정부만이 아니라 종교단체와 같은 민간 영역에서 부랑자에 대해 갖는 의식도 마찬가지다. 예전에 어느 가톨릭 신부가 탄식을 한 적이 있다. 유럽에서 오랜 유학 생활을 하는 동안 거지들의 쉼터 역할을 하는 교회들을 보면서 나름대로 감동을 받았다고 한다. 병들고 짐 진 자들을 감싸 안으려 했던 예수의 삶을 실천하는 그들의 모습을 교훈 삼아, 귀국 후 이를 한국 교회에서 실현하려 했는데, 감히 성스러운 성전에 노숙자를 끌어들인다는 이유로 '위험인물'이 되었다는 것이다. 타의에 의해 그 재단에서 운영하는 대학으로 사실상 좌천되었는데, 여기에서 지역의 가난한 사람들과 함께하는 열린 대학을 추구했지만 이조차 대학 당국에서 부정적인 입장을 취하더라며 탄식을 했다.

우리 속담에 "가난은 나라도 못 구한다"는 말이 있다. 정말 그럴까? 맹자의 《맹자》 '양혜왕梁惠王 편'을 보면 재미있는 내용이 나온다. 어떻게 왕도를 이룰 수 있겠느냐는 왕의 질문에 맹자는 다음과 같이 답한다.

> 오직 선비만이 항산恒産(살아갈 수 있는 일정한 재산이나 생업)이 없이 항심恒心(늘 지니고 있는 떳떳한 마음)을 할 수 있고, 일반 백성들로 말하면, 항산이 없으면 항심을 못 갖게 됩니다. 진실로 항심이 없으면 방탕하고 편벽되고 사특하고 사치하는 일을 못하는 짓이 없을 것이니, 죄에 빠진 뒤에 따라가서 처벌한다면, 이는 백성을 속이는 것입니다. 어찌 인자한 사람이 왕위에 있으면서 백성을 속이는 일을 할 수 있겠습니까? 그러므로

현명한 임금은 백성들의 산업을 마련해 주되, 반드시 위로는 넉넉히 부모를 섬길 수 있고 아래로는 넉넉히 처자를 먹여 살릴 수 있어서, 풍년에는 일생을 배불리 먹고, 흉년에도 죽음을 면하게 해줍니다. 그런 뒤에 그들을 몰아 선한 길로 가게 하기 때문에 백성들이 따라가기가 수월한 것입니다. 그런데 지금은 백성의 산업을 마련한다는 것이, 위로는 부모를 섬기기에 부족하고 아래로는 처자를 먹여 살리기에 부족하여, 풍년에도 일생을 고생하고 흉년에는 죽음을 면치 못하게 되니, 이래서는 죽는 것을 구제해 주기에도 힘이 모자랄 터인데 어느 겨를에 예의를 행하겠습니까? 왕이 인정을 펴보시려거든 어찌 그 근본으로 돌아가지 않으십니까?

항산이 없으면 항심을 못 갖게 된다는 말은, 먹고 사는 것이 안정적이지 않으면 마음의 안정도 없다는 의미이다. 국가가 해야 할 기본적인 책무, 국가의 존립 목적 중의 하나가 바로 백성의 생존 보장임을 강조하는 대목이다. 맹자에 의하면 백성이 죄를 짓게 되는 주요 이유도 먹고 사는 문제가 제대로 해결되지 않았기 때문이다. 빈곤 문제를 해결하지 못한 채 범죄를 처벌하는 것은 백성을 죄에 빠지게 한 후에 죄를 묻는 것이기 때문에 백성을 속이는 행위에 불과하다. 결국 맹자에 의하면, 빈곤 문제는 나라가 구해야 하는 가장 중요한 일이다. 목구멍에 풀칠이나 하는 정도의 소극적인 정책이 아니라 넉넉히 부모를 섬길 수 있고, 넉넉히 처자를 먹여 살릴 수 있을 정도의 생활을 보장해 주어야 한다. 가난은 나라도 못 구한다는 속담은 아마 자기 책임을 회피하려는 권력층에 의해 만들어졌으리라.

인류가 이룩한 과학기술 수준이나 생산력을 고려하면 이 지구는 전 세계

인구를 먹여 살리고도 남을 만큼 충분한 땅덩어리와 자원을 가지고 있다. 문제는 국가 간 극심한 빈부격차와 각 국가 내에서 점점 더 심해지고 있는 양극화이다. 아무리 냉정한 시장경제라 하더라도 정상적으로 경쟁할 능력이 없거나 절대적으로 부족한 사람을 어쩔 수 없다고 치부하는 것이 과연 정당화될 수 있을까? 심지어 시장경제의 총아라 할 수 있는 마이크로소프트의 빌 게이츠조차 입학한 지 34년 만에 하버드대 졸업장을 받으며 "인간의 위대한 진보는 발전 그 자체가 아니라 그것을 통해 어떻게 불평등을 줄이느냐에 달려 있다"라고 하지 않던가.

어머니…
아, 우리들의 어머니__

봉숭아물 들이던 젊음이 없었을 것 같은 어머니

강연균은 '한국의 수채화' 하면 바로 떠오르는 화가다. 그의 그림에서는 남도 지방의 흙 색깔이 그대로 묻어난다. 고은 시인은 "강연균에게는 무등산이 들어 있다"고 말했다. 강연균의 작품 중에 민중미술에 친근한 사람들에게는 광주 5·18민주항쟁을 다룬 〈하늘과 땅 사이〉 연작이, 일반 미술계에서는 그의 매력적인 누드 연작이나 주옥같은 풍경화들이 떠오르겠지만, 〈시장 사람들〉도 그 작품들 못지않게 인상 깊은 작품이다.

그림은 시골의 5일장쯤 되는 시장 풍경을 담고 있다. 시장의 한구석에 옹기종기 모여 앉아 있는 할머니나 아주머니들이 두툼한 스웨터를 입고 털목도리를 하고 있는 것으로 봐서 한겨울인 듯하다. 추위를 피하기 위해 노점 국밥집 화로 주위로 사람들이 모여들었다. 이런저런 세상 살아가는 이야기

〈시장 사람들〉_ 강연균, 1999

강연균姜連均 | 1941~ 맑은 느낌의 누드에서부터a 민중의 고단한 모습까지 다양한 주제를 섭렵하고, 탁월한 소묘력을 바탕으로 미술의 변방에 있던 수채화 장르를 개척했다. 향토적 서정을 기초로 사회의식과 현실 감정이 깃든 사실주의를 추구하는 한국적 정서의 작가이다. 대표작으로 〈초원 위의 누드〉〈고부 풍경〉〈눈물의 뿌리가 보일 때까지〉 등이 있다.

로 무료함을 달래고 있나 보다. 김이 피어오르는 솥 주위에 손을 대면 실제로 내 손에 따스한 온기가 느껴질 것만 같다. 특히 눈길을 확 잡아 끈 것은 국밥을 뜨고 있는 할머니와 그 모습을 물끄러미 바라보고 있는 또 한 분의 할머니다. 할머니들의 얼굴이며 손에 패인 주름이 너무나 선명해서 마치 그 자리에 함께 있는 듯한 착각을 갖게 한다.

이 그림을 보면서 거의 동시에 어머니의 얼굴이 떠올랐다. 단지 나의 어머니만이 아니라 지금 40~50대 사람들이면 대부분 '우리 어머니'라고 느끼게 하는 모습이 고스란히 담겨져 있다. 이 그림 속에서 '우리들의 어머니'는 여자라는 사실도, 한 인간이라는 사실도 잊은 채 오로지 처음부터 '어머니'였을 것만 같다. 옆모습은 마치 손톱에 봉숭아물 들이던 젊은 시절이 전혀 없었던 것 같은, 그리고 첫사랑에 가슴 울렁거린 적도 없었던 것 같은, 그런 애잔함을 느끼게 한다.

하루하루 끼니를 걱정해야 하는 가난한 살림, 끊임없이 보채는 많은 자식들, 집안 사정에 전혀 관심이 없는 무정한 남편 때문에 마음은 이미 돌덩이가 됐을 텐데……. 하지만 그이에게는 누구에게도 책임을 묻지 않는, 오히려 모든 책임을 뒤집어쓴 채 하루하루 고단한 삶을 헤아리는 현실만이 놓여 있었다. 겉으로는 강인해 보이지만, 속으로는 눈물마저 말라 소금기가 버적버적될 것 같은 우리들의 어머니. 그럼에도 불구하고 국밥에서 피어오르는 뜨거운 김만큼이나 따스한 속정이 묻어나고 있다.

강연균은 수채화가로 알려져 있다. 그는 비싼 유화 물감을 살 수가 없어서 수채 물감으로만 그림을 그리다 보니 어쩌다 수채화 전문가가 되었다고 한다. 화가가 겪은 어린 시절의 지독한 가난은 그로 하여금 같은 사정에 있는 이들에 대해 애정 어린 시선을 갖게 만들었다. 그는 다음과 같이 말했다.

"땅만 해도 버려진 땅에 애착이 가고 벌겋게 보이는 황토 언덕이나 무너져 버린 산의 언덕, 잘라도 잘라도 다시 자라나는 아카시아 뿌리, 그런 것들을 좋아했지요. 도시 주변의 빈민촌의 황폐되어 가는 농촌의 모습, 그리고 우시장, 탄광촌, 포구 마을, 선창가, 조선소, 무등산, 남도의 빛, 고부 가는 길 등을 찾아다니면서 보고 느낀 것을 개괄하여 열심히 재현시킵니다"

사회적 약자에 대한 화가의 따뜻한 시선은 의식적이라기보다는 스스로의 삶을 통해 마음에서 우러나오는 공감이었을 것이다.

강연균은 산이며 들, 하천, 하다못해 밤톨만 한 밭뙈기 하나조차도 그냥 자연을 관찰하는 제3자의 눈으로 보질 않는다. "1980년 광주 시련을 치르면서 난 소위 역사의식을 깨우칠 수 있었고 '민중'을 껴안게 되었다. 어려운 사회과학에서가 아니라 길바닥에서 역사를 배웠다"는 그의 말처럼 그의 그림에서는 일하는 사람들의 땀과 숨결이 느껴진다. 작품 속에서 자주 등장하는 갯가 아낙네나 행상 할머니는 70~80년대에 언제나 삶에서 마주쳤던 친근한 이웃 같기만 하다. 〈시장 사람들〉에서 확인할 수 있듯이 옷 주름과 무늬, 손등의 잔주름 하나까지도 그냥 지나치질 않는다. 어찌 보면 섬뜩함이 느껴질 정도로 그림을 우리 곁에 다가와 앉게 만든다.

아… 나의 어머니

시장 한구석에 쪼그리고 앉아서 행상을 하는 '어머니'를 자주 화폭에 담은 또 한 명의 대표적인 화가가 박수근이다. '시장' 연작에 해당하는 그림이 여

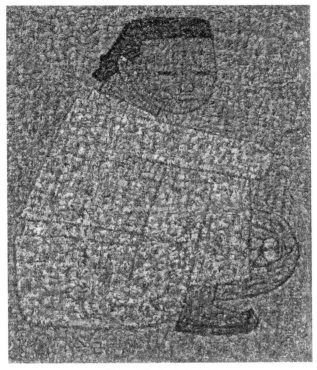

〈시장의 여인〉_ 박수근, 1960년대
© Doart Publishing

러 점 있지만 그중에서도 1960년대 작품인 〈시장의 여인〉이 가장 잘 알려져 있다. 특히 지난 2007년, 이 그림에 대한 경매가가 9억 원에 이르러 당시 근·현대 미술품 경매 최고가를 기록했다는 보도가 사람들을 깜짝 놀라게 해서 더 유명해지기도 했다.

박수근의 '어머니'는 강연균의 '어머니'와는 다르게 대체적으로 표정이 없다. 그나마 〈시장의 여인〉에서는 무표정한 표정이라도 느껴지지만 나머지

〈시장〉 연작에 등장하는 '어머니'들은 흐릿한 실루엣만 전달한 뿐이다. 아마 박수근의 독특한 표현 기법 때문일 것이다. 최대한 표현과 색을 단순화하고 마치 화강암에 직접 그린 것 같이 거칠고 투박한 특유의 표현 말이다. 하지만 보일 듯 말 듯한 그 실루엣만으로도 서민에 대한 화가의 애정이 잔잔하게 묻어난다.

강연균과 마찬가지로 박수근 역시 지독한 곤궁함 속에서 살았던 '서민의 화가'였다. 강원도 산골에서 태어난 박수근은 초등학교도 다닐 수 없을 정도로 가난해서 미술도 독학으로 공부했다. 30대 중후반, 6·25 전쟁 중에는 부두 노동자로도 일했고, 미군 부대 매점에서 미군들의 초상화를 그려 주는 일 등을 하며 생계를 이어 갔던 것은 이미 유명한 이야기다. 그런 밑바닥 삶을 겪었기 때문인지 박수근은 절구질하는 여인, 길가의 행상 광주리를 이고 가는 여인 등 삶에 찌든 '어머니'들의 모습을 자주 그렸다. 그는 "나는 가난한 사람들의 어진 마음을 그려야 한다는 극히 평범한 예술관을 지니고 있다"고 말하기도 했다.

파행적인 한국사와 왜곡된 가족사 – 윤정모의 《어머니》

그러한 '우리들의 어머니'의 표정에서는 파행적인 한국사와 왜곡된 가족사가 그대로 배어난다. 한국전쟁 이후 절대 생존의 한가운데를 헤쳐 나가야 했던 삶에서 '억척스러움'은 필연이었다. 전쟁에서의 생존이 주는 기쁨도 잠시였다. 이렇다 할 수입도 제대로 없는 남편을 대신해 억척스럽게 생계를 꾸리고 자식들 뒷바라지에 허리가 휘어야 했다. 강하고자 원했기 때문에 생긴 '강인함'이 아니라 빠져나갈 구멍 하나 없이 강요된 '강인함'이었다.

수십 년 간 어머니들을 따라다닌 빈곤은 개인의 초인적인 노력과 땀으로 어찌할 수 있는 것이 아니었다. 일제의 수탈과 전쟁으로 인한 폐허 위에서 추진된 개발독재는 농업의 희생으로 공업을 발전시키는 방식이었다. 이른바 가격경쟁력 위주의 수출 정책을 위해 저임금이 강요되었고, 저임금은 저곡가 정책을 전제 조건으로 했다. 아무리 임금을 적게 주어도 최소한 노동력을 유지할 식량은 구입할 수 있도록 만들어야 했기 때문이다. 장기간에 걸친 저곡가 정책 아래에서 농가부채는 눈덩이처럼 불어나게 되었다. 마지막 남은 방법이라고는 늘어나는 빚을 안고 농촌에 살든가, 아니면 무작정 도시로 떠나는 수밖에 없었다. 자식들과 함께 이농한 어머니들은 대도시 주변에 두터운 빈민층을 형성했다. 농촌에 남은 어머니들은 자식만큼은 도시로 보낸 후 삶의 터전이었던 논을 팔고 소를 팔아 교육 뒷바라지를 해야 했다. 그렇게 수십 년이 흘렀다.

윤정모의 소설 《어머니》에는 파행적인 한국사와 왜곡된 가족사 속에서 찌들어야 했던 어머니의 모습이 가슴이 쓰리도록 잔인하게 새겨져 있다.

언덕배기의 외딴집 천여 평의 이 텃밭은 그녀의 땀으로 키우는 꿈동산이었다. 아들이 겨울방학을 끝내고 서울로 돌아가면 그녀는 곧 손수레를 밀고 깊은 산으로 들어가 잘 썩는 나뭇잎 거름을 끌어 날랐고 해토가 되기 바쁘게 냉이며 쇠뜨기의 싹들을 말끔히 뽑아준 뒤 산엽비를 놓고 삭은 말뚝을 바꿔 꽂았다. 그러면 더덕은 그 여름 폭풍우 속에서도 거뜬히 줄기를 올리고 해가 따가워질 때면 저마다 보라색 종꽃을 맨 꼭대기에 내걸고는 일제히 종을 치듯 알싸한 향기를 흔들어 댔다. … 안성 아줌마가 작물을 싣고 돌아가면 그녀는 제법 두툼해진 잠방이 속주머니를 어루만지며 너벗이 웃다가 갑자기 훼훼 돌아본 뒤 빠르게 안방으로 들어갔다. 그리고 잠방이 속에서 돈뭉치를 꺼내어 손수건에 돌돌 말아서는 아들의 사진틀 뒤에 감춰 두는 것이었다. 그 일이 끝난 뒤 그녀는 또 아들의 사진들을 바라보며 웃었다. 그려, 인석아. 이제 사진틀 하나 더 사서 졸업 사진 붙이고 박사 사진 붙이고 장관님 사진 붙이는겨. … 마을 사람들은 장학생 아들에게 무슨 돈이 그렇게 많이 드느냐고 말하지만 그건 모르는 소리였다. 더덕을 낸 모갯돈에다 수박 모종 일부터 모 심기, 뽕잎 훑기, 담배밭, 고추밭, 채소밭까지 품을 팔아 보태도 아들의 일 년 하숙비가 빠듯했다. 그래서 그녀는 산다랑이에서 나오는 아끼바리 여섯 가마를 깡그리 내고 정부미를 바꾸어 먹으면서 한 푼이라도 돈을 만들려고 기를 썼다.

어머니들의 어깨를 짓누르는 무거운 짐은 경제적인 고통만이 아니었다. 제대로 된 시민혁명 한 번 겪진 않은 채 식민지로, 산업화로 끌려 다녀야 했던 한국 사회에서는 봉건적 가부장제 관계와 의식이 거의 해체되지 않은 채 유지되고 연장되었다. 우리 어머니들은 조선 시대의 유교적인 가부장제 의식을 그대로 이어 받아 지독히 권위적인 남편과 꽉 막힌 사회적 통념 속에서 온 생애를 보내야 했다. 여성으로서 또한 인간으로서 최소한의 존중도 받지 못한 채 집 안팎에서 가족을 위한 희생만을 강요받아야 했다. 이 과정에서 '여인'의 모습은 사라져 버리고 중성화된 무표정만이 남았다.

그녀들에게 요구된 것은 대가족제도의 끝없는 희생과 의무였지만 수십 년이 흐른 뒤 돌아온 것은 도시로 떠나 버린 자식들의 뒷모습이었다. 명절 때나 볼 수 있는 것은 물론이고 하루가 멀다 하고 백화점을 드나들면서도 부모의 어려움 앞에서는 "요즘 사정이 안 좋아서요…"를 되풀이하는 싸늘한 뒷모습 말이다. 농촌이나 도시 주변의 빈민가에서 살며 자식 뒷바라지를 해서 어떡해서든 부모 세대와는 다른 삶을 만들어 주고자 했던 어머니들은 이제 외로움 속에서 하루하루를 살고 있다. 지금 남아 있는 것은 병든 육신, 살아온 날들의 허탈함…….

강연균의 그림에서는 어머니들이 겪은 파행적인 한국사와 왜곡된 가족사가 치부처럼 잔인하게 살아난다. 얼굴이며 손에 켜켜이 쌓인 주름살 하나하나에 마치 지워지지 않은 상처처럼 스며들어 있다. 강연균에 의해 살아난 어머니들의 표정이 너무 사실적이어서 정면으로 마주 대하기가 힘들 정도로 우리의 가슴을 찌르고 있다. 어머니… 아, 우리들의 어머니…….

삼등 열차
안에서__

삼등 열차의 고단함과 소란스러움

미술에 별로 관심이 없는 사람이라 하더라도 어디선가 한 번쯤 본 것 같다는 느낌을 받는 그림 중 하나가 도미에의 〈삼등 열차〉이다. 마치 어린 시절 동네 이발소 벽에 걸려 있던, 예닐곱 마리쯤 되는 새끼들이 어미 젖을 빨고 있는 돼지 그림처럼 말이다. 혹은 집 방문 위나 버스 운전석 옆에 걸려 있던, "오늘도 무사히"라는 글과 함께 어린 소녀가 기도를 하고 있는 그림처럼 말이다. 그런데 곰곰이 생각해 보면 〈삼등 열차〉는 이발소에 걸린 적도, 교과서에 실린 적도 없다. 그럼에도 불구하고 이렇게 친숙한 느낌을 주는 것은 많이 접해서라기보다는 그림 속의 광경 자체가 주는 친숙함 때문이다.

그림 속 가족은 삼등 열차 안에 몸을 싣고 친지 집을 찾아가는 듯하다. 할머니와 엄마, 그리고 두 아이가 전면에 있고 그 뒤로 40~50대쯤 되어 보이는

〈삼등 열차〉 _ 도미에, 1863

오노레 도미에 Honore Daumier | 1808~1879 프랑스의 화가·조각가·풍자만화가. 13세 때 아버지의 사망으로 일자리를 찾아야 하는 상황이 되었고, 그때부터 만화를 그리기 시작했다. 1830년부터 1847년까지는 판화가·조각가·만화가로 활동했고, 그러던 중 국왕 루이 필리프를 공격하는 정치 만화를 기고해 투옥되기도 했다. 1847년 이후에는 서민의 일상생활을 주제로 한 유화나 수채화 연작을 많이 그렸다. 만년에는 거의 실명 상태로, 친구가 제공한 조그만 집에 살다가 일생을 마쳤다. 주요 작품으로 〈로베르 마케르〉〈세탁하는 여인〉〈삼등 열차〉 등이 있다.

사람들이 빼곡하게 있다. '삼등 열차'라는 제목 때문인지, 아니면 칙칙함이 묻어나는 그림 전체의 분위기 때문인지 작품 속 인물들은 대체로 삶에 지친 표정이다. 오른쪽의 아이는 장시간 여행이 주는 피곤함을 못 이기겠는지 할머니에게 기대어 자고 있다. 왼쪽에 있는 엄마는 갓난아이에게 젖을 물리고 있다. 할머니의 얼굴에 깊이 새겨진 주름살이 가난한 세월의 흔적을 보여 준다. 초점을 잃은 할머니의 눈에서 슬픔을 느껴야 할지, 아니면 그냥 무덤덤함을 느껴야 할지……. 아이를 안고 있는 엄마의 미래 모습이 이 할머니일 것이다.

　삼등 열차의 고단함과 소란스러움은 한국에서 70년대 이전에 태어났던 사람들에게 공통된 추억이다. 우리나라의 경우 과거에 비둘기호 열차와 우등 열차(무궁화호 열차의 전신), 새마을호 열차로 등급을 구분했다. 새마을호 열차의 요금이 가장 비쌌고 서민들은 대체로 비둘기호 열차를 이용했다. 이 열차는 조그만 간이역을 포함해 모든 역에 정차를 하기 때문에 시간이 오래 걸렸고 시설도 형편없었다. 거기에다 지정된 자리가 없어, 서서 가야 하는 입석은 좌석 요금의 반 정도만 받았기 때문에 가난한 사람들은 입석표를 끊어서 바닥에 신문지를 깔고 앉아 가던 시절이 있었다.

　비둘기호 열차는 서민들의 애환이 가득 서린 곳이었다. 당시 삼등 열차와 일반 버스에는 요즘은 보기 힘든 풍경들을 쉽게 볼 수 있었다. 도시로 나간 자식들에게 줄 곡식이며 반찬거리를 잔뜩 들고 열차를 타던 할머니의 모습, 지방의 어느 공사판에 일자리를 찾아가는지 막노동 복장을 하고 열차에서 파는 계란을 안주 삼아 소주잔을 기울이던 아저씨들의 모습, 열차나 버스에 큰 다라를 들고 오르던 노점상 아주머니들의 모습, 이 아주머니들에게 노골적으로 구박을 주거나 아예 버스를 세우지 않고 지나쳐 버리던 운전사들의 모습, 우는 아이들에게 열차나 버스 안에서 스스럼없이 젖을 물리던 아낙네의 모습……

도미에는 19세기 대부분의 인상파 화가들이 부르주아지 계급의 취향에 맞는 그림을 그릴 때, 가난한 이들을 자주 그렸던 드문 화가다. 사회 상류층에 속하는 이들도 화폭에 담았으나 서로 다른 표정으로 묘사되어 있다. 그는 사법 풍자화를 비롯한 정치 풍자화 연작을 많이 그렸는데, 권력자와 가진 자들은 위선과 권위에 가득 찬 모습으로 등장한다. 과장된 표현을 통해 그들의 거드름과 비겁함을 폭로한다. 하지만 가난한 사람들의 모습은 조금의 과장도 없이 진솔한 표정과 동작 그대로를 보여 준다. 서민층이나 빈민층에 속하는 사람들을 담고 있는 어느 작품을 보더라도 그들에 대한 화가의 애정이 뚝뚝 묻어난다.

감자 먹는 사람들의 손과 노동

19세기 가난한 사람들의 일상을 애정 어린 눈길로 화폭에 담아낸 또 한 사람의 화가로 고흐를 들 수 있다. 그는 농부와 노동자들의 초상화나 그들이 일하는 모습을 자주 그렸다. 일을 하다가 건초 더미에 잠시 잠을 청하는 농부의 모습이라든가 직조공을 비롯한 다양한 노동자의 고된 노동, 가난한 가족들의 일상생활을 그림에 담곤 했다.

그 가운데 대표적인 작품으로 손꼽히는 것이 〈감자 먹는 사람들〉이다. 3대에 이르는 한 가난한 농부 가족이 모여 앉아 감자로 저녁을 먹고 있다. 큰 접시에 감자를 쌓아 두고 있는데 식탁 위에 감자 말고 다른 음식은 볼 수 없

〈감자 먹는 사람들〉_ 고흐, 1885

다. 주전자 속에 차가 들어 있을 뿐이다. 달랑 차 한 잔과 감자 요리가 전부인 저녁 식탁이 매일 반복될 것이다. 식탁 위의 전등이 가족의 모습을 비추고 있지만 전반적으로 어둡다. 고흐는 이 그림이 자신의 첫 작품이라고 하면서 이전 그림들은 모두 '습작'이라고 했을 정도로 애착을 가졌다. 그는 편지에서 이 그림을 다음과 같이 소개하고 있다.

나는 램프 밑에서 감자를 먹고 있는 이 사람들이 접시를 드는 것과 같은 그 손으로 대지를 팠다는 것을 강조하려 했다. 곧 이 그림은 '손과 그 노동'을 이야기하고 있다. 그리고 그들이 얼마나 정직하게 스스로의 양식을 구했는가를 이야기하고 있다. 나는 우리들 문명화된 인간과는 전혀 다른 생활 방법이 있다는 인상을 주고 싶었다. 따라서 누구나 다 갑자기 이 그림을 좋아해 주기 바란다든가 칭찬해 주기를 바라는 것은 결코 아니다 … 이 그림이야말로 진정한 농민화라는 것을 인정받게 되리라 … 나는 귀부인 같은 사람보다도 농민의 딸이 훨씬 아름답다고 생각한다. 먼지투성이이고 누덕누덕 기운 자리투성이인 푸른 치마를 입은 농민의 딸이.

편지의 내용에서도 볼 수 있듯이 그는 농민 화가이고자 했다. 단순히 농민을 그림의 소재로 한다는 의미를 넘어서고 있다. 고흐가 이들 농부들의 '손과 그 노동'을 이야기하고 싶었다는 것은 감자를 먹는 그 손이 바로 감자를 만든 손이라는 것을 드러내고자 했음을 의미한다. 그만큼 정직하고 고귀한 손이고, 그렇기에 보잘것없는 농부 처녀가 화려하게 차려입은 귀부인보다 아름답게 보였다. 그래서인지 고흐는 농부의 손을 묘사하는 일에 상당히 신경을 썼다. 인물들이 전반적으로 흐릿한데 농부 부부의 주름지고 마디가 굵어진 손은 고된 노동의 흔적을 생생하게 강조하고 있다.

하지만 당시에 이 그림에 대한 주변의 평은 그리 호의적이지 않았다. 심지어 세잔은 미치광이 그림이라고 비웃었다고 한다. 그의 유일한 의사소통 상대였던 동생 테오조차도 지극히 부정적이었다. 그들이 보기에 이 그림은 너무 어두웠다. 화려하고 경쾌한 파리의 정서와는 상반된, 마치 이물질과 같은 느낌을 주었기 때문이다. 실제 있는 그대로의 모습과 느낌을 전달하고자 했던 고흐의 진실성은 구매자들의 취향 앞에 무릎을 꿇어야 했다. 이들의 비판 이후 고흐의 그림은 밝고 환한 색조로 변화한다.

서로를 회피하는 시선 – 마빈 해리스의 《문화의 수수께끼》

도미에와 고흐의 이 두 작품에는 묘한 공통점이 있다. 가난한 가족의 일상적인 모습을 담고 있다는 점 말고도 또 다른 공통점을 발견할 수 있다. 그림 속에 여러 사람이 등장하지만 신기하게도 어느 누구도 서로 시선을 마주치지 않다는 것이다. 각각 고립된 느낌을 주고 왠지 모를 침묵이 흐른다.

〈삼등 열차〉를 보면 10여 명의 인물들이 등장하지만 서로의 시선이 마주치지 않는다. 앞의 가족만 하더라도 할머니와 엄마, 아이의 시선이 서로 다른 방향을 향한다. 뒤편 사람들도 마찬가지이다. 많은 사람이 있지만 신기하게도 시선을 마주하고 무언가 대화를 나누고 있는 모습은 찾을 수 없다. 같은 좌석에 앉아 있지만 서로 굳은 표정으로 다른 곳을 응시한다. 고흐의 그림에서도 마찬가지로 서로의 시선은 만나지 않는다. 부인이 남편을 바라보지만 남편의 시선은 힘없이 다른 곳을 응시하는 느낌이다. 감자를 권하는 늙은 농부의 눈길에 여인은 가만히 자신이 따르는 찻주전자만 바라본다.

매일 이어지는 고단한 노동과 분주한 삶에 쫓기는 현대인들의 시선도 마찬가지이다. 도미에와 고흐에 그림에 등장하는 낯선 시선은 현대를 살아가는 우리가 일상적으로 마주치는 모습이기도 하다. 지하철에서 만나는 수많은 사람들의 시선을 떠올리면 쉽게 이해가 간다. 그 많은 사람들이 같은 공간에 있지만 절묘하게도 시선을 서로 피한다. 신문을 보고 있거나 핸드폰을 만지작거린다. 바닥을 보거나 하다못해 지하철 광고판을 의미 없는 눈초리로 쳐다본다. 그러다가 어느 순간 타인과 시선이 마주치기라도 하면 황급하게 눈길을 거두고 다른 곳을 응시한다.

단순히 서로 모르는 사이이기 때문만은 아니다. 가장 친근한 관계라고 할 수 있는 가족 안에서도 비슷한 광경을 일상적으로 목격한다. 〈감자 먹는 사람들〉은 현대인들이 식탁에서 마주하는 모습과 별반 다르지 않다. 온 가족이 한자리에서 식사를 할 기회도 많지 않은 것이 현실이다. 그나마 같은 식탁에 둘러앉아 있을 때도 묵묵히 밥그릇과 반찬그릇만을 바라보고 열심히 식사를 해결한다. 설사 몇 마디 얘기가 오고 가더라도 건조하고 사무적인 대화이기 십상이고 좀처럼 시선을 마주치는 경우가 드물다.

삶의 고단함은 인간에게서 서로에 대한 따뜻한 시선마저 앗아가 버린다. 매일의 삶이 고된 노동의 연속일 때, 그리하여 세포와 신경 하나하나에까지 피로가 축적되어 있을 때 우리는 타인의 삶에 관심이나 애정을 갖기가 힘들다. 하루를 능동적으로 살아가기보다는 수동적으로 힘겹게 밀어내는 느낌일 때는 타인의 시선조차 무겁게 느껴진다. 서로의 시선이 부담스러운 상황에서 대화를 나누는 것은 즐거움이 아니라 노동의 연장으로 다가온다. 무엇보다 대화는 공감대를 전제로 하는데, 남편은 남편대로 직장에서의 경쟁과 삶이 전부이고, 아내는 반복되는 가사 노동에 찌들어 있고, 아이는 학교와 학원에서 대부분의 시간을 보내는 현실에서 함께 대화할 소재는 날이 갈수록 사라진다.

사회 구성원 서로 간의 대화 단절과 거리감 확대는 개인적인 성격의 문제도 우연한 현상도 아니다. 이런 현상은 인류 역사에서 지배와 피지배가 생긴 이래 지배세력에 의해 끊임없이 조장되어 왔다. 지배세력은 피지배층이 서로 대화를 하고 모여서 연대를 형성하는 것을 가장 경계했다. 사회 구성원을 개별화시키고 각 개인에게 직접 국가를 통해 지배력을 행사할 때 가장 효과적으로 체제에 복종시킬 수 있기 때문이었다. 역사의 각 단계에서 지배세력은 이를 위한 여러 종류의 장치를 사용했다.

가장 무식했던 것은 신분제 사회였다. 여러 층으로 나뉜 신분을 통해 사회 구성원들을 분할했다. 또한 지역적으로 고립시켜 하나의 힘으로 결집되는 것을 방지했다. 지배세력에 불만을 갖고 저항의 흐름이 형성되면 극단적인 방법을 통해 연대의 기반을 파괴하고 철저히 개인으로 고립시키려 했다. 중세 말기에 교회와 귀족들에 의해 자행된 마녀사냥은 그 대표적인 사례에 속한다.

마빈 해리스Marvin Harris는 《문화의 수수께끼》에서 마녀사냥의 본질을 파헤친다. 그에 의하면 15~17세기 사이에 유럽에서 마녀 혹은 마법사라는 죄목으로 화형당한 사람이 무려 50만 명에 이른다고 한다. 그들의 죄목은 황당하기 짝이 없는데, 악마와 계약을 맺은 죄, 빗자루를 타고 하늘을 날아다닌 죄, 악마 연회에 참석한 죄, 악마에게 예배한 죄, 악마의 꽁무니에 입 맞춘 죄, 악마와 성행위를 한 죄 등이다. 그는 마녀사냥의 본질을 다음과 같이 규정한다.

마녀광란은 결함이 있는 제도적 구조의 반성과는 거리가 멀었고, 반대로 그 제도적 구조를 방어하는 필수적인 수단의 하나였다. … 전투적 메시아니즘은 가난한 자들과 무산자들을 단합시켰다. 그들 간의 사회상의 거리를 줄일 수 있는 집단 소명감을 주었고, 서로 형제와 자매로 느낄 수 있게 했다. 이 사상은 유럽 전역의 대중들을 가동시킴으로써 그들의 에너지를 집중시켜 무산 영세 대중과 사회의 정상에 있는 자들과의 대결로 유도해 갔다. 이와 반대로 마법광란은 모든 저항할 수 있는 잠재 에너지를 분산시켰다. … 마법광란은 가난한 자와 무산자들의 저항운동의 가능성을 박탈하고, 서로 간의 사회적 거리감을 조장시키며, 서로 의심하게 하고, 이웃끼리 서로 싸우게 하며, 모든 사람들을 소외되게 했고, 모든 사람들을 공포에 몰아넣었으며, 불신을 고조시켰고, 무기력하게 만들었으며, 그 결과 지배계급에 의존하게 했으며, 단순한 지역적인 문제에 모든 사람들이 분노하고 좌절하게 했다. 이렇게 해서 마법광란은 부의 재분배와 사회계급 타파를 요구하고 교회제도와 사회제도에 대결할 수 있는 능력을 가난한 자들로부터 점점 더 박탈했다.

중세 말기에는 유럽 전역에서 종교개혁의 바람이 불었다. 종교개혁은 종교에 대한 문제제기를 넘어 신분제에 기초한 봉건체제 자체를 뒤흔들 수 있는 요소를 지니고 있었다. 당시 교회와 봉건 귀족은 마녀사냥을 통해 구성원들을 개별화시킴으로써 종교개혁을 매개로 한 저항 흐름을 방지하려 했다는 것이다. 마녀사냥이 어떻게 그런 역할을 할 수 있었을까?

조금만 상상력을 발휘해 보면 어렵지 않게 알 수 있다. 마녀라는 죄목으로 한 사람을 잡았다고 가정해 보자. 빗자루를 탔거나 마녀와 성교를 했을 리 만무하니 당사자는 당연히 완강한 부인했을 것이다. 그러면 자백을 받기 위해 잔인한 고문이 뒤따른다. 고문에 못 이겨 거짓 자백을 하면 다음으로 어떤 추궁이 뒤따를까? 누구와 함께 그 짓을 했는지이다. 다시 부인하지만 결국 고문에 의해 아무렇게나 자기 주변의 사람들 이름을 말한다. 그러면 그 사람들이 잡혀 오고 다시 똑같은 방식으로 조사가 진행된다. 그렇게 해서 화형을 당한 사람이 50만 명이 이르렀다는 얘기다. 그러면 어떤 현상이 일어날까? 당연히 서로 누가 잡혀가서 자기를 악마 연회에 같이 참석한 사람으로 지목하지 않을까 두려워하게 되고, 서로 의심하고 경계하며 회피하게 한다. 자연스럽게 민중들 사이의 교류와 연대는 파괴되고 저항의 힘은 약화된다.

현대사회라고 해서 대중을 개별화시켜 분리 지배하려는 지배세력의 시도가 사라진 것이 아니다. 다만 그 형태가 세련된 방식으로 바뀌었을 뿐이다. 예를 들어 지역주의에 의한 지역감정은 대표적인 현대판 마녀사냥에 해당한다. 지배세력에 의해 지역감정이 조장되면 대중 스스로 서로 반목하고 싸우게 된다. 한국 사회에서 역대 독재정권에 의해 조장된 고질적인 영호남 지역감정을 생각해 보면 금방 이해가 갈 것이다. 여기에다가 보통 정부에 의해 육성되는 프로 스포츠가 결합되면 기가 막힌 효과를 발휘한다. 축구, 야구 등을 비롯한 대부분의 프로 스포츠는 지역을 기반으로 해서 지역 간 감정을 촉발시키는 방식으로 전개되어 지역감정을 극대화하는 도구로 작용한다.

어떤 경우에는 다양한 종교를 통해, 또 다른 경우에는 레드 콤플렉스와 같은 이데올로기에 의해 나타난다. 혹은 장시간 노동을 통해 아예 서로 간의 접촉 기회 자체를 줄여 버리기도 한다. 특히 현대사회에서는 대중매체가 중요한 역할을 담당한다. TV를 비롯한 매스미디어에 빠져서 개인 간의 직접적인 접촉은 점차 사라져 간다. 한 가족이라 해도 마찬가지이다. 밤에 거실에 함께 모여 있어도 TV만 바라볼 뿐 침묵이 흐른다. 대개는 이 모든 방식을 동시에 사용하여 상승효과를 일으킨다.

그런데 지배세력에 의한 개별화 작업의 대상은 가난한 사람들에게 집중된다. 어느 사회체제이든 빈부격차와 억압에 의해 가장 큰 피해를 받는 사람들은 가난한 사람들이기 때문이다. 그만큼 불평등을 강제하는 사회에 대해 가장 많은 저항감을 가지고 있는 사람들이기 때문이다. 또한 사회 전체적으로 보았을 때 압도적인 다수를 차지하고 있으므로 하나의 세력으로서 자신들을 조직할 때 지배세력에 결정적인 위협이 될 수 있기 때문이다. 당연히 가난한 사람들을 대상으로 집중적이고 집요하게, 지속적으로 구성원 서로의 단절을 위한 온갖 장치가 동원된다.

그런 점에서 가난한 이들에 대한 도미에와 고흐의 시선은 특별하다. 그들 자신이 평생 극단적인 가난 속에서 살아갔음에도 불구하고 가난한 이들에 대한 진솔한 관심과 애정을 보였다. 스스로 지치고 찌든 매일의 연속이었을 텐데도 그림을 통해 가난한 사람들의 어깨를 토닥여 주고 있다. 서민들의 일상을 애틋한 눈길로 싸안고 그들의 삶에서 아름다움을 찾아내려 하고 있다.

어쩌면 두 화가 모두 자신들의 모습을 그림에 투영했기 때문인지도 모르겠다. 도미에는 어려서부터 사무실 급사나 서점 점원 일을 하며 어렵게 생계를 이어 가야 했다. 그리고 고흐와 비슷하게 도미에의 유화나 수채화는 죽을 때까지 아는 사람이 거의 없었다. 평생을 가난 속에서 살았고 그나마 만년에는 거의 실명 상태로 살아야 했다. 고흐도 평생 지독한 가난과 굶주림, 질병에 시달렸다. 그는 동생에게 보낸 편지에서 "나를 먹여 살리느라 너는 늘 가난하게 지냈겠지. 네가 보내 준 돈은 꼭 갚겠다. 안 되면 내 영혼을 주겠다"고 했을 정도로 가난을 달고 살았다. 1890년에 37세의 나이로 고흐가 죽었을 때, 그의 작품을 기억하는 사람은 아무도 없었다.

감동은 꾸미기 어렵다. 삶의 체험에서 나오는 감동은 보는 사람을 빠르게 동화시킨다. 그만큼 삶과 예술이, 삶과 세계관이 일치할 때 그곳에서 자연스러움이 배어 나온다. 고흐의 치열했던 삶, 나아가서는 광기 어린 삶을 그의 작품을 통해서 체험할 수 있듯이 말이다. 도미에의 그림은 우리가 잊어버리고 있던 70~80년대의 삶, 또한 아직도 우리 사회의 한편에서는 여전히 현실인 가난한 사람들의 삶을 기억의 창고에서 끄집어내는 역할을 한다.

271

도박을
권하는 나라 ___

도박꾼이 주인공으로 등장하다

서양 중세에서 르네상스에 이르기까지 회화의 주인공은 예수·마리아·성인, 그리고 성경 속에 등장하는 인물들이었고, 전체적 내용은 성경 이야기를 풀어서 설명하는 경우가 압도적으로 많았다. 귀족이나 성직자만이 문자 교육을 받은 데다, 특히 현실에서 사용하지 않는 라틴어로 성경을 읽고 미사를 진행했으므로 일반 농노들은 무슨 내용인지 도무지 알아먹을 길이 없었다. 교회 입장에서는 한편으로 통치의 편의를 위해 백성을 문맹 상태로 유지하면서도, 다른 한편으로는 기독교 교리와 성경 내용을 폭넓게 알려야 하는 지극히 모순적인 상황이었다. 이를 해결할 묘수로 찾은 방법이 그림을 이용한 설명이었다.

인간의 재발견을 표방한 르네상스의 대표 화가라 할 수 있는 다빈치나 미켈란젤로조차도 작품의 주제는 성경의 굴레를 벗어나지 못했다. 대부분 예수와 마리아를 중심으로 한 이야기였고, 설사 현실의 인간을 다루더라도 사회적 도덕률 범위 안에서 그렸다. 다만 다빈치의 〈모나리자〉처럼 보일 듯 말듯한 미소를 통해 인간의 감정을 드러내거나, 미켈란젤로의 〈천지창조〉 〈최후의 심판〉처럼 인간 육체를 죄악의 표상이 아니라 자랑스러움으로 드러내는 정도로 과거에서 벗어나고자 했다.

좀 더 시간이 흐른 뒤 이단아 기질을 가진 화가가 나타났다. 카라바조는 사회 주류는 구경도 못 한 채 뒷골목 인생을 살거나 사회적 관습과 도덕에서 벗어나 어두운 그늘에서 어른거리는 아웃사이더들을 주인공으로 등장시킨다. 인간 이하의 천한 부류로 여겨지던 집시를 비롯해 발칙한 개구쟁이, 점쟁이, 도박꾼 등이 그림을 채운다. 이전의 화가들에게서는 찾아볼 수 없는 인물과 주제였다. 그는 성경의 굴레나 왕족·귀족의 응접실에서 벗어나 길거리에서 우연히 벌어지는 사건이나 서민의 거친 생활상을 현실감 있게 담아냈다. 사실성을 높이기 위해 모델도 즉흥적으로 구했다. 길을 가다가 그림에 적합한 사람을 만나면 부탁을 해서 캔버스 앞에 세우곤 했다.

〈도박꾼〉도 통념을 벗어난 그림 가운데 하나다. 두 청년이 카드에 열중하고 있다. 복장으로 봐서는 상당히 부유한 집안의 자제들인 듯하다. 화려한 깃털로 장식된 모자와 허리춤의 단도는 당시에 유행하던 옷차림이었다. 상황은 일종의 사기 도박으로, 다른 사람과 짜고 한 사람을 덤터기 씌우는 중이다. 한눈에 봐도 왼쪽 청년이 당하고 있다. 오른쪽 청년은 등 뒤에 숨긴 두 장의 카드 패 가운데 하나를 몰래 뽑는다. 둘 사이에 있는 콧수염이 난 남자가 훔쳐보면서 손가락으로 어떤 패인지 가르쳐 준다.

카라바조의 회화적 연출력이 놀라운 작품으로 세 사람이 각자에게 주어진 역할에 딱 들어맞도록 전형적인 동작과 표정을 보여 준다. 먼저 왼쪽의 청년은 표정 자체가 어수룩해 보인다. 요즘으로 치면 초보운전자가 그러하듯이, 주변 상황은 전혀 살피지 못하고 눈을 고정시켜 오직 자신의 패에만 매몰되어 있는 표정이다. 카드를 감싸 쥐고 있는 손동작도 상당히 어색해서 도박장에 출입한 지 얼마 되지 않은 신참임을 알 수 있다. 이에 비해 오른쪽 청년의 표정에는 도박판에서 닳고 닳은 '꾼'의 교활함이 스친다. 눈을 살짝 치켜뜨고 이른바 '설레발'을 치고 있는 표정도 그렇지만, '호구'가 되어 주는 먹이를 향해 몸을 잔뜩 기울이는 동작도 영락없는 사기 도박꾼이다. 중간에서 패를 훔쳐보는 사내도 슬쩍 몸을 튼 동작이나 짐짓 아무것도 아니라는 듯이 입꼬리를 내리고 눈을 희번덕거리는 표정이 딱 야비한 거간꾼이다.

화가가 각 인물을 역할에 맞도록 세심하게 배치하고 표정과 동작을 설정해 준 것이다. 이제 막 20대 중반에 막 들어선 화가가 그린 작품이라는 게 믿어지지 않을 정도로, 구사하고자 하는 주제와 장면에 맞도록 전형적인 특징을 잡아내서 실제 작품으로 현실화시키는 능력이 탁월하다. 라트루를 비롯하여 이 그림을 모사하거나 패러디한 후세 화가들의 작품만 해도 수십 점에 이르지만 카라바조의 연출력은 따라가지 못한다. 카라바조가 가진 부러울 정도로 뛰어난 천재적인 능력이 있기에 가능한 묘사력이다.

하지만 타고난 능력만으로는 이 정도의 전형적인 모습을 만들어 내기 어렵다. 마치 도박하는 자리에 화가가 있거나, 하다못해 뒤에 숨어서 엿보기라도 한 듯한 느낌이 들 정도니 말이다. 사실 도박꾼들의 생생한 표정과 동작은 카라바조의 직접 경험에서 나온 것이다. 그는 도박에 빠져 살았고, 어

〈도박꾼〉_ 카라바조, 1596

카라바조Michelangelo da Caravaggio | 1573~1610   초기 바로크 미술을 대표하는 화가로 17세기 유럽 회화의 선구자로 평가받는다. 초기에는 정물과 초상을 치밀한 사실기법으로 묘사하여 바로크 미술양식을 확립했다. 빛과 그림자의 날카로운 대비를 기교적으로 구사하고 형상을 조각처럼 묘사함으로써, 이후 사실적인 회화에 상당한 영향을 미쳤다. 대표작으로 〈바쿠스〉〈여자 점쟁이〉〈성모의 죽음〉〈성 마태오의 순교〉〈그리스도의 죽음〉 등이 있다.

떤 면에서는 인생 자체가 도박이었던 사람이다.

카라바조는 화가로 발을 들여놓은 시절부터 유명세를 타게 된 시절에 이르기까지 자주 도박이나 내기를 하여 시비에 휘말렸다. 그렇기 때문에 도박판에서 지극히 짧은 순간에 서로 속고 속이는 장면을 잡아내어 생생하게 풀어낼 수 있었으리라. 다른 화가들이 흉내를 통해 도달할 수 없는 원초적 경험이 뒷받침되어 있는 것이다.

도박만이 아니다. 술, 결투, 투옥, 살인, 도피 등으로 얼룩진 카라바조의 삶은 마치 도박판을 보는 듯하다. 그는 로마 뒷골목 매춘굴에서 지내기도 했고, 술을 마시고 만취하여 폭행이나 기물 파괴로 고소당하는 일이 빈번했다. 심지어는 불법무기 소지로 고발당하기도 했다. 파란만장한 삶을 살던 카라바조는 1606년 살인 혐의를 받고 로마에서 쫓겨나 나폴리와 몰타 섬 등을 전전하다, 말라리아에 걸려 1610년 39세의 나이로 생을 마감했다. 도박처럼 긴장감이 가득했던 그의 삶이 어떤 사건이나 현상을 극적인 순간으로 캔버스에 연출하는 감각을 만들어 내는 데 큰 영향을 주지 않았나 싶다.

카라바조 개인이 도박판을 자주 들락거렸고, 그 경험이 드라마틱한 묘사력에 영향을 미쳤지만 어찌 됐건 사회적으로 도박은 지탄과 처벌의 대상이었다. 도박은 도덕과 법에 의해 일탈이나 범죄로 치부됐다. 하지만 현대사회는 음지의 도박을 공공연한 사회적 사업으로 끌어올렸다. 아니 더 정확하게 말하면 사회 전체를 도박판으로 만들었다.

자본주의는 모든 것을 자본화하고 산업화한다. 인간 생활에 필요한 온갖 도구는 물론이고, 생명과 연관된 의료 영역, 나아가서는 물리적 영역과 적지 않은 거리를 두고 있는 문화도 산업화된다. 심지어 한국 사회에서는 지난

10여 년 사이, 전통적으로 종교의 핵심 역할이었던 장례조차 서비스 산업의 한 분야로 자리 잡았을 정도다. 그러니 도박이 산업화되는 현상은 그리 놀랄 일이 아닐지도 모른다. 직접적·전형적인 도박만이 아니라 사행성 사업까지 포함한다면 그 규모는 놀랄 정도로 넓다. 급기야 국가도 나서서 도박을 권한다. 이제는 아예 스스로 거대한 도박장을 운영하기도 한다. 바야흐로 도박을 권하는 사회다.

도박 공화국, 대한민국

특히 한국은 자타가 공인하는 도박 공화국이다. 성인 게임장이나 인터넷 도박 사이트 등이 넘쳐흐른다. 문화산업의 일환으로 게임 산업을 육성한다며 마구잡이로 인허가를 해준 결과 사실상 도박장에 해당하는 성인 오락실이 우후죽순처럼 생겨났다. 사행산업통합감독위원회 발표(2012년)에 의하면 국내 도박중독자가 260만 명에 이른다고 한다. 이 발표대로라면 전체 성인 인구 중 거의 13명 중 1명꼴로 도박에 중독되어 있다는 것이다.

하지만 성인 게임장이나 인터넷 도박 사이트는 빙산의 일각일 뿐이다. 이미 경마, 경륜, 경정 등 합법적인 도박 산업이 판을 치고 있다. 과천 경마장이나 미사리 경정장은 주말마다 사람이 가득하고 천문학적 규모의 돈이 베팅을 위해 뿌려진다. 한국마사회는 과천 경마장뿐만 아니라 전국 30개 장외발매소, 즉 스크린경마장을 두고 도박으로 서민 주머니를 털어 매년 수조 원의 매출을 올린다. 공식적·합법적으로 허가받은 도박 산업의 연 매출액만 해도 수십조 원에 이른다고 한다. 경마장·경륜장·경정장 등 국가가 직접 운영하는 도박장을 비롯하여 카지노 등 합법적인 대규모 도박장이 전국에 80여 개에 이른다. 도박 게임장은 미등록 업소를 포함하여 2만여 곳에 이르고 연간 시장규모가 88조 원이라고 하니 도박 공화국이라는 말이 전혀 과장이 아니다.

어디 그뿐인가? 로또 복권 역시 도박의 일종이기는 마찬가지다. '인생역전' '대박의 꿈'을 상징하는 로또 복권은 국민의 일상을 지배하는 중요한 요소가 되어 버렸다. 로또 복권 1등 당첨확률은 벼락을 맞아 숨질 확률보다 훨씬 낮은 약 800만분의 1이다. 자동차 사고 사망 확률이 4000분의 1, 벼락맞을 확률이 30만 분의 1이라고 하니 그 희박한 확률을 짐작하고도 남는다. 하지만 한 방에 수십억 원을 손에 쥘 수 있다는 대박의 꿈이 사람들을 이 황당한 도박성 복권의 대열로 이끌고 있다. 전국의 로또 판매점은 9000여 곳에 이르고, 그곳에서 매주 로또 복권을 사는 사람이 600만 명 정도라고 한다. 대한민국 전체 인구 7~8명 중 1명, 경제활동인구만을 대상으로 비교했을 때는 4명 중 1명이 매주 복권을 구입하는 셈이다. 이 정도면 가히 전 국민을 도박 게임에 참여시키고 있다고 할 수 있다.

그런데 정말 황당한 것은 도박 산업의 상당 부분이 정부와 관련이 있다는 점이다. 경마, 경륜, 경정의 운영 주체는 아예 공기업이다. 로또 복권의 수익은 복권 사업자들과 정부가 나누어 갖는다. 운영과 판매를 담당하는 국민은행, KT(전산망 제공자), KLS(시스템 운영자), SDS(단말기 제공자), SK(마케팅 담당자), 안철수연구소(보안 담당자) 등도 수익금을 분배받는다. 정부의 세금 수입만 해도 100억 원대를 넘어선다. 결국 도박 공화국의 배후에 기업과 정부가 있는 셈이다. 정부가 도박 산업에 발 벗고 나서는 명분은 '국민들의 레저문화 증진' '각종 기금 확보' '지방자치단체 세수 확보' 등이다. 실제로 도박 산업에서 확보한 기금이 각종 복지기금, 주택기금, 문화예술 증진기금, 청소년 육성기금의 50% 이상을 차지하고 있다.

도박은 빈부격차의 산물 – 보르헤스의 〈바빌로니아의 복권〉

더 큰 문제는 도박이나 사행성 산업만이 아니라 우리 사회가 투기의 천국이기도 하다는 점이다. 부동산 투기나 투기성 증권 투자가 한국 사회를 상징하는 단어가 되어 버린 지도 이미 오래되었다. 집을 5~20채 차지하고 있는 집 부자가 29만 명에 이르며, 일반 회사원까지 부동산 투기 열풍에 휩쓸리고 있다. 주식도 마찬가지여서 단타 중심의 투기성 증권 투자자들이 점점 늘고 있다. 결국 온 국민이 도박 산업이든, 투기성 투자든 온통 타짜가 되어 있는 형국이다.

한국은행의 2015년 조사에 의하면 우리나라 토지가액이 1960년대 이후 약 50년 사이에 3000배 상승한 것으로 나타났다. 토지자산을 시계열로 조사한 결과 1964년 약 1조9000억 원에서 2013년 약 5800조 원으로 증가했다. 이 기간 동안 소비자 물가가 40배 정도 오른 것을 감안하면 땅값 상승률이 얼마나 기록적인지 알 수 있다. 그나마 이는 전체 땅값이고, 기록적인 상승을 보인 서울로 좁혀 보면 반세기 동안 거의 4만 배에 이르는 상승폭을 기록했다. 그나마 이 액수도 공시지가를 시가가 아니라 '적정가격'을 기준으로 한 것이어서 실제는 훨씬 더 높다고 봐야 한다. 한국의 2015년 실질 국내총생산액(GDP)이 약 1500조 원임을 감안할 때 땅값 총액은 경악할 만하다.

투기 역시 도박적인 요소를 가지고 있다는 점을 고려할 때 도박 공화국이라는 말이 전혀 과장이 아니라는 것을 실감할 수 있다. 보르헤스Jorge Luis Borges는 〈바빌로니아의 복권〉에서 복권을 매개로 도박의 나라를 재미있고 날카롭게 파헤치고 있다. 소설의 중요 대목만 간추리면 다음과 같다.

나는 복권이 현실의 한 부분이던 그런 어지러운 땅에서 태어났습니다. … 당첨된 사람들은 행운을 얻기 위한 또 다른 절차를 거치지 않고 즉석에서 은전을 받았습니다. 그런 식의 복권이 실패한 것은 당연한 일이었습니다. 왜냐하면 그런 방식에는 도덕적 가치가 부재했기 때문입니다. 그런 유의 복권은 인간이 가진 모든 측면들을 고려하지 않은 것이었습니다. 그것은 단지 희망만을 겨냥한 것이었지요. 어떤 사람이 개량을 시도했습니다. 행운의 숫자들 사이에 몇 개의 불운의 숫자들을 끼워 넣은 겁니다. 이러한 개량을 통해 구매자들은 상을 탈 수도 있고, 반대로 상당한 액수에 해당하는 벌금을 물게 되는 이중의 아찔한 재미를 느낄 수 있게 되었습니다. … 복권을 사지 않는 사람들은 소심한 사람, 즉 겁쟁이로 간주되었습니다. 그렇게 당연시되어 버린 경멸은 시간이 흘러가면서 더욱 증폭되었습니다. … 몇몇 완고한 사람들은 그것이 필연적인 역사적 단계로서 새로운 질서의 도래를 의미한다는 것을 이해하지 못했습니다. … 천박한 또 다른 어떤 사람은 그 은밀한 기업의 존재를 긍정하건 부정하건 상관이 없다고 합니다. 왜냐하면 바빌로니아는 우연들의 영원한 놀이 그 이상의 어떤 것도 아니기 때문이라는 것이지요.

여기에서 유프라테스 강 유역에 있던 실제의 도시 바빌로니아를 직접 다룬 것은 아니다. 바빌로니아는 '신의 문'이라는 뜻을 가진 그리스어 '바벨babel'이 그 어원인데, 히브리어로 '바랄balal'인 이 단어는 '혼돈'을 가리킨다고 한다. 아마 보르헤스는 혼돈이라는 단어의 어원을 비유적으로 사용했던 것 같다.

보르헤스의 소설 속에는 도박의 한 단면이 날카롭게 살아 있다. 단순히 희망만 주는 것은 매력적인 도박일 수 없다. 평범한 복권일 수는 있지만 이른바 대박을 치는 것일 수는 없다. 도박적인 요소가 성립하기 위해서는 행운과 함께 위험도 동반되어야 한다. 그래야 짜릿한 승부욕을 자극할 수 있기 때문이다. 투기와 도박이 마약처럼 중독성이 강한 이유는 바로 천당과 지옥을 넘나드는 극적인 요소에 있다. 잘되면 대박이지만 실패하면 큰 낭패를 맛보아야 한다.

그에 의하면 '우연들의 영원한 놀이'라는 생각은 천박하다. 맞는 얘기다. 도박은 형식적으로는 우연이라는 요소를 특징으로 한다. 하지만 엄밀하게 말하자면 우연을 가장한 것으로 봐야 한다. 도박은 복권이든 카지노든 경마장이든 할 것 없이 최종적으로는 모두 도박장을 운영하는 쪽에서 큰돈을 만지게 되어 있다. 투기는 그 대상이 주식이든 부동산이든 돈과 정보를 가지고 있는 사람이 이기게 되어 있다. 우연은 가장된 것에 불과하다.

보르헤스가 '필연적인 역사적 단계로서 새로운 질서의 도래'를 지적한 것은 참으로 의미심장하다. 현대 자본주의를 지칭하는 개념 중의 하나가 카지노 자본주의다. 이미 산업자본이 아니라 금융자본이 세계를 지배하고 있다. 금융자본 중에서도 천문학적 규모의 투기자본이 단기 차익을 노리며 전 세계를 기웃거린다. 자본주의 시장 자체가 하나의 거대한 도박판으로 변해 버렸다.

그런데 도대체 왜 한국 사회는 도박과 투기가 지배하는 사회가 되었을까? 이것을 단지 각 개인의 문제로 치부할 수 있을까? 개인의 문제로 본다는 것은 한국인들의 국민성으로 본다는 얘기가 되는데, 이는 말도 안 된다. 한국인들에게는 도박이나 투기의 피가 흐른다는 얘기인가? 그러면 예전부터 한국 사람들이 그랬어야 하는데, 이 현상은 고작 수십 년 사이에 생겨난 것이니 국민성으로 원인을 돌릴 수는 없다. 그러면 도대체 왜 이럴까?

세계적으로 도박이나 투기로 유명한 나라를 꼽으라고 하면 대체로 어떤 나라들이 떠오를까? 도박의 도시 라스베이거스로 유명한 미국, 파친코라고 불리는 슬롯머신의 천국 일본, 한때 도박 영화가 유행했던 홍콩, 이미 도박 공화국의 칭호를 얻은 한국……. 대충 이런 나라들이 떠오를 것이다. 그리고 이 나라들은 공통적으로 부동산 가격이 들썩거리고 단기성 증권투자나 투기 자본으로 유명한 나라들이기도 하다. 반대로 도박이나 투기성 투자가 제일 적은 나라를 꼽으라고 한다면 어떤 나라들이 있을까? 아마 스웨덴, 노르웨이, 핀란드, 스위스 등의 나라들이 떠오를 것이다. 실제로 이들 나라들은 도박 산업이나 부동산 투기 등의 규모가 세계적으로 작은 경우에 속한다.

그러면 이 두 계열로 나뉘는 국가들의 차이는 무엇일까? 스웨덴, 노르웨이, 핀란드, 스위스 등은 복지국가로 유명하다. 복지국가에서는 왜 도박이나 투기가 덜할까? 곰곰이 생각해보면 납득이 간다. 복지국가는 빈부격차가 작기로 유명하다. 다양한 분배정책으로 상위 계층과 하위 계층 사이의 격차를 줄여왔기 때문이다. 그렇기 때문에 복지국가에서는 열심히 일하면 웬만큼 중산층의 삶을 유지하는 것이 가능하다. 열심히 일하면 중간 수준의 삶을 영위할 수 있는데 굳이 도박이나 투기 같은 모험을 할 필요가 없다.

하지만 복지 개념이 취약한 미국, 일본, 한국 등은 빈부격차로 유명하다. 미국은 세계에서 가장 부유한 국가이지만 흑인이나 중남미 계통 히스패닉의 삶은 비참하다. 일본 역시 '부자 나라 가난한 국민'으로 잘 알려져 있다. 한국도 마찬가지다. 사회 양극화가 심화되고 있다는 얘기는 이미 신물이 날 정도로 듣고 있고, 국가 전체의 경제력을 비교했을 때 복지 후진국이라는 점은 설명이 필요 없을 정도로 상식에 속한다. 이렇게 빈부격차가 극심한 사회에서는 열심히 일한다고 해서 중간 수준의 삶을 살 수 있는 게 아니다. 오히려 부의 대물림으로 인하여 부익부 빈익빈 현상이 심화되는 경향이 있다. 정상적인 방법으로 경제적인 상황을 개선시키기 어려운 상황에서 '대박의 꿈' '인생역전'이라는 한탕주의가 자라나는 것은 어찌 보면 당연하다.

결국 한국이 도박과 투기의 천국이 된 가장 큰 원인, 첫 번째 원인은 극심한 빈부격차 문제라고 봐야 한다. 우리 사회의 구조적인 빈부격차가 도박과 투기를 위한 훌륭한 토양을 제공하는 것이다. 각종 도박이나 사행성 산업, 로또 복권이 판을 치게 된 것이 외환위기 이후 실업이 늘고 물질 만능 풍조와 일확천금의 허황된 꿈이 확산되었기 때문임을 부인할 수 없다. 도박 공화국의 오명에서 벗어나는 길을 이러한 문제의식에서 찾아야 하지 않을까?

일상성의 비밀

여성의
일상 __

모성^{母性}의 화가 캐사트

캐사트는 중산층 가정에서 흔히 볼 수 있는 엄마와 아이의 아기자기한 일상을 마치 사진을 찍듯 그려 낸 화가이다. 많은 작품에서 아이와 함께하는 행복한 가정의 모습을 사실주의에 기초해 잔잔하게 묘사했다. 아이를 키우고 있는 사람이라면, 누구라도 자신의 일상을 떠올릴 수 있을 만큼 그의 그림은 생생하다.

워낙 여성의 일상적인 모습이 잘 나타나 있어서 그림을 보고 있으면 당

〈아기의 목욕 시간〉 _ 캐사트, 1893

메리 캐사트 Mary Cassatt | 1844~1926   미국의 대표적인 여성 화가로 1865년 펜실베이니아 미술 아카데미를 졸업한 뒤 유럽으로 건너가 생애의 절반을 유럽의 상류사회에서 보냈다. 쿠르베·마네 등의 영향을 받았으며, 우연히 드가의 작품을 본 것을 계기로 인상파에 이끌려 4회나 인상파전에 출품했다. 주요 작품으로 〈수욕〉〈아기를 품고 있는 어머니〉〈모성애〉 등과 착색 판화 〈어머니〉 등이 있다.

연히 화가 자신의 경험이 반영되어 있을 것이라 짐작을 하게 된다. 하지만 정작 그녀는 일생을 독신으로 살았다. 어쩌면 자신이 직접 경험하지 못한 것이어서 더 집요하게 하나의 주제에 밀착해 묘사했는지도 모른다. 원래 고향을 떠난 사람에게 향수가 있듯이 아이를 매개로 한 가정의 일상사를 직접 겪어 보지 않았기에 동경의 대상으로 오랫동안 자리를 잡고 있었을지도 모른다.

캐사트는 부유한 집에서 성장했다. 20대 초반부터 생애의 절반 가까이를 유럽에서 보낼 때도 주로 유럽 상류사회의 일원으로 풍족한 생활을 했다. 유럽의 가난하고 이름 없는 인상파 화가들의 작품을 많이 구입해 그들의 후원자 역할을 할 정도로, 경제적인 어려움 없이 작가 생활에 충실할 수 있는 행운을 누렸다. 그래서인지 그녀의 작품 속에 등장하는 엄마와 아이는 궁핍이라고는 한 번도 경험하지 못한 모습으로 다가온다.

앞의 그림은 캐사트의 대표작 〈아기의 목욕 시간〉이다. 엄마가 아기를 무릎에 앉히고 발을 씻어 주는, 흔히 볼 수 있는 모습이다. 엄마와 아기의 시선이 자연스럽게 대야 속의 발을 향해 있다. 조심스럽게 발을 닦아 주고 있는데 워낙 사실적인 묘사가 뛰어나서 아기 발에서 뽀드득 소리가 날 것만 같다. 아기는 자신의 허리를 두른 엄마의 왼팔에 살짝 기댄 채 왼팔로 엄마의 무릎을 잡고 의지하고 있는데, 그 모습이 너무나 자연스럽다. 그냥 그림을 바라보고 있는 것만으로도 평화롭고 입가에 미소가 생긴다. 큼직한 물병에는 아이를 향한 엄마의 마음만큼이나 따뜻한 물이 들어 있을 듯하다.

전체적으로 파스텔톤의 밝은 색감이 우리의 눈을 즐겁게 한다. 그녀는 드가의 영향을 많이 받았다고 전해지는데, 그림의 색감이 다분히 드가를 빼

닮았다. 유화임에도 불구하고 부드러운 파스텔 색조가 경쾌하다. 또한 한눈에 보기에도 그녀의 데생 솜씨가 보통이 아니었음을 알 수 있다. 드가는 그녀의 데생에 감탄했다고 하는데 실제로 어디 한 군데 놓친 곳이 없이 짜임새가 있고 인물들의 모습과 동작이 안정적으로 묘사되어 있어서 탄탄한 실력을 실감할 수 있다.

아기를 많이 그려서인지 몸이나 얼굴을 묘사하는 데도 거침이 없이 자연스럽다. 원래 아기의 모습을 캔버스에 표현하는 건 여간 어려운 일이 아니다. 어른은 이목구비가 비교적 뚜렷해서 음영이나 골격, 주름살로 특징을 묘사하기가 용이하다. 하지만 아기는 얼굴이나 신체가 밋밋해서 특징을 잡아내기가 좀처럼 쉽지 않다. 그래서 그림 속 아기는 어른의 축소판으로 보이기 십상이다. 하지만 캐사트의 그림에서 아기는 아기 그대로의 모습으로 다가온다. 어린아이 특유의 체형과 뽀얀 우윳빛 피부가 실감이 난다.

〈침대에서의 아침 식사〉도 캐사트의 특징을 잘 보여 준다. 엄마와 아기가 자리에서 일어나 간단한 아침 식사를 한 직후의 모습이다. 생글생글 웃는 모습은 아침의 허기를 달래고 만족한 상태임을 보여 준다. 아침 식사도 했으니 엄마와 놀고 싶었을 것이다. 그런데 엄마는 아직 잠이 덜 깼는지 나른해 보인다. 푹신한 베게에 머리를 깊이 묻고 사랑스러운 눈으로 아이를 쳐다보고 있지만 아직은 눈꼬리에서 잠이 묻어난다. 아이가 뒤척대는 바람에 잠을 설친 모양인지 어딘가 조금은 푸석하게 부어 있는 듯하다. 이래저래 아기의 희망과는 다르게 잠자리에서 바로 벌떡 일어날 자세가 아니다. 아기가 침대 모서리에서 놀다 혹시라도 밑으로 떨어질세라 아기의 허리를 두른 두 팔을 모아 잡고 있다. 아기는 안심을 하고 발을 겹쳐 앉아서 까딱까

〈침대에서의 아침 식사〉 _ 캐사트, 1897

딱 발가락 장난을 하고 있는 중이다. 그렇게 엄마의 두 팔과 아기의 팔, 다
리가 조그만 공간 속에서 어우러지면서 아기자기하게 정감 있는 모습을 연
출하고 있다.

　이 그림에서도 캐사트 특유의 구도와 색감이 잘 나타난다. 앞에서 본 〈아
기의 목욕 시간〉과 마찬가지로 캔버스의 작은 공간 안에 오밀조밀하게 꾸며
진 구도가 아기자기한 느낌을 준다. 여성 특유의 섬세함이 잘 발휘되어 있
기 때문이다. 침대 시트, 아기 옷의 흰색과 모녀의 살색 피부 대비가 파스텔
톤의 부드러운 색의 흐름으로 어우러지면서 스킨십을 더욱 정감 있게 전해

주며, 장면을 순간적으로 잡아낸 듯한 연출 솜씨가 사실성을 더욱 높여 주고 있다. 그녀가 예술적인 공감을 표시했던 유럽 인상파 화가들의 영향으로 보이는데, 그중에서도 특히 특정한 순간의 모습을 포착해서 형상화하는 데 가장 탁월했던 드가의 영향이 매우 컸던 것으로 보인다.

여성의 일상과 수직적인 분업 – 마르크스의 《독일 이데올로기》

캐사트가 평생을 독신으로 산 것이 아니라 실제로 서너 명의 아이를 낳고 키우고 있는 여성이었다면 어땠을까? 과연 그래도 출산과 육아, 가사 노동을 이렇게 행복하고 편안한 모습으로만 표현했을까? 그녀가 독신이었기 때문에 오히려 더 가정 내에서의 여성의 일을 행복하고 편안한 것으로만 묘사했던 게 아닐까? 물론 가정 내에서의 자신의 역할에 만족을 느끼며 행복감에 젖어 사는 여성들도 꽤 있을 것이다. 하지만 반대로 날이 갈수록 무력감에 젖어드는 여성들이 그 이상으로 많을 수도 있지 않을까?

마르크스Karl Marx가 《독일 이데올로기》에서 가족 내 분업의 억압성을 지적한 대목은 그 내용에 대한 입장을 떠나서 진지하게 고민해 볼 만하다. 그는 다음과 같이 말한다.

> 분업과 동시에 분배, 그것도 양적으로뿐만 아니라 질적으로도 불균등한 노동 및 노동 생산물의 분배가 주어지며, 부인과 아이들이 있는 남편의 노예인 가족 안에 이미 맹아, 자신의 최초의 형태를 갖고 있는 소유도 주어진다. 아직 단지 매우 조야하고 잠재적인 가족 내부의 노예제는 최초

의 소유인 바, 게다가 이 소유는 이 단계에서 타인의 노동력에 대한 처분을 의미하는 현대 경제학의 정의와 이미 완전히 일치한다. 더욱이 분업과 사적 소유는 동일한 표현이다. 그리고 분업은 활동이 자유의지에 의해서 분할되는 것이 아니라 자연 성장적으로 분할되어 있는 한, 인간 자신의 활동은 인간에 대해 대립하는 낯선 힘, 인간에 의해 지배되지 않고 인간을 굴복시키는 힘으로 전화한다는 사실에 대한 최초의 실례를 우리들에게 제공한다. 즉 노동이 배분되기 시작하자마자, 모든 개인들은 그들에게 강요되는, 그들이 벗어날 수 없는 특정한 배타적인 활동의 영역을 갖게 된다.

마르크스는 가족 내의 분업과 소유 관계를 동일한 성격의 것으로 규정한다. 남성이 주로 밖의 일을 담당하고 여성이 출산과 육아, 가사를 담당하는 식의 노동 분업은 남성의 여성과 자식에 대한 소유의 다른 표현이었다는 것이다. 역사적으로 볼 때 가정 내의 분업이 가부장제 가족제도의 등장과 함께 시작되었다는 것은 부정하기 어렵다. 모계제적인 요소가 강했던 사회에서 수렵과 채취는 남성과 여성 모두에게 부여된 노동이었다. 남녀 모두가 공동체의 노동에 함께 참여하고 그 결과를 공유했다. 그러다가 농경과 목축이 이루어지고 그에 따라 형성된 잉여생산물에 대한 사적 소유가 성립하면서 남성에 의한 재산의 배타적 소유가 정당화된다. 그 일환으로 여성과 자녀에 대한 소유가 성립하고 여성에게 가정 내에서의 분업이 강제된 것이 바로 가부장제 가족이다.

옛날 얘기가 아니라 우리의 현재 모습에도 여성 스스로가 자발적으로 육아와 가사 노동 전담을 선택하고 그것을 자신의 바람직한 전망으로 생각하는 사람이 과연 얼마나 될까? 지금 육아와 가사 노동으로 하루를 보내고 있는 주부에게 당신의 원래 꿈이 이것이었느냐고 물어보면 아마 대부분 황당해하는 표정을 지을 것이다. 자라면서 자신의 꿈과 전망을 이렇게 한정지어 놓는 여성이 얼마나 되겠는가 말이다. 하지만 결혼과 함께 대부분의 여성들이 자연스럽게(?) 한정된 노동 분업 속으로 들어가게 된다.

여성들이 육아와 가사와 같은 일상생활에서 겪는 고통은 육체적인 것만이 아니다. 정신적인 부담도 그에 못지않다. 미국에서 여성 문제에 대해 많은 발언을 하고 있는 아드리엔느 리치Adrienne Rich는 《더 이상 어머니는 없다》에서, 자녀를 둔 여성이 담당해야 하는 의무 때문에 지게 되는 정신적 부담이 어떠한 사회적 부담보다도 무겁다는 점을 강조한다. 그녀는 여성의 가사 노동이 노예제도나 중노동과도 비교될 수 없다고 한다. 왜냐하면 여성과 그 자녀 간에 맺어진 감정적인 유대 관계는 강제 노동을 하는 사람이 이해할 수 없는 방식으로 여성을 약하게 만들기 때문이라고 한다. 강제 노동을 하는 사람은 자신의 상관이나 주인을 미워하거나 두려워하고, 하는 일을 싫어할 수 있다. 그러나 어머니는 훨씬 더 복잡하고 파괴적인 감정의 희생자가 된다고 지적한다. 어머니의 경우 사랑과 분노가 동시에 존재할 수 있다. 어머니 역할에 대한 분노는 아이들에 대한 분노로 바뀔 수 있으며, '자녀를 사랑하고 있지 않다'는 두려움으로 바뀔 수 있고, 인간의 욕구를 충족시켜 주기에는 지나치게 부족한 사회에서 자녀들에게 해줄 수 없는 모든 것 때문에 느끼게 되는 슬픔은 자책감과 자기 고뇌로 바뀔 수 있다는 것이다.

자녀의 건강, 그들이 입는 옷, 학교에서 그들의 행동, 지능, 그리고 전반적인 성장에 대해 책임을 져야 하는 것은 결국 여성이다. 허술한 보육 시설에서 혹은 잘못된 학교 제도에서 하루 온종일을 보내야 하는 자녀에 대하여 죄책감을 느껴야 하는 사람은 다른 어느 누구도 아닌 바로 어머니다. 노동자들은 노조를 결성하고 파업을 할 수 있다. 어머니들은 자신들의 가정에 갇혀 분열되어 있으며, 감정적인 유대에 의하여 자녀에게 구속되어 있다. 리치는 어머니에게 있어서 가정의 개인화는 깊은 무력감과 절망적인 고독을 의미한다고 주장한다.

그런데 마르크스의 말 중에 그러한 분업이 "인간에 의해 지배되지 않고 인간을 굴복시키는 힘으로 전화"된다는 것은 무슨 의미일까? 그것은 여성의 분업 문제로 적용해서 이해하자면 여성에게 강제된, 가정 내로 한정된 분업 자체가 여성을 굴복시키는 힘으로 작용한다는 뜻이다. 우리 사회에서 여성들이 겪는 현실과 대조하면서 곰곰이 생각해 보면 그가 무슨 말을 하고자 하는지 어렵지 않게 이해가 간다.

어떤 여성이 결혼을 하고 10여 년 동안 출산, 육가, 가사 노동을 전업적으로 담당해 왔다고 생각해 보자. 그러다가 어느 날 남편과 결정적으로 불화가 생겨 이혼을 고민하는 상황이 되었다면 아무래도 남성보다 여성의 고민이 깊을 수밖에 없다. 남성과는 다르게 여성은 이혼 후의 경제적인 자립 문제가 심각한 고민으로 다가올 수밖에 없다. 10여 년을 넘게 가사 노동을 담당해 오면서 직업인으로서의 전문성은 이미 사라진 지 오래이기 때문이다. 지금 그대로라면 일반적인 경우 마트에서 계산을 하거나 식당에서 일을 하는 등 단순한 노동 이외에는 할 수 있는 일이 별로 없다는 것을 알게 된다. 경제적인 독립의 가능성을 고민하는 게 당연하다. 이러한 고민 끝에 불만스러운 결혼 생활에 다시 머물러야 하는 여성들이 적지 않을 것이다. 분업 자체가 이제는 여성을 굴복시키는 힘으로 작용하는 현실이다.

어려운 경제 사정을 직접 겪어 보지 않았고, 또한 육아와 가사 노동을 전담해 보지 않은 캐사트로서는 이해가 가지 않는 상황일 수 있다. 그녀는 아기를 안고 있는 엄마의 나른한 표정이 행복에 겨운 것이 아니라 가사 노동의 피곤함과 정신적인 상실감에서 오는 슬픈 표정일 수도 있다는 걸 읽어 낼 수 있었을까? 현실에서 아기를 사랑하면서도 한편으로는 주부 우울증으로 아기조차 멀게 느껴지는, 리치의 지적대로 심지어 아이를 미워하게도 되는 여성들의 고통스러운 심정을 그녀는 이해하고 있었을까?

일상성의 감옥 ___

기묘하고 불가능한 그림

에셔는 서양 미술사를 통틀어서 볼 때 독특한 화가의 대열에서 빠질 수 없다. 그는 현실에서 불가능한 장면을 그리는 화가로 유명하다. 현실에서 찾아볼 수 없는 형상을 연출한 화가는 꽤 있는 편이지만 그 가운데서도 에셔는 독특한 위치를 차지한다. 다른 화가들이 다분히 감성적 · 비일상적인 측면에서의 현실 초월을 꿈꾸었다면, 그는 철저하게 이성적인 작업을 했다. 우리에게 친숙한 일상의 것들을 다루면서도 공간 조작을 통해 현실에서는 불가능한 상황 설정을 했다.

에셔의 대표작에 해당하는 〈상대성〉을 보자. 역삼각형 구도를 이루고 있는 세 개의 계단이 화폭의 중심을 차지하고 있다. 아래의 두 계단은 위와 아래를 향해 있지만 맨 위의 계단은 횡으로 나 있다. 아래쪽의 두 계단은 양면

〈상대성〉_ 에셔, 1953

© 2010 The M.C. Escher Company—Holland. All rights reserved.(www.mcescher.com)

모리츠 코르넬리우스 에셔 Maurits Cornelius Escher | 1898~1972 기묘한 시각적·지각적 반응을 일으키는 판화 작품으로 유명한 네덜란드의 그래픽 아티스트이다. 그의 작품들은 왜곡된 세상을 보여 주거나, 2개 혹은 3개의 층위로 분할된 세상 혹은 의식의 세계를 보여 주는 것들이 많다. 그의 작품은 수학자와 심리학자, 과학자들에게도 깊은 인상을 주었다.

으로 되어 있는데 앞면과 뒷면 모두 사람이 이동하고 있다. 위의 계단은 한 면이긴 하지만 두 인물이 서 있는 방향이 다르다는 점에서 이것 역시 현실에서는 불가능한 설정이다. 계단을 따라서 계속 가면 원래의 자리로 되돌아오게 되어 있다. 오르고 내리고를 반복해야 하는 순환의 고리처럼 짜여 있다.

계단을 중심으로 배치된 인물들은 일상적인 삶의 모습을 보여 준다. 좌측 상단에는 남녀가 호젓하게 산책을 하고 있다. 우측 하단을 보면 식사를 하고 있는 두 사람이 보인다. 그 옆 계단으로 한 사람이 병과 컵이 있는 쟁반을 들고 서빙을 한다. 좌측 하단에는 한 사람이 바구니를 들고 있고 중앙에는 어깨에 짐을 지고 계단을 오르는 사람이 있다. 그런데 재미있는 것은 그 옆으로 벽에 앉아서 편안하게 책을 읽고 있는 사람이다. 언뜻 보기에는 바닥에 앉아서 책을 보는 듯한 착각을 불러일으킨다. 수직과 수평의 세계가 서로 다른 세 공간, 그곳에 살고 있는 서로 다른 사람들의 삶을 한 화면에 묘사한 그림이다.

에서는 원래 풍경화를 주로 그리다가 스페인 남부에 있는 무어 왕들의 옛 궁전인 알함브라alhambra를 본 뒤부터 불가사의한 그림을 그리기 시작했다. 특히 이슬람 궁전의 벽과 마루를 장식한 타일의 모자이크에 완전히 심취했다. 이슬람교는 일체의 우상숭배를 금지했는데, 심지어 하나님을 묘사한 그림이나 조각도 우상으로 여겨 금지했다. 신이든 인간이든 형태가 드러나는 묘사를 금지한 결과 추상적인 장식과 무늬가 발달했다. 연속적인 무늬를 중심으로 한 에셔 작품의 기초가 바로 여기에서 시작되었다. 그는 알함브라 궁전의 장식에서 얻은 감흥을 다음과 같이 일기에 적었다.

"그것은 놀랍도록 동양적이었다. 내게 기이한 것은 우아한 장식과 위대한 품위와 전체적으로 단순한 미였다. 그들 아랍인들은 귀족이었고 오늘날에는 더 이상 발견될 수 없는 것이다. 이 무어 양식의 벽화와 마루의 장식들은 이상할 만큼 인간, 동물, 그리고 어떤 형태의 식물도 완전히 결여되어 있다."

에셔의 작품은 몇 가지 특징이 있다. 먼저 다른 초현실주의 화가들의 작품은 대부분 그림 속의 상황이 현실과 무관한 설정이라는 것이 한눈에 확인될 수 있도록 묘사되어 있지만, 에셔의 작품은 순간적으로 우리에게 현실과 비현실 사이에서 착각을 불러일으키도록 연출되어 있다는 점이다. 〈상대성〉을 봐도 그렇지만 그 안에 치밀한 조작이 숨어 있어서 자세히 봐야 우리가 속았음을 알 수 있다. 그런 점에서 환상적인 초현실을 다루되 이성을 부정한 위에 서 있는 것이 아니라 오히려 이성적인 구조에 기초하고 있다.

또 하나의 특징은 많은 작품에서 끊임없이 다루어지고 있는, 반복과 순환이라는 고리이다. 〈상대성〉에서도 계단을 따라서 이동하다 보면 제자리로 돌아오도록 설계되어 있다. 또한 이슬람 사원의 문양처럼 동일한 이미지를 반복해 묘사함으로써 순환의 고리를 강조하기도 한다. 하지만 이슬람 사원의 문양과는 달리 추상적인 문양의 반복처럼 보이는 경우에서도 모순적인 상황을 설정하는 걸 잊지 않는다.

반복과 순환의 일상 속에 살아가는 현대인

에셔의 작품 중 반복과 순환을 상징하는 대표적인 것으로 〈뫼비우스의 띠 2〉를 꼽을 수 있다. 뫼비우스의 띠는 경계가 하나밖에 없는 2차원 도형이다. 안과 밖의 구별이 없다. 평면인 종이를 길쭉한 직면 사각형으로 오려서

〈뫼비우스의 띠 2〉_ 에서, 1963

© 2010 The M.C. Escher Company-Holland. All rights reserved.(www.mcescher.com)

한 번 꼬아 양끝을 붙이면 안과 겉을 구별할 수 없는, 즉 한쪽 면만 갖는 곡면이 된다. 이것이 뫼비우스의 띠이다. 뫼비우스의 띠는 방향을 매길 수 없어서 따라가다 보면 띠의 뒷면으로 가게 된다.

그림을 보면 그물 모양으로 만들어진 뫼비우스의 띠를 따라 도는 개미들의 행렬이 묘사되어 있다. 개미들은 한 면을 계속 기어가다 보면 어느 덧 원점으로 회귀한 뒤 다시 왔던 길로 끝없는 여정을 시작해야 한다. 개미들에게는 이 띠가 가도 가도 결국은 제자리에 돌아오게 되는 악마의 고리이다.

어쩔 수 없는 숙명적 순환을 보여 준다.

현대사회를 살아가는 우리 인간의 삶이 뫼비우스의 띠를 한없이 도는 개미와 같은 게 아닐까? 현대인들은 매일, 매주, 매달 심지어 매년 해가 바뀌어도 거의 비슷한 일상을 되풀이하면서 산다. 어렵게 생각할 것 없이 직접 지난 며칠 동안 자신에게 일어났던 일들을 상기해 보라. 아마 같은 일들이 같은 시각에 거의 동일하게 일어났을 것이다.

당신이 학생이라면 아침 일찍 집을 나서서 하루의 대부분을 보내는 학교로 갔을 것이다. 같은 교실과 책상에서 저녁까지 고정된 자세로 있어야 한다. 점심시간에 약간의 자유가 주어지겠지만 그나마 매일 보는 몇몇 친한 친구들과 비슷한 대화를 나누고, 저녁에는 자율학습을 하거나 학원으로 가는 버스에 몸을 실었을 것이다. 늦은 밤이 되어 집으로 돌아왔을 테고… 수업과 숙제, 시험이 끝없는 터널처럼 계속 이어진다. 초등학교에서 대학교까지 대략 16년가량을 비슷한 일상을 반복하면서 살고 있을 것이다.

당신이 직장인이라고 해도 마찬가지다. 출근에 늦지 않기 위해 아침 일찍 기상을 하고, 혼잡한 버스나 지하철에 몸을 맡기거나 나 홀로 운전자가 되어 회사로 향했을 것이다. 저녁까지 사무실 책상을 지키고 있거나, 생산직이라면 컨베이어 벨트 속도에 맞추어 같은 동작을 되풀이했을 것이며, 퇴근 시간이라고 해봐야 눈을 부릅뜨고 있는 상사를 뒤로 하고 나올 수 없는 노릇이어서 8~9시까지 자리를 지키고 있을 테고, 어쩌다가 회식이나 술자리가 있겠지만 1~2차로 술을 마시다가 노래방에서 끝나는 뻔한 스토리……. 20대 중후반부터 무려 30여 년을 톱니바퀴처럼 돌아가는 직장 생활이 뫼비우스의 띠가 아니면 무엇이랴.

　당신이 가정주부라면? 아침식사 준비해서 가족들 해먹이고 나서는 설거지와 집안 청소, 조금 쉴 만하면 초등학생인 막내가 학교에서 돌아온다. 점심 해주고 학원 보낸 후 빨래를 하거나 저녁 준비, 혹은 약간의 낮잠 정도가 기다리고 있을 것이다. 아이가 없거나 꽤 자라서 자기들이 알아서 할 나이라면 기껏해야 백화점으로 쇼핑 출근을 하거나 문화센터로 향할 것이다. 전업주부의 어깨 위로 내리누르는 일상의 무게, 그들 역시 일상이라는 무거운 반죽 속에서 헤어 나오지 못하고 있다.

　온 가족이 자기의 일을 마치고 모인 밤이나 휴일의 여가 시간도 마찬가지다. 밤 시간은 TV가 주인 행세를 한다. 대부분의 남성이 집에서 손가락 까닥거리는 일이 TV 리모컨 사용 정도라 해도 과언이 아닐 만큼 바보상자가 일상을 지배한다. 요즘에는 공중파 방송만이 아니라 다양한 채널이 생기면서 TV 중독이 더욱 극심해지고 있는 실정이다. 간혹 축제나 파티, 외식이나 공연 관람 등을 통해 일상의 굴레에서 벗어나려는 시도를 하지만 그것도 잠시뿐, 결국 다시 끝없는 일상성의 늪에 발을 담근다.

일상성을 통한 지배 – 르페브르의 《현대 세계의 일상성》

일상을 되돌아보면 보잘것없어 보이는 잡다한 것들의 집합처럼 느껴지기 십상이다. 잡다한 것들이 마치 영원히 반복될 것처럼 끝임없이 다가온다. 그리고 일상성 안에서 느끼는 감정은 분주함과 권태로움, 기쁨과 슬픔 등 서로 모순되는 것처럼 보이는 상태들이 뒤섞여 있기 마련이다. 평생을 일상적인 틀에서 한 치도 벗어나지 않는 반복적인 생활, 이렇게 하루·일주일·한

달을 허덕대며 보내는 삶이 수십 년 동안 지속된다. 반복되는 일상의 산술적 합이 한 사람의 인생이 되어 버린다.

그런데 문제는 이 모든 일상이 소리 없는 지배와 연결된다는 점이다. 전통 사회에서 지배는 가시적인 성격을 지닌다. 주로 신분이나 폭력에 직접 의존하는 방식이었다. 누가 지배자인지, 어떤 방식으로 지배하고 있는지를 조금만 주의를 기울이면 알 수 있었다. 폭력이 도덕과 연결될 때 지배의 힘은 몇 배로 커진다. 도덕은 어느 정도 자발성이라는 가면을 쓰고 있어서 그 마법의 힘은 오래 지속된다. 하지만 어느 순간, 특히 도덕이 기초하고 있던 절대론적 사고방식이 설득력을 잃어 가고 있는 현대사회에 와서는 도덕적 강제도 점차 위력을 잃어 가고 있다.

현대사회에서 국가나 자본과 같은 권력이 만들어 낸 새로운 무기가 바로 일상의 지배이다. 사람들을 일상에서 벗어나지 못하도록 하는 것, 그리하여 사회나 정치 문제, 인간의 내적인 문제에 대해서 망각케 하는 것만큼 효과적인 장치는 없다. 특히 일상의 지배가 개인의 욕구와 연결된 것처럼 여겨지게 될 때 효과와 지속성은 더욱 강력해진다. 일상과 욕구의 연결은 소비사회 속에서 아주 손쉽게 이루어진다.

일성성의 본질을 정확히 간파한 르페브르Georges Lefebvre는 《현대 세계의 일상성》에서 다음과 같이 주장한다.

이 사회의 목표, 목적, 공식적 정당화는 만족이다. 만족은 어디에 있는가? 최대한 신속한 포식에 있다. 욕구는 하나의 허공과 비교될 수 있는데, 다만 그 허공은 충분히 정의되고 한정된 공동空洞이다. 사람들은 이 허공을 메우고 공동을 가득 채운다. 그것이 포식이다. 충족이 되면 곧 만족은 포식을 야기했던 것과 똑같은 장치에 의해 다시 자극받는다. 욕구를 다시 유효하게 하기 위해서 그것을 거의 비슷한 방법으로 다시 자극한다. 욕구는 같은 방법의 조작에 의해 자극되면서 만족과 불만족 사이를 왔다 갔다 한다. 그러므로 조직된 소비는 사물만을 분할하는 것이 아니라 사물들에 의해 야기된 만족도 분할한다. … 일상을 이해하고 일상성의 이론을 고찰하기 위해서는 몇 개의 선행 조건들이 있다. 우선 일상 속에서 살며 일상을 체험할 것, 둘째로 그것을 수락하지 말고 비판적 거리를 유지할 것 등이다. 이 이중의 조건이 없으면 일상의 이해는 불가능하고 오해만 야기할 뿐이다.

르페브르의 지적대로 현대사회는 생산을 중심으로 하는 사회에서 소비를 중심으로 하는 사회로 변화했다. 현대사회는 곧 '소비사회'이다. 20세기 중반까지만 하더라도 자본주의 사회가 그 이전의 사회에 비해 비약적인 생산력의 발전을 보이기는 했지만 여전히 주요한 상품들은 희소하고 불충분했다. 우리나라만 하더라도 지금은 흔한 TV가 70년대 중반까지는 동네에 한두 대 정도밖에 없어서 온 동네 사람들이 모여서 시청해야 했다. 전기밥솥이나 오디오, 자동차 등도 마찬가지였다. 서구 사회도 20세기 중반 이전까지는 비슷한 사정이었다. 노동자, 농민처럼 빈곤한 상황에 있는 사람들에게는 자본주의가 만들어 내는 전기, 전자제품이 그림의 떡이었고 특정한 계층의 전유물이었다.

하지만 이제 현대사회는 '풍요'와 '거대한 소비'로 바뀌었다. 생산 기술의 비약적인 발전, 합리적 시스템의 도입 등에 의해 대량생산이 가능해지면서 온갖 상품들이 시장에 쏟아져 나온다. 여기에 개인들의 소비 능력을 확대하기 위한 사회적인 개입이 시작되면서 체계적인 대량소비가 실현된다. 당장 돈이 없어도 물건을 미리 구입할 수 있도록 하는 다양한 할부 제도, 신용카드 제도 등이 생겨나면서 대규모적인 소비가 가능해졌다.

소비사회는 현대인의 의식도 바꿔 놓았다. 과거에는 '생산' '절약'이 중요한 가치였다면 이제는 '소비'의 미덕이 강조된다. 이 과정에서 빈부격차나 사회적 억압에 대한 관심은 사라져 버린다. 가정주부의 덧없는 일상의 반복이 색다른 물건을 소비함으로써 마치 날로 새로워지는 것 같은 착각과 만족을 불러일으킨다. 여가 시간을 늘리기 위해 세탁기, 식기 건조기, 진공청소기 등을 소비하고, 그렇게 늘어난 여가 시간을 다시 쇼핑을 통한 소비가 차지한다. 직장인과 학생은 소비를 통한 순간의 충족을 위해 생의 대부분을 뫼비우스의 띠에서 보내면서도 스스로 자유로운 선택을 한다고 여긴다. 소비의 자유가 인간의 자유를 대신해 버렸다.

그러면 현대인의 삶은 이제 반복과 순환에서 벗어날 수 없는 것일까? 만약 그렇다면 인간에게 자유란 전적으로 허구에 불과한 것이 된다. 르페브르는 소비사회의 일상성을 제대로 분석함으로써 근본적인 사회문제에 접근할 수 있다고 주장한다. 일상을 제대로 이해하기 위해서는 몇 개의 선행 조건들이 있는데, 무엇보다도 우선 일상 속에서 살며 일상을 체험할 것, 다음으로 그것을 수락하지 말고 비판적 거리를 유지할 것을 그는 요구한다. 일상 속에서 살며 일상을 체험할 것을 왜 강조할까? 만약에 지저분한 도랑을 청소하려고 한다면 그곳에 직접 들어가서 어디가 어떻게 더러워졌는지, 어디부터 치워야 하는지를 확인하고 실행에 옮겨야 한다. 아예 더러운 도랑을 외면하거나 그 주변에서 맴돌며 "저 도랑은 더러워"라고 지적을 하는 것만으로는 문제 해결이 전혀 안 된다는 의미이다. 마찬가지로 일상에서 도망가는 것이 아니라 일상 속에서 문제를 발견해 내는 노력이 필요하다는 얘기다.

다음으로 일상을 수락하지 말고 비판적 거리를 유지할 것을 요구하고 있다. 문제는 이게 말처럼 쉽지 않다는 데 있다. 예를 들어 앞에서도 언급했듯이 여성들은 소비의 덫에 빈번하게 노출되는 경향이 있다. 오히려 소비적인 일상을 아름다움·여성성·유행 등의 알리바이, 즉 일종의 핑계를 통해 마치 어쩔 수 없는 본능적인 것처럼 포장하기도 한다. 일상생활은 너무나 반복적으로 우리와 밀착해 있기 때문에 거리를 유지하는 게 어렵다. 그런데 일상에 매몰되어 버리면 어떠한 문제의식도 발견할 수 없게 된다. 대부분의 사람들이 그러하듯이 말이다. 그래서 친숙한 일상을 낯설게 만드는 작업이 선행되어야 한다는 의미이다. 그래야 비판적인 분석과 대안 마련도 가능해질 것이다.

에서의 〈일상성〉을 비롯한 많은 그림들은 우리에게 일상을 낯설게 보게 하는 역할을 한다. 일상의 삶에서 떠나지 않으면서도 현실에서는 성립할 수 없는 비논리적인 이미지를 통해 그러한 일상을 생소하게 느끼게 하는 효과가 있다. 당연해 보이던 것에 대한 의아함은 일상을 구체적으로 바라보게 만들고, 아무런 문제의식 없이 일상에 매몰되었던 삶에서 벗어나게 해준다.

에셔가 만들어 놓은 계단에서, 뫼비우스의 띠에서 벗어나는 꿈을 꾸자. 그 꿈의 실현을 내일로 미루지 말자.

TV는
우리에게 무엇인가?

현대 문화의 상징, TV와 비디오 아트

TV가 부富의 상징이던 시절이 있었다. 동네를 통틀어 TV가 있는 집은 손에 꼽을 정도인 시절이 있었다. 보통 동네 구멍가게나 만화방에 TV가 있었는데 5원을 내고 시청을 했다. 그러다가 김일 선수가 나오는 프로레슬링을 하는 날이면 평소의 '따블'인 10원을 내야 했다. 어린이들은 주로 만화 영화를 보았다. 〈아톰〉 〈타이거마스크〉 〈철인 28호〉 〈요괴인간 뱀 베라 베로〉 〈밀림의 왕자 레오〉 〈사파이어 왕자〉 등이 아이들의 눈과 마음을 사로잡았다. 만화영화를 하는 저녁 시간이야 어린이들이 TV를 독차지했으니 상관이 없는데 밤이 되어 드라마와 스포츠가 겹치는 날이면 어김없이 채널을 놓고 실랑이가 벌어졌다. 아저씨들은 스포츠를, 아줌마들은 드라마를 주장했다. 옥신각신하다가 결국 거수 방식의 투표로 결정하곤 했는데 아이들은 주로 엄

〈TV 부처〉_ 백남준, 1974

백남준 | 1932~2006   비디오 아트를 창시한 한국 태생의 현대미술가이다. 유럽과 미국 등을 떠돌며 실험적이고 전위적인 전시와 공연을 선보였다. 특정 장르로 규정하기 어려울 정도로 다양한 표현 방식을 시도했다. 특히 퍼포먼스적인 요소를 가미해 많은 화제를 뿌리는 화가로도 유명했다. 1993년 베네치아 비엔날레에서 대상인 황금사자상을 수상하는 등 수많은 상을 받기도 했다. 주요 작품으로는 〈굿모닝 미스터 오웰〉〈바이바이 키플링〉〈다다익선多多益善〉 등이 있다.

마 편을 들어서 드라마를 보고는 했다.

하지만 이제 TV는 어느 곳에나 있다. 아무리 저소득층이라 하더라도 노숙자가 아닌 이상 방 한구석에 TV는 있다. 대부분의 가정에서 거실의 명당 자리를 TV가 차지한다. 또한 인터넷을 통한 TV 시청이 일반화된 지금은 사실상 각 방에 TV가 있다고 해도 과언이 아니다. 심지어 DMB 서비스까지 실시되면서 이동 중에도 자유롭게 시청을 하고, 핸드폰을 통해 접하기도 한다. TV는 문자 시대를 영상 시대로 변화시킨 장본인이다. 그만큼 TV는 다방면에 걸쳐서 가공할 위력을 발휘한다. 드라마나 쇼 프로그램처럼 사람들에게 오락적인 재미를 선사하기도 하고 뉴스 등 정보 전달 기능, 교육 채널을 통한 교육 기능, 쇼핑 채널을 통한 시장 기능 등도 가지고 있어 현대인들의 생활 전반에 걸쳐서 막강한 영향력을 행사한다. 그러한 의미에서 TV는 현대사회의 상징물이다.

TV를 미술 영역으로 끌고 들어와 독자적인 예술 장르로 만든 한국 작가가 있으니 비디오 아트로 세계적인 예술가가 된 백남준이다. 그를 유명하게 만들어 준 대표적인 작품이 바로 〈TV 부처〉이다. 지금으로 치면 일종의 설치 미술적인 요소에다 영상을 결합시킨 작품이다. 등장하는 재료는 세 가지인데, 부처 조각품과 주변에서 흔히 볼 수 있는 TV, 그리고 비디오카메라이다. TV 앞에는 부처가 앉아 있다. 하지만 부처가 단순히 TV를 보는 게 아니다. 비디오카메라로 잡은 부처의 형상을 TV로 비춘다. 그 TV 속에 재현된 자신의 형상을 다시 부처가 바라본다.

이 작품에 대한 비평은 대체로 동일하다. 가장 많이 거론되는 것은 서양의 과학기술과 동양의 명상 세계가 잘 접목되어 있는 작품이라는 평이다. 서구의 테크놀로지가 동양적인 사유 공간과 조화를 이루고 있다는 의미일 것이다. 즉, 물리적 공간과 심리적인 공간이 하나의 상황 속에서 통합되어 있다는 것이다. 또한 실재와 가상의 영역에 대한 성찰을 보여 주는 작품으로 평가받기도 한다. 실재인 부처가 TV 속 가상의 부처를 보고 그 가상의 부처를 보는 모습이 다시 TV에 잡히고……. 이렇게 실재와 가상의 영원한 반복을 보여 준다. 어쨌든 테크놀로지를 통해 내밀한 정신세계를 구현하고자 한 작품이라는 게 기본적인 전제로 깔려 있다. TV와 정신이 교감을 하는 순간이다.

백남준의 또 다른 대표작인 〈TV 첼로〉도 비슷한 시도라고 할 수 있다. 크고 작은 TV 3대로 첼로의 형상을 만들고 여기에 줄을 달았다. 첼로 연주가가 TV로 만든 첼로로 연주하는 행위를 한다. 연주하는 동안 TV 화면에는 백남준 특유의 변화무쌍한 영상이 쉴 새 없이 나타난다. 이 작품은 다양한 형태로 변형되고는 했는데, 어떤 경우에는 상체를 벗은 여성 첼로 연주자가 소형 TV로 브라를 만들어 양쪽 가슴에 단 모습으로 연주를 한다. 작은 TV를 안경처럼 만들어서 얼굴에 쓴 연주자가 등장하기도 한다.

TV라는 영상과 첼로 연주라는 음악이 인간의 정신과 행위를 매개로 하여 어떻게 결합할 수 있는가를 보여 주고 있다. 과거 TV에서 음악은 영상의 배경을 담당하는 방식으로 사용되었다면 백남준은 퍼포먼스라는 행위예술을 통해 음악과 TV의 새롭고 능동적인 만남을 주선한다. 나중에는 음악과 TV의 관계만으로는 부족했는지 여기에 성적인 요소까지 결합시켰다.

1967년에는 뉴욕에서 첼로 연주자인 샬롯 무어맨과 함께 한 〈오페라 섹스트로닉Opera Sextronique〉이라는 이름의 퍼포먼스를 벌여 미국 사회를 떠들썩하게 만들었다. 이 공연을 통해 그는 성행위도 최고의 퍼포먼스가 될 수 있음을 암시했다. 첼로 연주자는 상반신을 완전히 벗은 채 공연을 했고 백남준은 '대중의 품위를 공공연하게 모욕한 예술'이라는 죄목으로 체포되었다. 이 사건은 미국 사회에 예술과 표현의 한계에 대한 뜨거운 논쟁을 불러일으켰다.

백남준은 "콜라주 기법이 유화물감을 대신했듯이 TV 브라운관이 캔버스를 대신할 것이다"라고 공언했다. 그리고 이를 다양한 방식으로 실험했다. 그의 도발적인 문제제기가 세계적인 공감을 획득했는지 이제는 하나의 독자적인 예술 영역으로 자리를 잡았다.

TV는 우리에게 무엇인가 – 맥루한의 《미디어의 이해》

백남준 방식으로 TV를 다루는 것에 대해서는 얼마든지 다른 견해가 있을 수 있다. 과연 TV는 〈TV 부처〉가 주는 이미지처럼 인간에게 성찰의 매개가 될 수 있을까? 정신과 만날 수 있는 여지가 정말 TV에 있기는 한 것인가? 혹은 〈TV 첼로〉가 주는 메시지처럼 여러 가지 예술을 통합하고 실현하는 역할을 할 수 있을까?

백남준은 TV라는 매체가 현대사회에서 광고의 도구 역할을 중심으로 하는 현실에 대해 비판적인 생각을 갖고 있었다고 한다. 하지만 실제 작품에서는 그러한 비판적인 내용이 잘 보이지 않는다. 오히려 TV라는 도구의 활용을 즐기고 있는 듯하다. 물론 뉴스, 교양, 오락, 쇼핑 등 TV의 여러 가지 기능은 긍정적인 측면을 보여 주기도 한다. 하지만 반대로 TV를 인간의 정신과 관계를 갉아먹는 존재로 여기는 비판적 견해도 많다.

TV를 비롯한 매스미디어에 대한 연구로 우리에게 가장 익숙한 책은 맥루한Mashall Mcluhan의 《미디어의 이해》이다. 그는 다음과 같이 주장한다.

> 테크놀로지가 발전하면 일련의 전체적인 새로운 환경을 창조하게 된다. 오늘날 테크놀로지와 그것이 환경을 조성하는 과정은 매우 신속하게 진행되고 강하게 연관되어 있기 때문에 우리는 새롭게 등장하는 한 가지 테크놀로지를 파악하게 되면 곧 그 뒤에 생성될 사회 전체적 환경이 무엇일지를 알 수 있게 된다. 테크놀로지는 테크놀로지의 정신적·사회적 결과를 우리가 파악할 수 있게 해주는 예술적 기능을 수행하기 시작한다. 새롭게 등장한 미디어 기술 그 자체가 곧 하나의 새로운 메시지다. 우리의 문화는 모든 사물을 관리하기 위해 이들을 분할하고 구분하는 데 숙달되어 있으므로 이제 실제로 '미디어가 메시지다'라는 것을 납득하게 되면 다소 충격을 받게 될 것이다. 그러나 이것의 의미는 간단하다. 그것은 모든 미디어가 우리 자신의 확장, 즉 우리의 감각기관의 확장이며, 이 미디어가 개인 및 사회에 미치는 영향력은 우리 하나하나의 확장, 바꾸어 말하자면 테크놀로지 하나하나가 우리에게 도입하게 되는 새로운 척도로서 다시 측정되어야 한다는 것이다.

맥루한은 기술이 발전하면 사회적으로 새로운 환경이 창조된다는 입장이다. 모든 문화는 그 시대에 등장하는 지배적인 미디어 매체의 기술적인 속성에 의해 좌우된다는 것이다. 각 시대가 의존하고 있는 주요 미디어의 속성이 그 시대의 문화, 즉 메시지를 규정한다는 점에서 그는 '미디어는 메시지'라고 주장한다. TV와 같은 미디어가 단순히 메시지를 실어 나르는 도구가 아니라는 것이다. 미디어 자체가 하나의 메시지 역할을 한다. 주체인 인간이 대상인 TV를 단순히 보는 게 아니라 반대로 TV에 의해 인간의 의식이 지배를 받는 현상, 즉 주객전도 현상이 벌어지고 있음을 경고한다. 그러한 의미에서 미디어는 대상이 아니라 우리 자신의 확장이며 개인의 의식만이 아니라 사회적인 관계를 규정하는 역할을 한다. 그는 《미디어는 마사지다》에서 미디어가 메시지 기능을 한다는 규정에서 더 나아가, 미디어는 인간 두뇌의 특정 부분에 마사지를 가하는 역할을 함으로써 특정 사고방식과 행동양식을 갖도록 유도한다고 주장한다.

아무리 정보화사회가 되어 인터넷이 중요한 정보 전달 기능을 한다고 하지만, 여전히 현대인의 일상생활에서 가장 큰 위력을 발휘하는 것은 TV이다. 인터넷의 관문 역할을 하는 포털 사이트의 정보 대부분이 TV와 신문 같은 기존의 미디어에서 제공한 것들이다. TV에 나오는 연예인들의 머리모양이나 옷이 단 몇 주일 만에 전국적인 유행을 만들어 낸다. TV 뉴스를 통해 흘러나오는 보도를 거의 의심 없이 사실로 인정하곤 한다. 안방을 장악하고 있는 TV 드라마는 주부들의 감정을 쥐락펴락한다.

스마이드Dallas Smyth는 '수용자 상품론'을 통해 TV에 대한 좀 더 적극적 비판을 했다. 그는 TV 광고의 문제점을 집중 분석하며, "출판사는 책을 독자에게 판 것이지만, TV 방송사는 수용자를 광고주에게 파는 것"이라고 한다. 이게 무슨 의미일까? 어떻게 시청자가 광고주에게 팔리는 상품이 될까?

TV의 주요한 수입은 광고이다. 광고료는 철저하게 시청률에 비례하여 매겨진다. 그러므로 방송사는 보다 많은 이윤 창출을 위해 끊임없는 시청률 경쟁을 한다. 방송사는 시청률이 높은 프로그램을 만든 다음 이를 이용하여 비싼 광고료를 받는다는 의미에서 시청자가 광고주에게 팔린다는 뜻이다.

하지만 단순히 시청률이 높은 것만으로는 안 된다. 광고주의 입장에서 볼 때, 시청률뿐만 아니라 그 프로그램 수용자들의 경제적 수준도 중요하기 때문이다. 예를 들어 고급 승용차 광고를 하는데 그 프로그램의 시청자들이 주로 서민층이라면 실패한 광고가 되어 버린다. 그렇기 때문에 TV 방송사들은 소비 능력이 있는 중산층 이상의 수용자들이 주로 시청하는 프로그램을 기획하고 방영한다. 이를 위해 경쟁적으로 중산층이 선호하는 내용과 형식을 갖추고자 한다. 드라마 주인공들의 직업이 의사, 교수, 디자이너 등의 전문직이거나 사업가인 경우가 많은 것도 이 때문이다. 또한 드라마 배경으로 나오는 40평 이상의 집이나, 소품으로 등장하는 비싼 앤틱 가구 역시 중산층의 선호도와 관련이 있다.

맥루한의 주장에 따르면 수용자들은 단지 수동적인 상품이 아니라 그들이 구매하길 원하는 광고주를 위해 일하는 존재들이다. 수용자들은 자신들에게 제공될 소비재와 서비스 시장을 개척한다. 우리가 어떤 옷을 입거나 승용차를 타면 동시에 그 상품을 홍보하는 적극적 역할을 하는 것이기도 하다. 예를 들어 어느 입시학원 교재는 가방에 들어가기 어려울 정도로 큰 사이즈로 만들어서 히트를 쳤다. 왜 그랬을까? 가방에 들어갈 수 없으니 들고 다녀야 되는데 그 순간 학생들은 움직이는 광고판이 되어 길거리를 걸어 다니는 것과 마찬가지가 된다.

이들의 지적처럼 TV는 정신적인 풍부함이나 예술적인 감흥보다는 인간

314

을 아무 문제의식 없이 소비를 하는 기계로 만드는 역할을 하고 있는 것인지도 모른다. 자신이 광고주에게 팔리고 있다는 것은 눈치 채지 못하게, 오히려 스스로 주체가 되어 프로그램을 선택하고 여가를 능동적으로 즐기고 있다는 착각을 불러일으키도록 유도당하는 것일 수도 있다. 그 결과 우리는 어쩌면 TV를 통해 사회에 대한 비판적인 인식을 갖기보다는 무비판적이고 체제 유지적인 성향을 갖도록 집단적으로 훈련받고 있는 것은 아닐까?

햄버거의
철학

___

맥도날드와 버거킹의 거리

대도시의 길거리를 떠올리면 맥도널드의 노란색 아치와 KFC의 뚱뚱하고 인상 좋은 할아버지 모습이 가장 친숙한 이미지로 다가온다. 이것 말고도 버거킹, 롯데리아 등 온갖 패스트푸드 프랜차이즈 매장이 도시의 목 좋은 곳을 온통 차지하고 있다. 그 매장들은 쉴 새 없이 드나드는 손님들로 북적거린다.

최근 TV에서 아주 '인상적인' 광고가 방영됐다. 분주한 아침 출근길에 꽃미남처럼 생긴 남성 직장인이 지하도 계단에서 올라오는데 휘황찬란한 광채가 퍼져 나온다. 이번에는 대형 건물에서 여성 직장인이 걸어 나오는데 광채가 번쩍인다. 복잡한 거리의 직장인들 상당수가 같은 모습이다. 그리고 광고 멘트가 흘러나온다. "아침이 활~짝 굿모닝 메뉴, 굿모닝, 맥모닝." 한

〈모든 것이 들어 있는 두 개의 치즈버거〉 _ 올덴버그, 1962

클래스 올덴버그 Claes Thure Oldenburg | 1929~　미국의 세계적인 팝아트 작가. 올덴버그는 음식물 모형을 파는 상점을 열었으며 그 후 일상용품을 확대, 변형시킨 작품을 제작했다. 이례적으로 대규모적이면서도 주제는 상대적으로 무가치한 속성을 드러내어 해학성과 함께 대중문화 제품에 대한 의문을 제기하게 했다. 주요 작품으로 〈부드러운 타자기〉 〈거대한 빨래집게〉 〈대형 톱〉 등이 있다.

햄버거 회사가 개발한 아침 메뉴 동영상 광고이다. 아침 밥상을 점령하려는 햄버거의 거침없는 야욕을 그대로 보여 주는 광고였다.

패스트푸드 회사들은 이미 청소년들의 점심이나 간식 시장을 장악하고 있음에도 이것으로는 아직 배가 차지 않는 모양이다. 맥도날드나 롯데리아 등의 업체들은 아침 메뉴를 전국 매장으로 확대할 계획이라고 한다. 이제는 아예 아침도 햄버거로 대신하는 문화를 만들겠다는 것이다. 이러다가 해장도 햄버거로 하자는 얘기가 나올 판이다. 어디 이게 패스트푸드 업체만의 문제이겠는가. 아침조차 제대로 먹을 수 없도록 항상 분주함을 강요하는 경쟁 사회의 극적인 단면이다. 통계청에 의하면 한국인 2명 중 1명(49.7%)꼴로 아침 식사를 못 챙긴다고 한다. 외식업체들이 이처럼 아침을 굶는 '아침 사양족族'을 잡기 위해 발 벗고 나선 것이다.

햄버거와 콜라는 현대사회를 상징한다. 패스트푸드는 현대인의 음식만이 아니라 생활 전반, 나아가서는 사고방식까지 지배한다. 이를 미술의 영역에서 적극적으로 표현한 대표적인 작가가 올덴버그다. 그의 작품 중 대표작에 해당하는 것이 바로 〈모든 것이 들어 있는 두개의 치즈버거〉이다. 두 개의 치즈버거가 있다. 작품 제목에 '모든 것이 들어 있는'이라고 적혀 있듯이 햄버거에 들어갈 주요 재료가 다 들어가 있다. 일단 햄버거 빵이 입을 벌리고 있고 맨 밑에 야채가 있다. 바로 위로 치즈가 있고 토마토 조각도 보인다. 이 내부 재료를 부드러운 햄버거 소스가 감싸고 있다. 그런데 이 작품은 실물 햄버거보다 훨씬 커서(7×14 3/4×8 5/8 inch) 사람들을 놀라게 한다.

올덴버그는 하드보드, 석고 등의 재료를 사용해 일상용품을 묘사한 많은 조각을 발표했다. 그는 텔레비전, 만화, 영화잡지 등을 작품 소재로 했던 팝

아트 계열의 작가들처럼 타자기, 선풍기, 햄버거, 아이스크림, 담배꽁초 등 일상용품을 소재로 한다. 하지만 다른 작가와 구별되는 가장 큰 특징은 상상을 뛰어넘을 정도로 확대시킨 작품의 크기이다. 과장을 통해 그 일상용품을 낯설게 만든다. 가공할 크기 때문에 감상자들은 작품을 보면서 일종의 괴리감을 느낀다. 이는 작가에 의해 의도적으로 만들어진 것인데, 그는 이러한 낯섦을 통해 무엇을 의도했을까?

패스트푸드와 웰빙

흔히 햄버거와 코카콜라를 가장 미국적인 음식물, 산업사회를 상징하는 식품이라고 한다. 패스트푸드 사업의 선구자는 산업사회와 도시라는 사회적 조건 아래에서 사업성을 확신한 맥도날드라는 사람이었다. 이들은 신속한 조리와 공급을 위해 재료를 표준화하고 조리 과정을 획일화했다. 또한 동일한 서비스를 위해 식당 종업원들을 엄격히 훈련시켰다. 바쁘게 이동하는 현대인의 조건을 고려해서 주요 간선도로 곳곳에 매장을 설치함으로써 빠르게 미국 전역을 아우르는 체인망을 탄생시켰고 이제는 전 세계에 해가 지지 않는 맥도널드 제국을 구축했다.

하지만 햄버거와 코카콜라는 여러 가지 문제를 만들어 냈다. 일차적으로는 육체적인 질병을, 더 나아가서는 사회적인 병리현상을 양산한 것이다. 먼저 햄버거는 비만 사회를 낳고 있다. 햄버거 세트 하나의 열량은 어린이의 1일 열량 권장량의 53%를, 지방은 1일 지방 섭취 기준량의 82%를 차지한다. 이들 음식은 칼슘과 비타민이 부족한데, 이로 인해 납·카드뮴 등 중금속의 흡수를 증가시켜 중금속에 의한 건강 장애와 면역 기능 약화를 초래한다. 또한 햄버거에 사용되는 고기나 감자의 상당 부분이 유전자조작 식품이라는 것은 이미 잘 알려진 사실이다. 감자튀김이 암 유발 물질을 담뿍 포함하고 있다는 것도 상식에 해당한다.

햄버거와 단짝인 콜라의 유해성도 둘째가라면 서러워할 정도로 막강하다. 콜라에 상큼한 청량감을 주기 위해 인산염을 쓰는데, 인산염은 무기금속과 결합하는 힘이 강해서 공장에서는 녹을 제거하는 데 쓰이는 물질이다. 미국 여러 주의 고속 순찰 경관들은 2갤런 정도의 콜라를 차에 싣고 다닌다고 한다. 교통사고가 났을 때 길에 묻은 핏자국을 지우는 데 최고이기 때문이란다. 변기의 때를 없애는 데도 콜라가 최고라고 한다. 이 성분은 인체에 철분과 칼슘 부족 현상을 만들어 낸다. 일본에서 쥐를 대상으로 실험을 했는데, 사료는 똑같은 것으로 하고, 한쪽은 물, 한쪽은 콜라를 주었다. 콜라를 마신 쪽은 이빨이 썩고 뼈가 푸석푸석해졌으며 두개골이 얇아졌다.

다큐멘터리 영화 〈슈퍼사이즈 미Supersize Me〉는 햄버거 세트의 위력을 유감없이 보여 준다. 이 영화의 감독은 자신을 실험 대상으로 삼아 패스트푸드와 비만의 상관관계를 증명해 보였다. 그는 30일 동안 하루 세 끼를 맥도널드 패스트푸드만 먹었다. 그의 신체 변화를 3명의 전문의와 여러 명의 임상 전문가·영양사가 관찰했는데, 30일이 가까워지자 그의 몸은 근육부터 뼈, 위장, 간에 이르기까지 심각한 수준으로 망가져 갔다. 처음에는 피곤함과 두통이 나타났고 간에 지방이 끼기 시작했으며 혈당과 콜레스테롤 수치가 치솟았다. 3주 정도가 지나자 그의 간은 경련을 일으키기 시작했고 몸무게가 급속히 늘었다. 실험 30일 후, 그의 체중은 11.3kg이 늘었다.

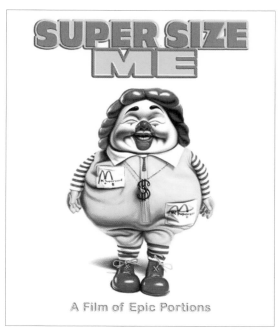

영화 〈슈퍼 사이즈 미〉 포스터

햄버거와 코카콜라의 정치학 – 조지 리처의 《맥도날드 그리고 맥도날드화》

패스트푸드 문화는 건강을 위협할 뿐만 아니라 사회적으로 인간을 대량생산 체계의 대상물로 만들어 버린다. 인간의 주체성이 점차 설 자리를 잃어 가는 것이다. 인간의 일상생활이 자본의 이윤 논리를 내면화하고 시장 체계를 영원한 그 무엇으로 여기게 하는 이데올로기적 교육장, 체험장 역할로 전락시킨다.

현대사회는 철저하게 대량생산과 대량소비라는 사회적인 원리로 움직인다. 이윤을 극대화하기 위해서는 투입을 최소화고 산출을 최대화해야 한다.

이를 위해 모든 재료를 표준화하고 세밀하게 분업 과정을 구분해 신속하게 생산이 이루어지게 해야 한다. 그런데 문제는 대량생산보다 대량소비에 있다. 대량소비가 전제되지 않으면 대량생산은 대규모 파산으로 귀결될 것이 너무나 분명하기 때문이다. 이를 극명하게 보여 준 역사적 사건이 대공황이었다. 대량소비를 위해서는 유행을 만들어 내야 한다. 또한 자본 회전 속도를 가속화해야 한다. 한정된 시간에 더 많이 팔고 더 많이 만들어 내야 하는 것이다.

이러한 자본주의의 요구를 가장 잘 실현한 것이 맥도날드였다. 맥도날드는 패스트푸드를 하나의 유행, 즉 문화로 만들었다. 맥도날드 햄버거와 코카콜라를 마시는 것이 도시적인 남성과 여성들에게 세련된 삶을 보장해 주는 이미지를 형성했다. 식당에서 식사를 하거나 도시락을 갖고 다니는 행위는 구시대의 유물이 되었다. 그래서 한 사회가 근대화된다는 것은 도시 곳곳에 맥도날드 매장이 늘어나는 것과 비례한다는 말도 있다.

조지 리처George Ritzer의 《맥도날드 그리고 맥도날드화》는 맥도날드 현상에 대한 체계적인 연구로 손꼽히는 책이다. 조지 리처는 미국 사회학자로 '일의 사회학' 이론의 권위자로 손꼽힌다. 그는 다음과 같이 주장한다.

> 맥도날드는 들어오는 것에서부터 나가는 것에 이르기까지 속도를 높이기 위한 모든 것을 갖추었다. 인접한 곳에 설치된 주차장은 고객이 차를 쉽게 댈 수 있도록 해준다. 계산대까지는 몇 발자국이 채 안 되며, 가끔 줄을 서기도 하지만 음식은 대체로 빨리 주문되고 전달되고 계산된다. 그리고 매우 제한된 메뉴는 먹는 사람의 선택을 쉽게 하여, 다른 식당에

서의 다양한 선택과 대조를 이룬다. 음식을 받으면 식탁까지 몇 걸음 걸어가서는 곧바로 식사를 할 수 있다. 식사를 마치면 머뭇거릴 여지가 없기에 고객은 남은 휴지, 스티로폼, 플라스틱 쓰레기를 모아 가까운 휴지통에 버리고 자동차로 돌아가서는 다음 활동 장소로 이동한다. 근래에 패스트푸드점 경영자들은 이 모든 과정에 있어서 운전자용 창구의 설치가 좀 더 효율적이라는 것을 발견했다. 운전자용 창구에서는 고객이 창구에 차를 세우고 주문과 계산을 마친 후, 음식을 받는 대로 다음 목적지로 향하면 된다. 보다 효율적이기를 원한다면 운전하면서 먹으면 된다. 운전자용 창구는 패스트푸드점의 입장에서도 효율적이다. 그것을 이용하는 사람들이 늘어나면 늘어날수록 주차 공간, 식탁, 종업원의 필요성이 줄어들기 때문이다. 더욱이 고객이 쓰레기를 가지고 떠나기 때문에 별도의 쓰레기통을 설치하거나 정기적으로 쓰레기통을 비우는 사람을 고용할 필요도 없다.

조지 리처는 현대인의 일상과 친숙한 맥도날드를 매개로 현대사회를 특징짓는 합리성이라는 주제를 분석한다. 그는 맥도날드 회사의 운영 원리를 효율성, 계량 가능성, 예측 가능성, 통제의 증대로 정리하고 이를 '맥도날드화'라고 규정한다. 맥도날드는 분업화와 표준화를 통한 효율성 추구의 대명사이다. 한정된 메뉴에 동일한 사이즈와 재료, 소스를 통한 맥도날드식 품질 규격화는 자본주의 기업의 혁신 모델이 되었다.

패스트푸드 매장의 장치도 효율성으로 완전 무장되어 있다. 매장은 항상 빠른 템포의 음악이 정신없이 흐른다. 탁자와 의자는 딱딱하고 좁은 편이어서 불편하다. 왜 그럴까? 빨리 먹고 빨리 나가라는 얘기다. 그래야 자본 회전 속도가 빨라질 테니까. 만약 맥도날드나 버거킹에 조용한 발라드나 클래식 음악이 흐르고, 카페처럼 안락의자가 있다고 생각해 보라. 사람들이 긴 시간 죽치고 앉아 있어서 매상이 뚝 떨어질 게 뻔하다. 거기에다 음식을 주문하고, 가져오고, 버리는 것도 손님 스스로 하게 되어 있다. 업주 입장에서는 별도의 비용 지출 없이 손님들이 스스로 종업원 역할을 하게 만드니 얼마나 좋은가. 완전히 손 안 대고 코 푸는 격이다.

맥도날드의 표준화는 곧 획일화를 의미한다. 패스트푸드가 일상의 먹을거리를 장악하면서 진정한 의미의 음식 문화는 사라져 가고 있다. 각 사회의 고유한 음식 문화는 갈수록 입지가 좁아지고 있다. 전통 음식 문화는 어린 세대로 갈수록 뭔가 촌스러운 것으로 여겨지는 현상이 나타난다. 또한 식사를 하는 시간은 타인과 대화를 하는 시간이기도 한데, 패스트푸드로 대체되면서 타인과 그나마 소통할 수 있는 식사시간마저도 철저히 개인적이고 고립된 시간으로 변해 버렸다. 또한 맥도날드식 합리화가 세계를 지배하면서 오직 효율적인 것, 빠른 것만이 최고의 가치라는 현대인들의 획일적인 가치관을 만들어 냈다.

패스트푸드가 지닌 문제가 건강 위협만이 아니라 보다 사회적이고 근본적이라는 점은 이쯤에서 매듭을 짓도록 하자. 자, 이제는 다시 원래의 의문으로 돌아가자. 올덴버그는 왜 햄버거를 초대형으로 만들었을까? 햄버거만이 아니라 아이스크림, 빨래집게와 같은 일상적인 물건들을 왜 거대하게 만들었을까? 이러한 낯섦을 통해 무엇을 의도했을까?

일상성의 정치적·철학적인 의미를 연구했던 앙리 르페브르Henri Lefebvre는

《현대 세계의 일상성》에서 다음과 같이 말한다.

> 일상에서 약간 뒤로 물러서지 않고는, 다시 말해서 그것을 그대로 수락하고 수동적으로 일상을 삼아서는 결코 일상의 본래 모습을 포착하지 못한다.

인간은 일상성이 지배하는 사회에 살고 있다. 권력과 자본도 일상성을 통해서 자신의 영향력을 관철시킨다. 그 대표적인 것이 맥도날드이다. 앞에서 보았듯이 맥도날드는 단지 음식이 아니다. 맥도날드식 합리성 속에는 자본주의 사회의 체제 원리와 가치가 그대로 실현되어 있다. 맥도널드에 익숙해짐으로써 그 이데올로기에 익숙해진다. 문제는 르페브르가 지적했듯이 일상에서 한발 뒤로 물러서지 않고는 그 일상성 속에 숨어 있는 본질을 볼 수 없다는 것이다.

그러면 그토록 친숙한 일상성에서 어떻게 한발 물러설 수 있을까? 가장 효과적인 방법이 익숙한 것을 낯설게 만드는 것이다. 인간은 익숙한 것에 대해서는 관성이 작용을 하지만 낯선 존재에 대해서는 관찰이 작용을 하기 때문이다. 올덴버그가 햄버거를 비롯한 일상의 것들을 극도로 과장해서 거대하게 표현하여 낯설음을 만들어 낸 것도 이와 연관이 있다고 할 수 있다. 그러면서 그는 우리에게 낯섦의 경험을 통해 일상성의 관성에서 벗어날 것을 요구한다.

에로티시즘을 경계하는 문명 —

에로티시즘의 대명사 클림트

서양 미술에서 에로티시즘을 대표하는 작가로 가장 잘 알려진 인물은 클림트일 것이다. 물론 에로티시즘의 도발적인 성격으로 에곤 실레Egon Schiele를 따라가기는 힘들다. 두 사람은 에로티시즘이라는 측면에서 서로 영향을 주고받았다. 둘 중 선구자는 클림트이다. 그는 실레의 천재성을 발견하고 후원자의 역할을 했다. 이 과정에서 실레가 클림트의 소재를 다른 방식으로 표현하기도 하고, 또한 클림트가 실레의 아이디어를 자신의 그림에 살려 내기도 했다.

하지만 두 사람의 표현 방식은 사뭇 달랐다. 클림트가 금기의 경계선에

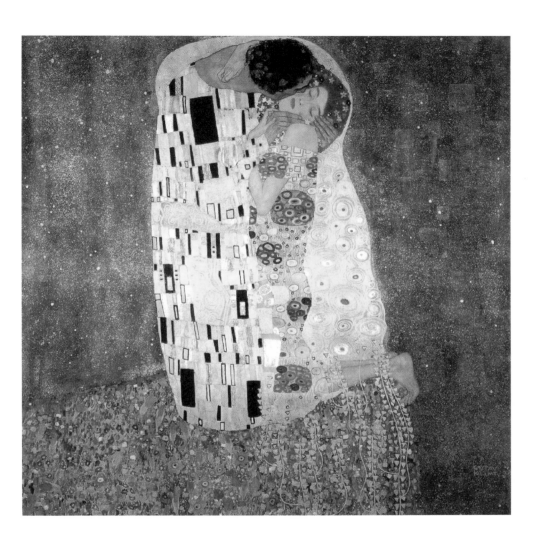

〈키스〉_ 클림트, 1907

귀스타브 클림트 Gustav Klimt | 1862~1918　19세기 말 오스트리아에서 가장 유명하고 천재적인 화가였다. '빈 분리파'라는 독자적인 빈의 예술운동을 주도했으며, 세기 말 오스트리아의 화풍에 지대한 영향을 주었다. 동양적인 장식 양식에서 착안하고 추상화와도 관련을 가지면서 템페라·금박·은박·수채를 함께 사용한 다채롭고 독창적인 기법을 구사했다. 주요 작품으로 〈프리차 리들러 부인〉〈아멜레 블로흐 바우어 부인〉〈부채를 든 여인〉〈키스〉〈다나에〉 등이 있다.

있었다면 실레는 금기의 경계선 저 너머로 치달아 갔다. 실레는 흔히 생각하는 교태의 표현을 넘어서 노골적이고 생생한 포즈를 그대로 보여 준다. 하지만 클림트는 인물의 표정이나 묘한 분위기를 통해 관능을 묘사했다. 그런 점에서 실레가 드러냄의 미학을 추구했다면 클림트는 감춤의 미학을 추구했다.

클림트의 그림 중에 대중적으로 가장 잘 알려진 것이 〈키스〉이다. 그림을 접하자마자 제일 먼저 드는 느낌은 화려하다는 것이다. 색이나 구성 형식에서 장식적인 느낌이 매우 강해 화려한 디자인 작품처럼 다가온다. 특히 전체적으로 사용된 황금색의 화려함이 눈이 부실 정도이다. 그는 실제로 금에 정통했다. 금 세공업자 집안에서 자라났기 때문에 금을 다루는 데도 익숙했다. 보통은 배경색이 화려하면 그 자체가 워낙 두드러져 보이기 때문에 그림 속의 물체나 인간은 묻혀 버리기 마련이다. 하지만 클림트의 탁월함은 화려한 색과 무늬를 뚫고 인간의 관능이 살아나게 한다는 점이다. 언뜻 보면 그냥 남녀의 평범한 키스 장면에 불과한데도 금 빛깔과 어우러지면서 묘한 관능미를 발산한다. 그럼 무엇이 이 그림을 관능적으로 만들고 있을까?

그 비밀은 두 남녀의 손과 팔에 있다. 사실 남자는 여자의 뺨에 고개를 파묻고 있기 때문에 어떤 표정인지 알 수 없다. 드러나 있는 여인의 표정도 특색을 찾아보기 힘들다. 여인이 지그시 눈을 감고 있는 모습이나 뺨의 붉은 홍조가 남성의 키스가 주는 달콤함을 음미하고 있는 느낌을 전해 주기는 하지만 그냥 거기까지이다. 표정 자체에서 그 이상을 찾아내기가 어렵다. 하지만 손과 팔은 다르다. 가만히 두 사람의 손과 팔을 보면 섬세한 표현이 놀라울 정도이다.

먼저 남성의 손을 보자. 한 손은 여성의 머리를 잡고 있고, 다른 한 손은 뺨을 어루만지고 있다. 단지 손을 대고 있는 것이 아니라 부드럽게 뺨을 어루만지고 있는 모습이다. 그렇게 뺨을 만지고 있는 손 위에 여성이 왼손을 덧대고 있다. 살며시 얹은 손가락이 남성의 손을 쓸고 있을 것이라는 느낌을 그대로 전해 준다. 여성의 나머지 한 손은 남성의 목을 두르고 있다. 하지만 마찬가지로 그냥 두르고 있는 것이 아니다. 손목과 손가락 마디마디가 기대감으로 비틀려 있다. 어깨는 잔뜩 움츠려 남성에게 밀착시키고 있다. 두 남녀의 팔과 손이 절묘하게 어우러지면서 관능적인 분위기를 물씬 풍기고 있다.

흔히 클림트를 '여성의 화가' '관능의 화가'라 한다. 하지만 그의 관능은 〈키스〉에서 보이듯이, 노골적인 성적 표현에 있다기보다는 절제되고 감추어진 표현을 통해서 살아난다는 데 특징이 있다. 인간 신체, 특히 아주 작은 부분에 대한 세밀한 묘사를 통해 극적인 효과를 내는 데 탁월했다. 이는 다른 그림에서도 나타난다. 그의 대표작 중 하나인 〈다나에〉도 마찬가지이다.

〈다나에〉는 신화를 소재로 한 그림이다. 대략의 줄거리는 다음과 같다. 아르고스를 통치하던 아크리시오스는 자신이 아들을 가질 수 없으며, 손자에게 살해당할 것이라는 신탁의 예언을 듣는다. 두려워진 그는 사랑하는 딸 다나에를 사나운 개들이 지키는 탑에 가두어 버렸다. 하지만 다나에의 매력에 빠진 제우스는 황금 비로 변해 그녀와 사랑을 나눈다. 그 후 다나에는 뒷날 영웅이 되는 아들 페르세우스를 잉태한다. 이 그림은 황금 비로 변한 제우스와 다나에가 사랑을 나누는 순간을 표현했다.

〈다나에〉는 클림트의 그림 중에 가장 도발적인 포즈를 보여 주는 그림이

〈다나에Danae〉 _ 클림트, 1907

다. 다나에의 몸 위로 쏟아지는 황금 비나 그녀의 휘어진 다리는 남녀의 성
관계를 상징한다. 하지만 이것만으로는 이 그림에서 전체적으로 풍기는 강
한 관능을 설명하지 못한다. 비밀은 마찬가지로 그녀의 손과 얼굴에 있다.
손가락 하나하나가 황홀경에 빠진 그녀의 느낌을 그대로 전해 준다. 또한
뺨의 붉은 홍조와 입술이 묘한 매력을 발산한다. 약간 일그러진 듯이 살짝
벌린 입술 사이로 하얀 치아가 드러난다. 효과를 낸 손이나 얼굴을 제외한

나머지는 두 그림 모두 인체의 경계선이 분명하지 않게 보일 정도로 희미하게 처리했다. 혹은 장식적인 무늬나 화려한 금빛이 대신했다. 어찌 보면 그림의 작은 부분에 불과하지만 그 작은 움직임이 그림 전체에 결정적인 영향을 미치고 있다.

에로티시즘의 긴 역사와 이를 경계하는 문명 – 보카치오의 《데카메론》

에로티시즘은 미술의 영원한 일급 주제이다. 에로티시즘적인 회화와 조각은 고대에서 중세, 근대를 거쳐 현대에 이르기까지 동서양을 막론하고 끊임없이 인간의 호기심을 자극하는 역할을 했다. 대체로 여성의 동작이나 표정을 통해 관능미를 드러내는 방식을 취한다. 가장 고전적인 방식은 이상적인 몸의 비율과 곡선을 지닌 여인의 몸매를 드러내는 것이다. 조금 더 진전된 방식으로 아름다운 여인을 희롱하는 남성을 등장시키기도 한다. 물론 대체로 신화의 옷을 빌려서 나타나기는 하지만 말이다. 다만 특이하게도 고대 그리스 미술에서는 관능을 표출하는 대상으로 남성이 종종 등장한다. 이는 아마도 당시의 시대적 분위기가 반영된 것으로 보인다. 여성을 출산의 도구 정도로 생각하고 사랑은 이성적 능력을 지닌 남성들 간에 이루어지는 것으로 인식하는 경향이 짙었던 그리스인들의 사고방식이 작용했을 것이다.

물론 관능을 드러내는 적극성의 정도와 방식은 아주 상이하다. 시대적인 분위기를 반영하면서 시대가 허용하는 금기의 영역을 아슬아슬하게 넘나드는 시도가 나타난다. 서양에서 관능적 표현이 가장 억압되었던 시기는 당연히 중세였다. 중세 미술에서는 아예 현실의 인간 모습을 그리는 일 자체가 예술적인 대상이 되기 힘들었다. 주로 성경 속 이야기가 예술의 대상이었다. 그나마 그림 속에 여성으로서 등장할 수 있는 기회를 가진 것은 마리아 정도였다. 성경을 읽어 보면 알 수 있겠지만 여성이 주인공은 물론이고 심지어 주변 인물로 등장하는 일도 극히 드물다. 그러니 미술에서 마리아가 의도하지 않은 특혜를 받은 셈이 되었다. 하지만 마리아조차도 '여성'으로 다루어지는 것이 어려웠다. 예수를 둘러싼 여성들은 여성이 아니라 신성한 존재로 그려져야 했기 때문이다. 남성과의 성관계 없이 아이를 임신한 '동정녀 마리아'를 여성으로 표현하는 것 자체가 불경스러운 시도로 여겨졌다. 그래서 중세 시대에 벽화나 캔버스 회화 등 미술 작품에 등장하는 마리아는 다분히 중성적인 이미지를 가득 풍긴다. 중세에서 르네상스로 넘어가는 시기에 와서야 마리아를 여성으로 묘사하는 시도가 나타난다. 그나마 지극히 한계적인 묘사로 시대의 금기를 아슬아슬하게 넘어서려 한다. 마리아의 모습에서 여성을 느끼게 하는 방식으로 말이다.

인간과 자연의 재발견을 향한 부드러운 혁명이라 할 수 있는 르네상스에 와서야 인간이 인간으로, 여성이 여성으로 묘사되기 시작했다. 르네상스 시기에 성性 문제를 본격적으로 제기한 대표적인 소설로 보카치오Giovann Boccaccio의 《데카메론》이 있다. '데카메론'은 그리스어로 '10일 동안의 이야기'라는 의미이다. 이탈리아의 피렌체에 흑사병이 돌자 이를 피해 10명의 남녀가 교외의 별장에 머물면서 무료함을 달래기 위해 하루 1인당 1편씩, 열흘간 이야기한 것을 기록한 형식을 띠고 있다. 책 속에는 다양한 일화가 나오는데 그 중 아홉째 날의 두 번째 이야기를 간략하게 요약하면 다음과 같다.

거룩함과 깊은 믿음으로 이름난 수녀원의 이사베타라는 젊은 수녀가 어느 청년과 사랑에 빠져 섹스를 즐긴다. 다른 수녀들이 이 사실을 알게 되고 수녀원장에게 알리러 간다. 이때 마침 수녀원장은 신부와 함께 한창 육체적인 재미를 보고 있다가 어둠 속에서 황급히 수도복을 주워 입고 심판을 위해 이사베타와 수녀들 앞에 나선다. 그런데 수녀들은 수녀원장의 머리 양쪽으로 남자의 옷이 늘어져 있는 것을 보게 된다. 급하게 수도복을 입다가 실수로 함께 섹스를 즐기던 남자 옷을 머리에 쓰고 나왔던 것이다. 자신의 육체적 쾌락 추구가 드러난 수녀원장은 인간의 육욕이란 억누를 수 없는 것이니, 남몰래 환희를 즐기는 것을 허용하겠노라고 말한다. 그리고 수녀원장과 수녀는 버젓이 자신들의 지위를 유지할 수 있었다.

이야기 속에 등장하는 인물들은 종교적 의무감의 속박도, 남녀 간의 정절이라는 굴레도, 선한 자만이 축복을 받는다는 신앙도 갖고 있지 않다. 이러한 내용들은 한편으로는 신의 권위로 서민에겐 금욕을 강요하면서도 특권을 누리면서 인간의 욕망에 도취되어 있던 교회나 성직자의 타락과 기만성을 폭로하는 것이지만, 다른 한편으로는 그만큼 인간의 육체적 욕망은 지옥에 떨어져야 할 죄가 아니라 자연스러운 것으로 여겨야 한다는 메시지를 담고 있다. 성도덕에 있어서의 기독교적 교의와 청교도적 속박에 대한 근대인적 반항은 보카치오의 소설에서처럼 인간의 자연스러운 본능과 욕망에 대한 긍정의 방향을 취한다. 보카치오가 머리말에서 이 책이 '어디까지나' 세상사의 고뇌와 우울증에 사로잡힌 사람들, 특히 여성들을 위로하고자 씌어졌다고 밝힌 점을 보더라도 육체적 욕망을 일정하게 수용하고 있음을 알 수 있다.

보카치오가 《데카메론》을 통해 인간의 성을 적극적으로 다룬 것이나, 미켈란젤로의 성당 벽화와 조각이 인체의 아름다움을 그대로 표현하기 시작한 것은 예술에서 여성을 여성으로, 인간을 인간으로 다루는 신호탄 역할을 했다. 그 이후 미술에서 인체나 에로티시즘의 표현은 일대 개화기를 맞이한다. 물론 초기에는 여전히 많은 한계 속에 머물러야 했지만, 클림트나 실레에 와서 활짝 꽃을 피운다.

하지만 현대미술은 다시 에로티시즘을 경계하는 기색이 뚜렷하다. 적어도 주류 미술을 중심으로 한 화단에서 에로티시즘은 경멸의 대상으로 무시되곤 한다. 특히 회화가 추상화의 영향을 받기 시작하면서 더욱더 에로티시즘과의 분리가 선명해졌다. 상식적으로 현대사회로 올수록 성에 대한 개방적인 태도가 확산되고 있다고 생각하는 것이 우리들의 상식인데 실제로 미술에서는 지속적인 퇴조를 보이고 있다. 왜 그럴까? 곰곰이 따져 보면 이해못 할 일도 아니다. 현대 문명은 철저하게 이성의 토대 위에 구축되었다. 과학기술 문명이든 민주주의를 향한 방향이든 철저하게 이성의 안내에 따라서 움직여 왔다. 그렇기 때문에 이성을 약화시키는 일체의 시도는 문명에 대한 도전으로 치부되고 경계의 대상이 된다. 때문에 감성의 결정체라 할 수 있는 에로티시즘은 이성을 약화시키는 비정상적인 일탈로 간주되었다. 현대 미술은 이성을 향한 행진을 하는 현대 문명의 산물이다. 서양 미술의 역사를 비롯해 표현 외적인 요소에 대한 이성적인 이해 없이는 이해 자체가 불가능할 정도로 난해해졌다. 이제 그림은 감상의 대상의 아니라 해석의 대상이 되어 버렸다.

성性은 인간에게 가장 일상적인 영역이고 그만큼 가장 친근한 주제다. 인간의 감정과 욕망이 가장 꾸밈없이 드러나는 영역이다. 육체적이고 본능적인 영역을 거부하고 정신의 절대적 우위를 강제했던 서양의 중세는 최종적인 종말을 맞이한 게 아니었다. 현대사회에 와서도 새로운 조건에서 새로운 모습으로 변신을 했다고 볼 수 있다. 일종의 보호색처럼 말이다. 신의 자리를 이제 이성이 대신 차지하고 여전히 인간의 일상과 감성은 시민권을 얻고 있지 못하고 있는 건지도 모른다.

나는 어디쯤
끼어 있을까? ___

저울 더미에 끼어 있는 것 같은…

미술이나 음악을 비롯한 예술 작품이 매력적인 것은 단순히 형식적인 아름
다움이 주는 감흥 때문만은 아니다. 문학도 그렇지만 미술 작품을 볼 때면
내 자신을 되돌아보는 경우가 많다. 그러한 의미에서 무언가 '반성적인' 고
민의 동기를 제공해 주곤 한다. 물론 하나의 예술 작품이 모든 사람에게 같
은 느낌을 주지는 않는다. 자신이 처한 특수한 상황에서 어떤 작품을 만났
을 때 특정한 교감이 형성된다.

　곽덕준의 〈10개의 계량기〉는 일종의 설치미술이라고 할 수 있는데, 처음
에는 호기심이 생기지만 어느 새 작품이 주는 매력에 흠뻑 빠질 수 있다. 작
품은 10개의 계량기가 피라미드형으로 차곡차곡 쌓여 있는 모습이다. 작은
구멍가게나 시장에서 흔히 볼 수 있는 저울이다. 당연히 직접 조각을 하거

〈10개의 계량기〉_ 곽덕준, 1988

곽덕준 | 1937~　일본 교토 출생의 재일교포 2세. 1960년대부터 현대미술 분야에서 독창적인 활동을 전개해 왔으며 입체, 영상, 판화, 퍼포먼스, 회화 등 다양한 장르를 섭렵해 왔다. 대표작으로는 미국의 역대 대통령과 자신의 얼굴을 반씩 붙여 찍은 연작 사진 '대통령과 곽' 시리즈, 만화적 기법을 도입한 회화 시리즈 〈무의미〉 등이 있다.

나 만든 것은 아니다. 시중에서 파는 저울을 사다가 쌓아 놓았을 것이다. 위에 놓인 저울의 무게 때문에 아래로 내려갈수록 저울의 빨간 눈금이 무겁게 표시되어 있다. 이는 작가 자신의 자화상이라 할 수 있다.

곽덕준은 조선에 대한 일제의 통치가 점점 더 극심해져 가던 1937년 일본 교토에서 태어났다. 그는 교토에서 태어나 성장하고, 교토를 작품 활동의 근거지로 삼았다. 한국인에 대한 차별이 심한 일본, 그것도 천황이 있어서 매년 새해 첫날이 되면 천황의 궁 앞에서 수많은 사람이 모여 큰 절을 올리는 교토에서 한국인으로서 살아가고 한국인 작가로서 작품 활동은 한다는 것은 일상적인 분열의 경험이었을 것이다. 이렇듯 곽덕준은 전 생애에 걸쳐 저울 더미 한구석에 끼어 있는 삶을 살아야 했다.

기무라 히토야스라는 미술 평론가는 곽덕준의 활동에 대해 다음과 같이 말했다.

"일본에서는 외국인으로서의, 그렇다고 한국인으로서의 실체도 분명하지 않던 곽덕준은 과연 어디에 있어야 하는 존재인가? 일본에서 태어나 교토에서 살고 있는 이렇게 확실한 존재가 어느 쪽에서도 이질적인 소속자가 될 수밖에 없는 것은 도대체 왜일까? 이러한 운명에 말려들게 한 사회는 무엇인가? 근본적으로 사회란 신뢰할 수 있는 확실한 존재인가? 이러한 의문에 과연 누가 명확하게 대답해 줄 수 있을 것인가? 결국 나 자신이 해답을 찾아낼 수밖에 없다.… 나는 이러한 결의가 곽덕준 작품의 원점이 되었다고 생각한다."

정말 자신의 의지대로 살고 있을까?

차가운 기계의 조합 같기만 한 〈10개의 계량기〉를 보면서 우리는 자신을 응시한다. 작가가 어떤 의도로 만들었는지는 상관없이 그저 자신의 에고에 빠져든다. 쌓여 있는 저울 더미 어딘가에 끼어 있는 느낌이 든다. 지금 이 저울의 어디쯤에 끼어 있는 것일까? 맨 아래일까, 중간쯤일까? 쌓아 놓은 저울에 감정이입이 되는 현상이 우스울 수도 있다. 대부분의 사람이 일하는 기계처럼 살아온 날들이 많았으니 한가한 감정놀음으로 비칠 수도 있다.

흔히 인간이라는 존재의 가장 대표적인 특징으로 '자유의지'를 꼽곤 한다. 스스로 '내 의지대로 살겠다'는 약속이나 다짐을 한다. 유년 시절은 부모의 보호와 영향이 절대적이고, 아직 독립적인 자아의 형성도 부족할 시기이니 자유의지라는 것이 상당히 제한적일 수밖에 없다. 그러다가 청소년 시기에는 부모님의 굴레에서 벗어나려는 시도를 한다. 그러한 의미에서 이른바 사춘기는 막 형성되는 자유의지와 부모의 관성적인 간섭이 충돌하는 시기이기도 하다. 이즈음 빨리 성인이 되고 싶어 하는 마음도 자신의 의지대로 살고 싶어 하는 욕구와 맞물려 있을 것이다.

하지만 고등학교나 대학교를 졸업하고 오랜 기간 직장을 다니거나 사회생활을 하면서도, 혹은 아이를 둔 부모가 되거나 심지어 백발이 성성한 노인이 되어서도 '정말 내 의지대로 살고 있는가?'라는 질문을 스스로에게 던질 때 자신 있게 '그렇다'고 답할 사람이 과연 몇 명이나 있을까? 자기 삶의 주인이 되어 계획을 하고 스스로의 기쁨을 증가시키는 방향으로 삶을 영위하고 있다고 느끼는 사람은 매우 적을 것이다. 자유의지보다는 가정이나 직장에서의 의무감이 사고와 행위의 동기를 대신하고 있는 경우가 대부분이리

라. 스스로의 기쁨이 아니라 상황과 조건에 떠밀려 하루하루를 보내고 있는 느낌이 지배적이리라. 자신도 모르는 사이에 우리의 저울 눈금은 자유의지에서 반쯤은 떠나 있다.

물론 그런 의무감을 전적으로 거북한 이물질이라고만 생각할 필요는 없다. 오히려 자기 내부에서 동력이 100% 나와야 한다고 믿는 것 자체가 오만일 수도 있다. 물이 자기 혼자의 힘으로 흐르는 것은 아닐 테니까 말이다. 물이 흐를 수 있는 조건으로서 지형을 비롯한 여러 가지 요인이 외적으로 작용하고 여기에 물 자체의 속성이 결합될 때 자연스러운 흐름이 만들어질 것이다. 하지만 문제는 일상의 삶을 거의 의무감만으로 살아간다고 느낄 때나 자기 안에 자신의 흔적이 거의 고갈되었다고 느낄 때, 우리는 정신적인 기아 상태에 빠진다. 아니 그러한 정신적 공복감을 느껴야만 자유의지의 싹은 다시 고개를 내밀 가능성이나마 찾을 수 있다. 곽덕준의 〈10개의 계량기〉는 그렇게 우리의 갈증을 자극한다.

특정한 시공간에 있음으로써 의미를 주는 물건 − 뒤샹의 〈미국인에게 보내는 공개장〉

곽덕준의 작품을 보면서 "저게 무슨 미술이야?" 하는 사람들이 있을지도 모르겠다. 일단 자기가 만든 것도 아니고 기성 제품을 사다가 쌓아 놓았을 뿐인데, 창작과는 거리가 멀어도 한참 먼 저것이 무슨 예술일 수 있느냐고 할지 모르겠다. 이미 20세기 초반에도 미술계에서 큰 논란이 되었다. 1917년, 세상이 러시아혁명으로 발칵 뒤집혔다면 미술계는 뒤샹Marcel Duchamp의 〈샘

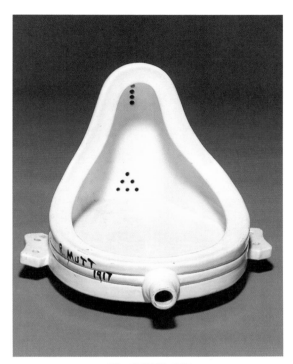

〈샘〉 _ 마르셀 뒤샹, 1917

Fountain〉이라는 작품으로 발칵 뒤집혔다.

　뉴욕의 한 갤러리에서 열린 전시회에 남성용 변기 하나가 덩그러니 등장했다. 말 그대로 그냥 변기였다. 하단부에 사인 몇 글자를 적어 놓은 것을 제외하고는 아무런 변형도 찾아볼 수 없는 변기 그 자체이다. 그나마 'R MUTT'라고 적힌 사인은 뉴욕 변기 제조업자인 리처드 머튼의 이름을 따온 것이었다. 뭔가 아름다움을 만끽하려고 찾은 전시장에 등장한 변기를 보고 제일 먼저 경악한 것은 주최 측이었다. 어느 공중변소에서나 볼 수 있는 남을 것이다.

이 작품의 전시 문제를 놓고 논란이 벌어졌는데 결국 주최 측에 의해
〈샘〉은 전시 기간 내내 전시장 칸막이 뒤에 폐기되었다. 한마디로 변기 취
급을 받았다. 주최 측은 저급하고 불결하다는 이유로 전시를 거부했다. 이
에 대해 뒤샹은 〈미국인에게 보내는 공개장〉이란 제목의 글을 통해 다음과
같은 내용으로 대대적인 반격을 시작했다.

> 6달러라는 참가비를 낸 모든 화가는 작품을 전시할 권리를 갖는다. 〈샘〉
> 은 아무런 거론도 없이 종적을 감추었고 전시에서 제외되었다. 〈샘〉을
> 거부한 것은 어떤 근거에 의한 것인가? 혹자는 그것이 부도덕하고 상스
> 럽다고 말한다. 혹자는 그것이 단지 화장실 용구의 모사품에 지나지 않
> 는다고 주장한다. 그러나 〈샘〉은 부도덕하지 않다. 그것은 우리가 매일
> 화장실 용구 상점의 진열장에서 볼 수 있는 부품일 따름이다. 그것을 직
> 접 자기 손으로 제작했는가의 여부는 중요하지 않다. 화가가 그것을 선
> 택했다. 평범한 생활용품을 사용하여 새로운 이름과 새로운 관점 아래,
> 그것이 갖고 있던 실용적 의미가 사라지도록 그것을 배치했다. 이리하여
> 이 소재의 새로운 개념을 창출해 냈다. 화장실 용구 설비품을 모사했다
> 고 운운하는 것은 부당하다. 미국이 만들어 낸 유일한 예술품은 바로 이
> 화장실 용구들과 교량들뿐이기 때문이다.

〈샘〉에게서 당장 느낄 수 있는 감흥과는 상관없이 적어도 '공개장'의 몇

〈**빌렌도르프의 비너스**〉_ 구석기시대

가지 근거는 공감이 간다. 먼저 변기를 부도덕하고 상스러운 무엇으로 본다
는 것은 다른 한편으로 미술은 아름다운 것을 묘사해야 한다는 통념 위에 서
있기 때문이다. 사실 이른바 상식적인 미의 기준으로 본다면야 가슴과 엉덩
이가 기형적으로 크게 묘사되어 있는 구석기 시대의 여인 조각상 〈빌렌도르
프의 비너스〉는 아름다움과는 거리가 먼 작품이다. 하지만 구석기시대를 살
던 사람들에게 풍요와 다산이야말로 가장 아름다운 여인의 표상이었다. 어
느 누가 이 비너스를 미술에서 제외시킬 수 있겠는가? 그만큼 아름다움이라

는 가치 자체는 절대적인 기준이 존재할 수 없는 상대적인 성격을 가지고 있다. 설사 누가 보아도 아름답다고 보기 어려운 것이라 하더라도 예술의 표현 대상에서 배제될 필요는 전혀 없다. 수많은 사람들이 처참하게 죽어 나가는 전쟁이 아름다울 수는 없다. 변기보다도 몇천 배 이상은 더럽고 추한 것이 인간의 전쟁일진데 미술의 역사에서 추앙받는 작품 중에 전쟁을 그린 작품이 얼마나 많은가?

자기가 직접 만들었는가의 문제도 미술의 기준이 되기는 어렵다. 뒤샹에 의하면 레디 메이드, 즉 기성품을 그 일상적인 환경과 장소에서 다른 곳으로 옮겨 놓으면 본래의 목적성을 상실하게 되고 단순히 사물 그 자체의 무의미함만이 남게 된다. 즉 미美는 발견해야 한다는 근대미술의 새로운 방향을 주장한다. 직접 만들었지만 사물을 그대로 베낀 것과 비록 직접 만들지는 않았지만 특정한 시공간에 그것을 있게 함으로써, 즉 화가가 그것을 선택함으로써 상상력을 자극하고 의미를 느낄 수 있게 한 것 중에 어느 것이 진정한 창작일까?

이제는 뒤샹의 〈샘〉을 예술이 아니라고 말하는 사람은 많지 않다. 영국에서 미술계 인사 500명에게 가장 영향력 있는 현대미술 작품을 묻는 설문조사에서 뒤샹의 〈샘〉이 1위를 차지했다고 한다. 참고로 피카소의 〈아비뇽의 처녀들〉이 2위, 앤디 워홀의 메릴린 먼로 사진이 3위, 피카소의 〈게르니카〉가 4위, 마티스의 〈붉은 화실〉이 5위를 차지했다. 이미 대표적인 미술 작품으로 자리를 잡고 있을 뿐만 아니라 세계의 수많은 화가들에게 예술에 대한 새로운 영감을 불어넣어 주는 역할을 한다. 곽덕준의 〈10개의 계량기〉도 아마 뒤샹의 영향에서 자유롭다고 말할 수는 없을 것이다.

나는 사실 뒤샹의 〈샘〉 그 자체에서 어떤 감흥을 느끼지는 못한다. 기성품을 특정한 공간에 둠으로써 새로운 의미가 창조될 수 있다는 발상을 제공한 기념비적인 작품으로서의 이해만 하고 있을 뿐이다. 하지만 다른 사람이 〈샘〉에서 어떤 실존적인 감흥을 얻을 수 있을 가능성을 부정하지는 않는다. 그리고 지금은 아니지만 어느 순간, 특수한 조건 속에서 〈샘〉으로부터 무언가를 얻을지도 모른다.

　곽덕준의 〈10개의 계량기〉가 주는 감흥도 이와 마찬가지이다. 지난 몇 년간 접했던 조각품들 중에 이 만큼 골똘히 생각에 잠기게끔 한 것은 없었다. 그냥 구멍가게에서 만날 때는 차가운 쇳덩이에 불과할 이 저울이 어우러져 그 어느 작품보다 더 창작에 대한 욕구를 자극했다. 의미가 없어 보이던 기존의 사물에 새로운 의미를 부여하는 것도 소중한 창조 행위일 수 있음을 단적으로 보여 준 작품이었다.

희생을
원하는 사회 ___

자식을 희생양으로 삼는 아버지

렘브란트는 '빛의 화가'로 잘 알려져 있다. 대표작이라 할 수 있는 〈야경〉
〈십자가 강하〉 등을 보면 강렬한 빛과 어둠의 대비가 극적이다. 자화상에서
도 빛의 흐름 속에 화가 자신이 들어 있다. 그는 말년으로 갈수록 외적인 사
실성보다는 인간의 내면적인 요소를 다루고자 노력했다.

　　〈아브라함의 제물〉은 내용의 전후 사정을 모르는 사람에게는 끔찍한 살
인 현장의 긴박한 장면을 연상시킨다. 한 젊은 사내가 나무 단 위에서 손을

〈아브라함의 제물〉_ 렘브란트, 1635

하르먼스 판 레인 렘브란트 Harmenszoon van Rijn Rembrandt | 1606~1669　네델란드의 화가로 이미 20대 후반에
당시 미술 세계시장이라고 할 수 있는 암스테르담에서 첫째가는 초상화가로 명성을 얻었다. 레오나르도 다 빈
치와 함께 회화 역사상 가장 큰 화가로 손꼽히고 있으며, 종교화·신화화·초상화·풍경화·풍속화 등 거의 모
든 종류의 작품을 남겼다. 주요 작품으로 〈자화상〉〈창가에 앉은 소녀〉〈성가족〉〈십자가 강하〉 등이 있다.

뒤로 결박당한 채 몸부림치고 있다. 수염이 덥수룩한 노인이 억센 손으로 사내의 얼굴을 움켜쥐고 목을 베려는 순간이다. 뒤로 젖혀진 목이 유난히 하얗다.

그림은 성경의 내용에 기초하고 있다. 아브라함이 외아들인 이삭을 하느님에게 제물로 바치려는 순간이다. 성경의 내용을 보면 하느님이 아브라함을 시험하기 위해 100세가 되어 낳은 아들인 이삭을 제물로 바칠 것을 요구한다. 이에 아브라함이 나무로 단을 쌓고 아들을 찌르려 하자 하느님의 사자가 이를 말린다.

"아브라함아, 아브라함아, 그 아이에게 네 손을 대지 마라. 아무 일도 그에게 하지 마라. 네가 네 아들 네 독자라도 내게 아끼지 아니하였으니 내가 이제야 네가 하나님을 경외하는 줄을 아노라."(창세기)

당시에는 제사를 드릴 때 제물을 죽인 후 태우게 되어 있었다. 이삭의 등 뒤에 있는 장작은 이를 위한 것이다. 그림은 아브라함이 아들의 목에 칼을 대려는 순간, 하느님의 사자가 이를 제지하는 장면이다. 아브라함이 놓친 칼은 날카롭게 날이 서 있다. 렘브란트는 칼날을 가늘고 하얗게 처리함으로써 그 날카로움을 표현하고자 했다.

그러면 이삭은 자신이 제물 신세가 되는 것을 인정했을까? 이삭의 손이 결박되어 있는 것은 본인의 의사와는 다르게 아버지가 제물로 삼으려 했다는 것이다. 렘브란트의 그림에서는 아브라함의 손이 이삭의 얼굴을 가리고 있기 때문에 그 표정을 알 수는 없다. 하지만 이삭의 다리 모습이나 젖혀진 채 몸을 틀려고 하는 동작에서 강제된 것임을 알 수 있다. 티치아노Tiziano Vecellio와 카라바조Michelangelo da Caravaggio 등의 화가들도 이 이야기를 즐겨 그렸는데 카

〈이삭의 희생〉 부분 _ 카라바조, 1603

라바조의 〈이삭의 희생〉에서는 공포에 가득한 이삭의 얼굴이 생생하게 묘사되어 있다. 자신의 목을 겨누고 있는 날선 칼을 두려움의 눈초리로 바라보며 아버지에게 살려 달라고 간절하게 호소하고 있음을 알 수 있다.

그러면 아들을 희생양으로 삼은 대가는 무엇이었을까? 물론 성경의 내용대로라면 아브라함은 어떠한 대가도 바라지 않았다. 하느님에 대한 믿음의 표현이었다. 하지만 자식을 제물로 바치려 한 믿음을 확인한 후 하느님은 아브라함에게 이렇게 말한다.

"너는 하나밖에 없는 네 아들마저도 내게 바치려 하였으니, 나는 너에게 축복을 내리리라. 너의 자식의 자식들이 하늘의 별만큼 많아질 것이다. 그리고 땅 위의 모든 민족들이 너를 기억하게 되리라."

기독교인과 유대인들에게 이삭을 제물로 바치는 아브라함의 행동은 신학적으로 강한 영향을 미쳤다. 유대인들은 아브라함의 의심 없는 복종을, 본받아야 할 신앙의 모범적인 전형으로 가르쳤다.

전쟁이 만들어 내는 집단적인 희생

종교적인 희생만큼이나 강력한 힘을 발휘하는 것이 전쟁 상황에서 나타나는, 국가와 민족을 위한 희생이다. 전쟁은 사회 구성원 대부분에게 희생을 요구한다. 전쟁 상황에서 '민족' '구국'과 같은 가슴을 뒤흔드는 단어는 개인의 희생을 자발성이라는 형식과 쉽게 일치시킨다. 희생이 개인의 자발성이라는 외피를 쓰면 쓸수록 효과는 더욱 극대화된다.

예로부터 미술은 전쟁의 가장 훌륭한 선전 수단이었다. 고대 이후 현대에 이르기까지 서양이나 동양을 불문하고 전쟁을 합리화하고 개인을 총탄과 폭탄이 난무하는 전선으로 유도하는 데 미술만큼 효과적인 수단은 없었다. 수많은 젊은이들이 전쟁터의 이슬로 사라지는 일에 두려움 없이 나서도록 부추기는 역할을 했다. 노골적인 포스터의 형식은 물론이고 순수미술의 가면을 쓰고 나타나기도 한다. 독일의 나치, 태평양전쟁을 자행한 일본의 군국주의 세력뿐만 아니라 미국이나 영국을 비롯해 전쟁에 뛰어든 대부분의 나라에서 공통적으로 나타난 현상이었다.

나치하의 독일에서 정치적인 동원 수단으로 가장 많이 이용된 예술 형식이 조각과 포스터였다. 대체적으로 국가에 대한 흔들림 없는 충성과 국가의

나치 포스터

목적에 따라 일사불란한 개인의 행동을 촉구하는 내용이 대부분이다. 나치가 만든 포스터를 보면 건강한 신체를 가진 두 명의 독일 젊은이가 등장한다. 청년이라고 보기에는 너무 어려서 청소년들을 대상으로 한 것으로 보이기도 한다. 한 청년이 삽을 들고 있는 것은 노동을 상징하는 것이다. 또 한 청년은 나치 특유의 '하일, 히틀러.'(히틀러에게 영광을!) 포즈를 취하고 있다. 국가를 위해 일하고 싸우자는 의미가 가득히 담겨 있다.

이 포스터가 얼마나 많은 청년과 소년들의 가슴을 애국심이라는 이름으로 설레게 했겠는가! '민족'이라는 이름으로 얼마나 많은 생명들이 전쟁터에서 다른 '민족'을 무참히 살해하고 또한 스스로 의미 없는 죽음을 맞이해야했을까. 아마 죽어 가는 그 순간까지도 자신의 희생이 무언가 의미 있는 것임을 믿어 의심치 않았던 경우도 많을 것이다. 그만큼 '민족'이라는 껍데기를 쓰고 희생이 요구될 때, 자발성과 희생이 만날 때 국가주의와 전체주의적인 위력은 순식간에 배가된다.

태평양전쟁 당시의 일본도 마찬가지였다. 당시 일본에서도 일본 군인들의 호전적이고 영웅적인 모습을 담은 그림이나 포스터가 대량으로 제작되었다. 일본은 수많은 화가들을 동원해 일본의 전쟁 도발을 정당화하거나 전쟁의 적극적 참여를 선동하는 그림을 그리게 했다. '수 세대에 걸쳐 이어진 일본의 전쟁 혼'을 불러일으킬 걸작을 제작하는 게 그들의 임무였다고 한다.

개인의 희생을 요구하는 사회 - 포퍼의 《열린사회와 그 적들》

희생양이란 인간을 대신해서 죽는 양을 뜻하는 말이다. 고대 사회에서는 인간을 제물로 바치는 경우가 흔했다. 실력자가 죽으면 부인뿐 아니라 그를 모시던 주변 사람들도 함께 매장을 했던 순장 제도도 일종의 인간 제물이다. 잉카와 마야, 그리고 아스텍인들은 순결한 처녀나 어린아이, 그리고 전쟁에서 잡아 온 포로들을 신에게 제물로 바쳤다고 한다. 한국 사람이라면 누구나 알고 있는 심청전 이야기도 결국은 성난 바다를 달래기 위해 인간을 바다에 바치는 인간 제물을 표현한 것이다. 당시 효孝라는 절대적인 도덕관념과 인간 제물 관습이 만들어 낸 희생양이 심청이었다.

하지만 희생양은 근대 이후에도 다양한 모습으로 나타난다. 희생양은 항상 강력한 권위를 동반한다. 흔히 국가와 민족, 역사의 이름으로 개인의 희생을 촉구하곤 한다. 칼 포퍼Karl Popper는《열린사회와 그 적들》에서 전체와 역사의 이름으로 개인에게 희생을 요구하는 행위에 대해 이렇게 비판한다.

> 많은 사람들은 아직도 개인주의를 이기주의와 동일시하고, 이타주의는 집단주의와 동일시하는데, 이것은 낭만주의적 관념의 영향이다. 그러나 이런 생각은 인간이 타인들과의 관계 속에서 자신의 고유한 중요성을 어떻게 잘 드러낼 수 있을 것인가 하는 주요한 문제를 명확하게 인식하는 데에 방해가 된다. 우리는 흔히 우리 자신을 넘어선 어떤 것, 우리가 헌신할 수 있는 어떤 것, 우리가 그것을 위해 희생해도 될 어떤 목적을 지향해야만 한다고 여기는 것을 당연하게 받아들인다. 따라서 그와 같은 어떤 것은 바로 '역사적 사명'을 가지고 임해야 할 집단적인 것임에 틀림없다고 결론을 내린다. 그렇기 때문에 우리는 희생하라는 말을 듣게 되며, 동시에 그렇게 하면 훌륭한 거래를 한 것이라고 확신한다. 희생을 한다 하더라도 그 결과 명예와 명성을 얻게 된다는 말을 우리는 자주 듣는다. 우리는 역사의 무대에 등장하는 영웅, 곧 역사의 '주역主役'이 될 것이요, 작은 위험을 무릅쓴 대가로 큰 보상을 얻게 된다는 것이다. 이것은 극소수 사람들만의 가치가 인정되고 평범한 사람들은 버림받은 시대의 미심쩍은 도덕률이요, 역사 교과서에 한 자리 차지할 기회를 가진 정치적 귀족이나 지적 귀족들의 도덕률이라 하지 않을 수 없다.

포퍼의 말대로 우리는 흔히 '개인주의는 곧 이기주의'라는 등식, 반대로 '이타주의는 집단주의'라는 등식을 자연스럽게 받아들여 왔다. 그래서 전체와 집단에 우선하는 개인의 선택은 항상 이기주의적인 발상으로 공격을 받아 왔다. 오직 개인의 이해를 넘어선, 국가와 민족을 위한 희생만이 값진 것이며 이를 통해 사회 구성원으로서의 정의로운 역할을 훌륭하게 수행한 것으로 여겨져 왔다. 그렇게 전체의 이익을 근거로 개인에게 희생을 요구하는 도덕률 아래서 인간은 목적이나 주체가 될 수 없으며 오직 수단이나 도구로 전락할 뿐이다.

개인주의가 무조건 이기주의인 것은 아니다. 반대로 집단주의라고 해서 모두 이타적인 것도 아니다. 이타적인 집단주의도 있을 수 있지만 이기적인 집단주의도 있을 수 있다. 자국의 식민지를 확대하기 위한 추악한 제국주의적 전쟁에 개인을 동원하는 집단주의는 지독한 이기주의, 이기적 민족주의가 이에 해당한다. 반대로 이기적인 개인주의도 있을 수 있지만 다른 한편으로 이타적인 개인주의도 불가능하지는 않다. 개인주의적 입장에서 국가에 의한 개인의 인권 침해에 저항하는 행위를 한다면 그는 개인주의이면서 이타적인 실천을 한 것이다.

하지만 역사적으로 지배세력은 개인주의를 이기주의로 규정하고 집단의 이익을 우선할 것을 요구했다. 어떤 때는 종교적인 권위가 전체의 목적을 위해 개인의 희생을 요구했다. 혹은 공동체 전체의 이익을 위해서 개인의 희생을 촉구하기도 한다. 근대국가 형성기에는 민족이라는 가치가 가장 강력한 권위를 가졌다. 현대사회에서는 단연 국가의 권위가 개인의 희생을 유도하는 가장 막강한 배후 세력이 된다. 경제발전을 위해 개인이 허리띠를 졸라매야 한다는 논리, 국가 안보를 위해 개인의 권리를 유보해야 한다는 논리가 너무나 쉽게 정당화된다. 그 정점에 국가의 이익을 위해 개인을 전쟁터로 내모는 전쟁 논리가 서 있다.

역사적으로 모든 희생이 다 부정적인 것은 아니다. 자신의 내면에서 순수하게 우러나오는 자발성에 기초하고 그 행동의 방향이 인류의 공공적인 가치에 부응할 때 우리는 그 개인의 희생에서 숭고함을 본다. 하지만 인간 사회에서 나타난 그간의 '자발적' 희생이란 대체적으로 '국가'나 '전체'의 이익을 위해 개인에게 희생을 요구하는 사회적인 도덕률이 개인을 강제한 결과인 경우가 많았다. 개인에게 더 많은 희생을 요구하는 것이 아니라 개인에게 더 많은 권리를 부여하기 위해 국가 간 경쟁이 치열한 인간 사회를 꿈꾸는 것은 헛된 공상일까?

나르시시즘을
권하는 사회 ___

나르키소스와 자기애自己愛

워터하우스는 판도라 등 그리스·로마 신화를 비롯하여 셰익스피어의 희곡 등 고전적인 주제에서 그림의 소재를 얻어 작업한 화가로 유명하다. 흔히 그를 '신화를 가장 신화적으로 그리는 화가'라고 평하는 이유도 거기에 있다. 특히 아름다운 여인을 주인공으로 비극적인 이야기를 전개하는 솜씨가 일품이다. 마치 꿈속에서 만나는 듯한 신비롭고 환상적인 느낌을 준다. 그 중 오필리어를 주인공으로 한 그림이 유명하다.

〈에코와 나르키소스〉 역시 그가 즐겨 사용하는 그리스·로마 신화의 유명한 이야기를 묘사했다. '나르시스'로 알려진, 우리들이 너무나 잘 알고 있는 신화이다. 헤라는 제우스가 바람피우는 것을 도와준 괘씸죄로 에코에게 다른 사람의 말 가운데 마지막 음절만 반복하는 무서운 형벌을 내린다. 이

〈에코와 나르키소스〉 _ 워터하우스, 1903

존 일리엄 워터하우스 John William Waterhouse | 1849~1917   19세기 영국의 화가로 고전주의적인 주제와 이상
적인 여인상을 추구했다. 미술가로 활동하는 부모 덕에 로마에서 자랐고, 이때 이탈리아 미술에서 받은 영
향이 그의 미술에 결정적인 자취를 남기게 된다. 주요 작품으로는 〈오디세우스에게 술잔을 주는 키르케〉
〈키르케 인비디오사〉 〈힐라스와 님프들〉 〈황금 상자를 여는 프시케〉 등이 있다.

저주로 인해 나르키소스에게 사랑을 전하지 못하고 여위어만 가던 에코는 나르키소스도 자신과 똑같은 고통을 느끼게 해달라고 복수의 여신에게 빈다. 그리하여 나르키소스는 자기 자신과 사랑에 빠진다. 물에 비친 자신의 모습을 사랑하게 되어 샘만 들여다보다가 마침내 탈진하여 죽는다(또는 샘물에 빠져 죽었다고도 한다). 그가 죽은 자리에 한 송이 꽃이 피어났는데, 이를 나르키소스(수선화)라고 부르게 되었다고 한다.

그림을 자세히 보면, 먼저 나르키소스보다 오히려 에코의 시선이 눈길을 끈다. 간절한 눈빛으로 그를 바라보지만 철저하게 외면당하고 있다. 헤라의 저주로 자신의 마음을 전하지 못하는 처지가 그녀를 위축시키고 있는지, 어설픈 모습으로 고개를 돌려 바라보고 있다. 그대로 몸이 굳어 버릴 것만 같다. 나르키소스는 오직 물속에 비친 자신의 모습만 뚫어지게 응시한다. 땅에 몸을 밀착하여 사랑하는 이에게 좀 더 가까이 다가가려는 듯하다. 오른손은 바위 밑으로 늘어뜨려 물속의 연인을 만지려 하는 것 같다.

사랑하는 이가 사랑받는 자이고, 구애하는 이가 구애받는 자가 된 상황이다. 정신분석학에서 자기애自己愛를 뜻하는 나르시시즘narcissism은 여기에서 유래됐다. 프로이트가 정신분석 용어로 사용한 후에 대중적으로 널리 알려졌다. 그에 의하면 나르시시즘은 자기의 육체나 자아가 사랑의 대상이 되어 있는 상태이다. 그는 인간은 본래 유아기에 자신을 관심의 대상으로 하는 1차적 나르시시즘 단계에 있다가 점차 외부의 대상(어머니나 이성)으로 향한다고 말했다. 그러나 애정생활이 위기에 직면하여 상대를 사랑할 수 없게 될 때, 다시 자신을 사랑하는 상태로 돌아가는, 2차적 나르시시즘 단계에 들어간다는 것이다.

나르시시즘은 우리말로 속칭 '공주병'이니 '왕자병'이라고 부르는 것과 비슷하다. 누구나 자신에 대한 관심은 있기 마련이지만 여기에 '병'이라는 말을 붙인 것은 그 상태가 장애에 가깝기 때문이다. 다시 말해 자아의 중요성이 너무 과장되어 장애에 이른 상태라고 할 수 있다. 자아 감각의 인플레이션 상태라고나 할까. 나르시시즘의 특징은 자신에 대한 집착에 머무는 것이 아니라 다른 사람에게 흥미나 관심을 보이지 않는 것으로 나타난다. 내 안에 내가 너무도 많기 때문에 외부 세계에 대한 현실 인식이 떨어지기도 한다.

나르시시즘을 권하는 현대사회

현대사회는 나르시시즘을 권하는 사회이다. 그리하여 수많은 사람들이 열병을 앓고 있다. 현대판 나르키소스는 더 이상 옷을 흙에 더럽히면서 물속을 응시하지 않는다. 불편하게 엎드리지 않아도 된다. 자신이 서 있는 자리의 적당한 높이에 자신이 있다. 또한 자신의 모습을 보기 위해 물을 찾아 돌아다닐 필요도 없다. 나를 비출 곳은 어디에나 있다. 도시의 어디에나 있는 쇼윈도가 그 역할을 훌륭하게 수행하고 있다. 그러한 의미에서 현대사회의 나르시시즘은 쇼윈도형으로 진화했다. 도시의 거리는 쇼윈도가 주인의 자리를 차지한 지 이미 오래다.

일러스트레이터로서 활발한 활동을 하고 있는 스티브 르블랑 Steve LeBlanc 의 회화 작품 〈에코와 나르키소스〉를 보자. 거리에 한 쌍의 남녀가 서 있다. 그들은 현대사회를 살아가는 청소년들답게 물 빠진 청바지에 간편한 남방차림이다. 간편한 운동화가 자유로운 느낌을 주고 있다. 여인이 손을 뻗어 무

〈에코와 나르키소스〉 _ 스티브 르블랑

언가 말하려고 하지만 이 남자는 별로 관심이 없다. 쇼윈도에 비친 자신의 모습을 감상하면서 머리를 쓸어 넘기기에 여념이 없다.

　쇼윈도는 마치 점령군처럼 당당하게 도시의 거리를 장악하고 있다. 우리는 공손한 소비자가 되어 마네킹의 이상적인 몸매에 주눅이 든 채 주인을 응시한다. 쇼윈도 안의 마네킹을 바라보는 듯하지만 실제로는 자신의 모습을 본다. 자신과 마네킹을 동일화시키고 진열된 옷을 입은 내 모습을 상상한다. 쇼윈도에 투영된 몸매와 패션을 관찰하고 감상한다. 심지어 자발적으로 쇼윈도 속의 마네킹 역할을 담당하기도 한다. 거리에는 외부에서 안을 볼 수 있도록 대형 유리로 환하게 개방해 놓은 카페나 패스트푸드점이 가득하다. 밖에서 잘 보이는 창가의 자리일수록 빨리 자리가 찬다. 쇼윈도를 통해 자신의 모습을 사랑스럽게 감상할 뿐만 아니라 자신을 보는 타인의 시선을 느끼며 스스로에게 만족스러워한다.

정보화사회는 또 다른 나르시시즘의 공간을 창출했다. 숲 속은 물론이고 구태여 쇼윈도가 있는 길거리로 나갈 필요조차 없다. 이제 스스로 사람들이, 그것도 아무 제한 없이 자신을 들여다볼 수 있는 공간을 만든다. 인터넷상의 블로그와 미니홈피는 21세기 나르키소스의 무대 역할을 한다. 원래 웹에 기록하는 일기나 일지를 뜻하는 블로그나, 홈페이지를 미니 형태로 만들어 놓은 미니홈피는 자신을 한결 자세히, 정교하게 표현하는 수단이 되었다. 그 속에서 현대의 '디지털 유목민e-nomad'들은 자기 자신을 사랑한다.

다른 한편으로 현대사회의 나르시시즘은 누드 열풍으로 나타나기도 한다. 직업 연예인들이 상업적인 목적으로 누드집을 내거나 하는 것을 말하는 것이 아니다. 그것은 나르시시즘이라 말할 수 없을 것이다. 일반인들이 그냥 평범한 자신의 누드를 캠코더를 이용해 촬영한다. 왜 찍느냐고 하면 가장 아름다운 시절의 자기 몸을 사진이나 영상으로 남겨두고 싶은 욕구라고 한다. '누드 나르시시즘'이라 할 수 있지 않을까?

나르시시즘, 개인의 파괴인가 발견인가 – 니체의 《인간적인 너무나 인간적인》

나르시시즘에 대해서는 아무래도 부정적으로 보는 태도가 일반적이다. 이는 앞에서도 말했듯이 프로이트 이래로 정신분석학 차원에서 병리학적으로 접근했던 것이 크게 작용했다. 또한 어쨌든 신화의 결말이 에코와 나르키소스 모두에게 비극적으로 나타난 것도 일단 부정적인 생각을 갖게 만든 요인이다.

나르시시스트들의 우월감과 자기도취는 일차적으로 비판의 대상이 된다. 그러한 자기도취가 한편으로는 타인에 대한 배타적인 태도를 낳기 일쑤이기 때문이다. 자기애의 이면에서 타인에 대한 경멸이 자라난다. 언뜻 보기에는 나르시시즘이 자신에 대한 관심을 불러일으키고 그만큼 자기만의 개성을 고취시킬 것 같지만 정반대의 현상이 벌어진다. 어떤 사람들은 연예인의 패션을 모방하면서 자기만족을 느끼곤 한다. 대부분의 경우 문화자본에 의해 만들어진 유행에 공손하게 복종함으로써 개성은커녕 동일한 모습으로 획일화된 나르시시스트들이 거리를 활보한다.

하지만 나르시시즘에 대해 전혀 다른 문제의식을 가질 수도 있다. 자신을 사랑하는 '나'는 개인으로서 자신을 자각하는 의미라고 보는 시각이다. 니체Friedrich Nietzsche는 이와 관련하여 《인간적인 너무나 인간적인》에서 다음과 같이 지적한다.

> 지금까지 비개인적인 것이 도덕적 행위의 고유한 특징으로 여겨져 왔다. 그리고 처음엔 보편적 이익을 고려하는 일이 바로 모든 비개인적 행위가 칭찬을 받고 특별 취급을 받는 이유였다는 것을 지적할 수도 있다. 될 수 있는 대로 '개인적' 고려를 함에 있어서만이 보편을 위한 이익 역시 최대가 된다는 것, 따라서 엄격한 개인적 행위야말로 보편적인 도덕성에 상응한다는 것 등이 현재에 이르러 점점 더 긍정적으로 통찰됨에 따라 위

와 같은 견해에 대한 뚜렷한 일대 변혁이 절박해진 게 아닐까? 자신을 완전한 '개인'으로 만들며 모든 행위에 있어 개인의 '최고 안녕'을 주시하는 것, 이것이 타인을 위한 저 동정적인 감동이나 행위보다도 더 진보하게 해주는 것이다. 물론 우리 모두는 여전히 우리에게 있는 개인성을 너무도 보잘것없는 것으로 생각하는 병을 앓고 있는데, 그것은 잘못 훈련된 것이다. 우리 스스로가 그렇다는 것을 인정하자. 오히려 우리의 감각은 그것으로부터 떼어져서, 국가와 학문과 도움을 필요로 하는 자들에게 마치 그 개인성이란 것이 희생으로 바쳐져야 할 사악한 것이기라도 한 것처럼 바쳐져 왔던 것이다.

니체는 그동안 인류에게 도덕적인 것을 '비개인적'인 것으로 여겨 왔지만 그가 보기에 진정한 도덕성은 반대로 '개인적'인 요소에 바탕을 두어야 한다고 주장한다. 그는 개인성, 즉 자신에 대한 사랑이 사악한 것이기라도 한 것처럼 여겨지는 도덕률에 대해 통렬한 비판을 한다. 오히려 우리 인류가 개인성을 너무도 보잘것없는 것으로 생각하는 병을 앓고 있어서 문제라고 한다.

실제로 우리는 흔히 자신의 안위를 생각하지 않고 사회와 집단을 위해 희생한 사람을 도덕적이라 생각한다. 예를 들어 일제강점기 민족독립운동에 참여한 지식인들을 도덕적이라 하고, 개인적인 창작에만 몰두했던 지식인들에게는 비도덕적이라는 딱지를 붙이곤 한다. 독재 통치에 맞서 민주화 운동에 참여한 사람은 도덕적이고, 소시민적인 삶을 산 사람은 이기적·비도덕적이라고 보는 시각도 마찬가지다. 니체는 이러한 시각이 잘못 '훈련'된 것이라고 비판한다.

니체는 무엇보다 자신을 완전한 개인으로 만들어야 하고 모든 행위에 있어 개인의 '최고 안녕'을 추구해야 한다고 말한다. 니체를 통해 우리는 서구의 근대적인 사고, 즉 '개인의 탄생'을 엿볼 수 있다. 고대 노예제나 중세 농노제 아래서 개인은 별 의미가 없었다. 실제로 노예제 사회에서는 노예를 동물과 마찬가지로 취급했다. 양계장에 있는 수백 마리의 닭 중에 한 마리가 개별적인 가치를 지니지 못하듯이 신분적으로 예속된 노예와 농노도 마찬가지였다. 시민혁명을 통해 신분 해방이 이루어지고 나서야 비로소 '개인'은 의미 있는 주체가 될 수 있었다. 홉스Thomas Hobbes, 로크 John Locke, 루소Jean Jacques Rousseau 등 대표적인 근대 사상가들이 논의의 전제로 '개인'을 설정한 것은 이를 반영한다. 그리고 니체가 루소를 비롯한 근대 사상가들을 매우 비판적으로 바라보면서도 그 전제에 해당하는 '개인' '개별성'을 중요시한다는 점은 그 역시 근대 사상의 영향으로부터 자유롭지 못함을 보여 준다.

집단성이 유일한 가치로 여겨지는 전통 사회에서 개인은 사실 의미 없는 것이었다. 특히 신분제 질서에 기초한 전통 사회에서 개인은 아무 의미가 없었다. 이것은 노예주나 노예, 귀족이나 농노 모두에게 해당되는 문제이다. 노예제 사회에서는 노예만이 아니라 노예주도 자유로운 개인일 수 없다. 마찬가지로 봉건사회에서는 농도만이 아니라 귀족도 자유로운 개인일 수 없다. 노골적인 억압 체제를 유지하기 위해서는 지배계급도 일상적인 긴장 상태에 있어야 한다. 호위병에 둘러싸여 격리된 생활을 해야 한다. 이러한 사회에서 자신을 관심의 대상으로 한다는 것 자체가 쉽지 않은 발상이고 비상식적인 것이었다. 나르키소스는 우리에게 집단이나 국가, 그 무엇으로도 대신할 수 없는 고유한 '나', 즉 개인의 가치를 생각하게 해주는 존재라고 보는 태도인 것이다. 그러한 면에서 나르키소스를 집단과 국가만이 관심과 사랑의 대상이었던 전체주의적 사회에서 개인으로의 시선과 접근을 촉구한 선구자로 본다면 지나친 과대망상일까?

그리스·로마 신화를 보면 앞부분에는 어떻게 이 세상이 생겨났는지에 대한 이야기가 가득 담겨 있다. 마치 성경의 창세기편을 읽는 듯한 착각을 불러일으킬 정도로 유사한 설정에 기초하고 있다. 대홍수 이야기도 공통적이고 성경에서 이브가 한 역할을 그리스·로마 신화에서는 판도라가 한다. 그리고 신화의 중간 부분까지는 신의 이야기이다. 거의 올림포스 산의 이야기로 가득하다. 그러다가 조금씩 인간 이야기가 나온다. 〈일리아드〉나 〈오디세이아〉로 가면 인간이 주연 역할을 하고 신은 조연으로 밀려난다. 인간이 신으로부터 독립하여 자립해 가는 과정을 보여 준다. 나르키소스는 여기에서 더 나아가서 집단에서 개인이 독립해 가는 적극적인 과정을 보여 주는 상징일 수도 있지 않을까?

하지만 현대판 나르시시스트들은 이와는 상당히 다른 자기애에 빠져 있는 게 아닐까 싶다. 상당 부분 상업화의 영역에서 문화 자본의 논리와 지나치게 가까운 관계를 맺고 있다는 점에서 볼 때 그러한 시각을 그대로 적용하는 것은 아무래도 무리가 따를 것 같다.

변검술사로
살아가는 현대인__

가면의 화가

표현주의나 초현실주의 미술은 대상에 대한 충실한 재현보다는 작가의 내면을 드러내는 방식이라는 점에서 공통점이 있다. 그중에서 표현주의는 작가 개인의 자아를 적극적인 감정 표출을 통해 묘사한다. 특히 내적인 불안, 공포, 고통 등을 극적으로 표현하기 위해 비자연적인 색채를 사용하기도 한다. 초현실주의는 내적인 감정 중에서도 무의식 세계를 주로 표현한다. 공

〈가면에 둘러싸인 자화상〉_ 엔소르, 1899

제임스 엔소르 James Sydeny Ensor | 1860~1949 벨기에의 근대 미술을 대표하는 화가 중 한 명이다. 환상적인 '가면의 화가'로 잘 알려져 있다. 가면과 해골, 죽음의 무용이라는 모티프를 통해 대중의 심리와 자기의 내면을 그려 당시의 젊은 화가와 평론가들에게 호평을 받았다. 그는 기독교의 역사나 사회적인 주제 등에 대해서도 비판적인 풍자가 가득한 많은 작품을 남겼다. 대표작으로는 〈그리스도의 브뤼셀 입성〉〈성 앙투안의 고난〉 등이 있다.

상이나 환상의 세계를 기괴한 이미지를 통해 표현하곤 한다. 그러다 보니 두 가지 경향 모두 현실의 형태를 왜곡하거나 초월하는 방식으로 나타난다. 표현주의를 대표하는 뭉크나 초현실주의를 대표하는 달리의 그림을 보면 현실에서 있을 수 없는 장면들이 자주 등장한다. 그림 속에서 사물은 변형되고 이성적인 논리는 사라진다.

하지만 극과 극은 서로 통한다고 하던가, 어떤 측면에서는 표현주의나 초현실주의 미술만큼 현실의 한 단면을 더 극명하게 보여 주는 그림도 드물다. 구체적인 현실을 더 치밀하게 관찰할 때 그 끝에서 표현주의적·초현실주의적 발상이 시작된다. 뭉크의 〈불안〉이나 〈절규〉만 해도 그렇다. 분명히 현실의 공간에서는 뭉크의 그림에서처럼 굴절된 물체를 찾아볼 수 없다. 하지만 극심한 내적 불안과 갈등을 겪고 있는 사람에게는 반듯하게 구분된 실체라는 것이 오히려 비현실적으로 다가온다.

흘러내리는 모양의 시계가 그려져 있는 달리의 〈기억의 영속〉도 마찬가지다. 분명히 녹아서 흘러내리는 시계는 없다. 그렇다고 눈에 보이지 않기 때문에 존재하지 않는다고 단정 짓는 것은 섣부르다. 우리는 시간이 늘어지는 느낌을 얼마든지 경험할 수 있다. 어느 한가한 봄날, 창문 가득히 쏟아지는 따스한 햇볕 아래에서 꾸벅꾸벅 졸다 보면 시간이 아이스크림처럼 녹아내린다. 그러한 현실의 경험을 가장 생생하게 표현하기 위해 초현실적인 방법이 가장 적합하다는 점에서 초현실은 역설적으로 가장 현실적인 것이 된다.

엔소르는 벨기에의 표현주의 미술을 대표하는 화가이다. 그는 내면의 세계를 가면이나 해골을 통해서 표출했다. 일반적으로는 내면을 가리는 것이 가면이고 내면이 사라진 상태가 해골일 텐데, 그는 가면과 해골을 통해 더 생생하게 내면의 표정을 보여 준다. 대표작 중 하나인 〈가면에 둘러싸인 자화상〉을 봐도 그러하다. 캔버스 가득히 온갖 표정의 가면들이 빼곡하게 들어차 있다. 오히려 자신의 모습은 감정이 죽어 있는 듯 표정이 없다. 가면들은 화난 표정, 웃는 표정, 슬픈 표정, 놀란 표정 등을 자랑하며 생명력을 뽐내는 듯하다.

그에게 가면의 기능은 얼굴을 숨기는 것이 아니다. 가면을 통해 적극적으로 자아를 드러낸다. 원래 가면의 어원은 그리스로 거슬러 올라간다. 그리스 비극 배우들은 가면을 쓰고 연기했는데, 그 가면을 '페르조나persona'라고 불렀다. 여기에서 오늘날 '인격'을 의미하는 'person'이라는 단어가 생겨났다고 하니 의미심장한 개념이 아닌가 싶다. 엔소르는 가면을 통해 인간의 삶이 가려진다고 봤던 것일까, 아니면 진정한 삶이 가면을 통해 드러난다고 생각했던 것일까? 후자가 아닐까?

셰익스피어는 "이 세상은 무대이며 모든 남자와 여자는 배우들이다. 그들은 각자의 배역을 좇아서 등장했다가 퇴장하지만 사람은 평생 동안 여러 가지 역을 담당한다"고 했고, 또 다른 사람들은 흔히 인생을 '극본 없는 연극'이라고도 한다. 이 역시 인간들은 삶의 과정에서 자신의 역할을 연기하며 살아간다는 뜻이다. 그렇게 연기를 하면서 살아가야 하는 것이 인간의 운명이라면 우리의 일상적인 표정이란 것은 일종의 가면 역할을 하고 있다고 볼 수 있다.

가면을 쓴 사랑

초현실주의 미술을 상징하는 작가 중에 **빼놓**을 수 없는 인물이 라팔 올빈스키Rafal Olbinski이다. 그는 지극히 사실주의적인 표현 방식을 이용해 초현실주의를 실현한다는 점에서 마그리트와 유사한 면이 있다. 그러나 마그리트의 작품에는 복잡한 철학적 복선이 가득하지만 올빈스키의 그림에는 인간의 세상사가 묻어난다. 그만큼 마그리트에 비해서 대중적인 면을 지니고 있다. 마그리트를 이해하기 위해서는 현대 철학에 대한 풍부한 사전 지식이 필요하다. 올빈스키의 그림은 그 자체에서 상상력의 지평을 넓혀 나갈 수 있다.

대중적으로 가장 잘 알려진 것은 유명 오페라를 포스터로 만든 작품들이다. 〈피가로의 결혼〉〈리골레토〉〈살로메〉〈삼손과 데릴라〉〈토스카〉〈파우스트〉등 쟁쟁한 오페라들이 올빈스키의 포스터를 통해 재창조되었다. 대중적인 오페라 작품의 줄거리 정도만 알고 있으면 우리에게 해석의 묘미를 제공해 준다. 그는 일반적인 오페라 포스터처럼 극의 한 장면을 단순히 묘사하는 데 머물지 않는다. 오페라에 대한 나름대로의 해석이 그림을 통해 새롭게 살아난다.

〈피가로의 결혼〉은 같은 이름의 모차르트 오페라를 포스터로 만든 작품이다. 화면 중앙에 남성과 여성의 가면이 키스를 하고 있다. 아무런 표정이 없는 데다가 흰색 가면이어서 그런지 더욱 창백한 느낌을 준다. 가면을 매개로 남성과 여성이 서로를 흘낏 쳐다본다. 하지만 그들의 표정도 가면과 별반 다를 바가 없다. 또 하나의 가면을 보는 듯한 착각이 들 정도로 무표정하기는 마찬가지다.

이 그림을 이해하기 위해서는 오페라의 줄거리를 어느 정도 알아야 한

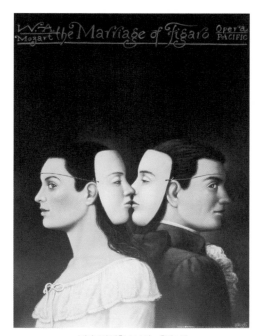

〈피가로의 결혼〉 포스터 _ 올빈스키

다. 백작의 하인 피가로와 백작 부인의 시녀 수잔나는 결혼식을 앞두고 있
다. 그런데 바람둥이 백작이 시녀 수잔나를 짝사랑해서 밀회를 요구하고,
백작 부인과 수잔나는 비밀리에 서로의 모습으로 변장한다. 피가로와 백작
모두 착각을 하게 되고, 이 과정에서 한바탕 소동이 벌어진다. 결국 마지막
에는 모든 사실이 밝혀지고 백작의 바람기를 혼내 주며 두 사람은 순조롭게
부부가 된다는 이야기다. 물론 이 작품은 단순한 사랑 얘기가 아니다. 백작
의 음모는 영주가 일반 백성이 결혼을 할 때 신부와 먼저 첫날밤을 보낼 수
있는 초야권을 행사하려는 것이었고, 그런 점에서 피가로의 반발은 신분 질

서에 대한 저항의 의미를 지닌다. 초연 당시, 신분 질서에 저항한다는 작품 내용이 귀족들에게 불쾌감을 불러일으켜 검열과 음모에 의해 상연마저 위협받을 지경이었다고 한다.

포스터에 가면이 등장하는 것은 오페라 내용에서 하이라이트에 해당하는 장면으로 수잔나와 백작 부인이 변장을 하여 피가로는 피가로대로 분노를 하고 백작은 백작대로 황당한 상황을 맞이하는 장면에서 힌트를 얻은 것이다. 서로가 서로를 속이고 착각이 착각을 낳으면서 뒤엉키는 상황을 정점으로 하여 해결의 방향으로 물꼬를 트는 과정을 상징한다.

그런데 모차르트의 오페라는 그렇게 끝날지 모르지만 올빈스키의 포스터는 오페라가 끝나는 그 지점에서 다시 시작한다. 극에서야 서로의 신분을 확인한 후 피가로는 수잔나와 백작은 백작 부인과 다시 이어지면서 해피엔딩을 하지만 현실을 그렇게 간단하지가 않다. 가면을 벗은 얼굴이 또 하나의 가면이라면 이야기는 결말이 아니라 또 다른 시작으로 이어질 수밖에 없다. 그리고 그 가면은 이 극에 등장하는 모든 사람의 것일 수 있다, 아니 더 나아가서 이 오페라를 점잖은 표정으로 감상하고 있는 관객 모두에게 씌워져 있는 것일 수도 있다.

변검술사로 살아가는 현대인 − 기든스의 《현대성과 자아정체성》

하지만 현대사회를 대표하는 지식인 중의 한 사람인 기든스Anthony Giddens는 안정된 자아를 유지하기 힘은 조건들 속에서도 자아의 통합을 강조한다. 그는 《현대성과 자아정체성》에서 다음과 같이 주장한다.

자아정체성의 변모와 지구화는 고도화된 현대사회의 조건에서 지역적인 것과 지구적인 것의 변증법의 양극이다. 바꾸어 말해 개인적 삶의 내밀한 측면들의 변화는 아주 넓은 범위의 사회적 관련들이 확립된 것과 직접적으로 연결되어 있다. 그렇다고 예컨대 지방과 국가조직 사이의 관련과 같은 중간적인 관련이 많이 존재하고 있음을 부정하려는 것은 아니다. 그러나 고도화된 현대사회가 끌어들인 시간−공간 원격화의 차원은 아주 광범위해서 인류사에서 처음으로 '자아'와 '사회'가 지구적 환경 속에서 상호 관련되고 있다. … 자아정체성은 개인이 소유하고 있는 어떤 독특한 특성이 아니며 나아가 특성들의 집합도 아니다. 그것은 '사람에 의해 그녀 또는 그의 전기의 견지에서 성찰적으로 이해되는 것으로서의 자아'이다. 여기에서 정체성은 여전히 시간과 공간을 가로지르는 연속성을 전제하고 있다. 그러나 자아정체성은 행위자에 의해 성찰적으로 해석되는 그러한 연속성이다. 이것은 사람됨의 인지적 구성 요소를 포함하고 있다. '사람'이 된다는 것은 단지 성찰적인 행위자가 된다는 것일 뿐만 아니라 사람에 관한 개념을 가진다는 것이기도 한 것이다. '사람'이 무엇으로 이해되는가는 문화에 따라 다르다. 그러나 물론 모든 문화에 공통되는 관념 요소들도 있다. 알려져 있는 모든 문화에 특유한, 변화하는 맥락에서 '주격의 나'를 사용할 수 있는 능력은 사람됨에 대한 성찰적 관념의 가장 기초적인 특징이다.

전통 사회에서 사람들의 정체성은 고정성과 안정성을 지녔다. 종교적인 요소나 사회의 도덕률이 개인을 강하게 규정했다. 개인의 사고방식이나 행동이 미리 규정된 사회적인 역할 속에서 한정되어 있었다. 전통 사회는 대부분 신분사회였기 때문이다. 주어진 신분에서 벗어난 정체성을 갖고 삶을 사는 것이 거의 불가능했다. 우리의 경우 신분제와 강력한 유교적 전통에서 벗어난 삶은 거의 불가능했다. 서구 사회도 마찬가지였는데, 신분제와 기독교 문화의 강제가 강력해 만약 여기에서 벗어나려고 할 경우 마녀사냥 등에 의해서 목숨을 유지하기도 어려웠다. 그러니 개인이 자신의 정체성을 선택하거나 수정하는 것은 거의 불가능에 가까웠다.

기든스는 고도화된 현대사회에서 인류사상 처음으로 '자아'와 '사회'가 지구적 환경 속에서 상호 관련되는 현상이 발생하고 있다고 주장한다. 근대사회에서는 개인이 지역사회나 국가 안에서 서로 영향을 주고받으며 정체성에 대한 선택과 판단을 하는 것이었다면, 이제는 세계화라는 조건 속에서 전 지구적인 요소가 개인의 내밀한 측면에 이르기까지 광범위하게 영향을 미치고 있다는 것이다. 현재 지구를 휩쓸고 있는 세계화가 경제뿐만 아니라 정치, 문화, 예술 등은 물론 개인의 의식에 이르기까지 여러 측면에서 영향을 미치고 있다. 그는 개인의 정체성도 복잡한 현대사회의 특성과 직접적인 영향을 받게 된다고 주장한다. 그래서 현대사회에서의 자아정체성이란 온갖 우연적 요소에 직면하고 있는 개인이 끊임없이 상황에 대한 판단에 기초하는 '성찰적 기획'의 성격을 갖는다고 강조한다. 기든스는 최종적으로는 성찰을 통해 자칫 분열되기 쉬운 자아를 통합하는 노력이 필요하다고 생각한다.

하지만 현대사회에서 성찰적인 기획으로 표현되든, 다른 무엇으로 표현되든 어느 정도 일정한 개인의 정체성을 설정한다는 것 자체가 의미 없다는 반론도 있다. 우리는 모두 배우들이며 한평생 여러 가지 배역을 담당한다는 셰익스피어의 말은 이러한 견해와 가깝다. 어느 정도 공감이 가는 말이다. 한 사람이 살아가면서 자기 뜻대로 할 수 있는 게 얼마나 되겠는가. 인간은 개인적인 것은 물론이고 사회적으로도 일정하게 한정된 영역에서 제한된 역할을 수행하며 살아간다. 그리고 이 과정에서 저마다 연기를 한다. 자신의 생각이나 감정을 그대로 다 드러내고 살아가는 것은 자기 스스로 상황을 개척해 나가는 대단한 카리스마를 지닌 인물이거나 아무 생각도 눈치도 없는 바보이기 십상이다. 개인에게 허용된 선택의 폭은 넓지 않다. 그만큼 현대사회로 올수록 안정적인 자아정체성을 유지하기가 힘들다.

그렇기 때문에 인간은 상황에 맞게 연기를 하고 이를 위해 가면을 쓴다. 그나마 하나의 가면만을 쓰는 것도 아니다. 살아가면서 자연적인 성장, 삶의 조건 변화에 적응하면서 불가피하게 여러 개의 가면으로 바꾸면서 살아가야 한다. 그런 점에서 셰익스피어의 지적은 타당하다. 하지만 셰익스피어의 시대에는 거기까지였다. 그렇게 몇 번의 역할을 바꾸며 새로운 가면을 쓰면 되는 시대였다. 앞에서도 보았듯이 전통 사회에서 인간은 비교적 안정적인 정체성을 유지하는 것이 가능했다. 대부분의 사람들은 특정 지역과 집단, 특정 신분의 틀에서 한평생을 살아야 했다. 그 속에서 규정을 받으며 역할을 수행한다는 점에서 상대적으로 안정적인 자아정체성의 유지가 가능했다.

하지만 현대인들은 동시에 여러 가지 역을 담당해야만 한다. 혈족이나 지역 집단에 한정되지 않는 다양한 관계의 망 속에서 살아가야 하는 처지이다. 어디 그뿐인가? 복잡한 관계의 망 속에서 다양하고 중첩된 역할을 해야만 한다. 직장에서는 위로 상사가 있고 옆으로는 동료가 있고 밑으로는 부하 직원이 있다. 가정에서는 부모와의 관계와 배우자와의 관계, 그리고 자식과의 관계가 다를 수밖에 없다. 혹은 생산자로서의 정체성과 소비자로서의 정체성이 충돌하기도 한다. 정보화라는 조건에서 오프라인과 온라인을 넘나들면서 정체성의 줄타기를 해야 한다.

그렇기 때문에 현대인은 한꺼번에 여러 겹의 가면을 쓰고 상황에 따라 순식간에 새로운 가면으로 바꾸어야만 한다. 중국의 경극에는 변검술變臉術이라는 기술이 있다. 얼굴에 손을 대지 않고 가면을 썼다 벗었다 하는 신기한 기술이다. 짧은 동작 속에서 누구도 눈치 채지 못할 정도로 순식간에 전혀 다른 가면을 쓴 수십 개의 얼굴로 변한다. 현대인들은 변검술을 본능적으로 습득하며 살아간다. 원래 변검술은 한 사람의 수제자에게만 기술을 가르쳐 줘서 명맥이 이어지도록 한다는데, 현대인은 현실에서 본능적으로 그 기술을 터득해서 사용한다.

문제는 엔소르의 그림에서와 마찬가지로 가면이 더 현실적이고 나아가서는 실질적이기도 하다는 점이다. 가면을 벗은 인간의 모습이 오히려 낯설 뿐만 아니라 그 상태로는 사회적인 역할을 제대로 수행하기도 어렵다. 어찌해야 하는가? 가면을 현실로 인정할 것인가, 아니면 과감하게 가면을 벗어던져야 하는가? 우리의 정체성은 가면을 벗어야 획득되는가, 아니면 가면의 표정을 통해 나타날 수밖에 없는 것인가?

메두사의 뗏목과
부정부패 __

충격적인 그림, 충격적인 사건

캔버스에 묘사된 상황 자체가 충격적으로 다가오는 그림들이 있다. 이스라엘의 유딧이 아시리아의 적장을 유혹해 목을 베어 버리는 장면을 그린 아르테미시아Artemisia Gentileschi의 〈홀로페르네스의 목을 치는 유딧〉이 그러하다. 또한 하늘의 지배권을 자식들에게 빼앗기지 않기 위해 다섯 명의 어린 자식들을 차례차례 먹어서 죽여 버린 사투르누스를 묘사한 고야의 〈사투르누스〉가 그러하다. 이러한 종류의 그림에서 빠질 수 없는 또 하나의 그림이 바로 제리코의 〈메두사의 뗏목〉이다.

〈메두사의 뗏목〉은 당시 벌어졌던 실제 사건을 사실적으로 재현한 작품이다. 1816년 6월, 프랑스 식민지로 출항한 범선 메두사호가 암초에 부딪혀 난파되는 사건이 벌어졌다. 그 배에 탄 사람은 모두 400여 명이었는데 구명

〈메두사의 뗏목〉_ 제리코, 1819

테오도르 제리코 Theodore Gericault | 1791~1824 19세기 프랑스의 대표적인 화가로 낭만주의 회화의 창시자이다. 당시 프랑스 화단의 아카데믹한 화풍에 반대했고 루벤스와 미켈란젤로의 영향을 많이 받았다. 그는 소묘에도 남다른 재질을 갖고 있었고 석판화를 참다운 예술품으로 끌어올린 공로자이기도 하다. 주요 작품으로 〈메두사의 뗏목〉〈돌격하는 샤쇠르〉〈부상당한 퀴라시에〉 등이 있다.

정에는 250명밖에 탈 수가 없었다. 구명정에 탈 사람은 선장이 정했는데, 여기에서 배제된 149명은 그림처럼 뗏목을 만들어 생존을 위한 싸움을 시작해야 했다. 이들은 10여 일 동안 망망대해를 표류하다가 주변을 지나던 배에 의해 구조되었는데 생존자는 149명 가운데 단 15명이었다. 그나마 이들 중 5명은 구조 직후 바로 사망했고 나머지 사람들도 표류 과정에서 겪었던 충격을 이기지 못하고 모두 정신 이상 증세를 보였다고 한다.

생존자들의 증언에 따르면 표류 과정은 말 그대로 생지옥이었다. 급조된 뗏목은 형편없었기 때문에 가장자리에 있던 일부가 가장 먼저 바닷물에 쓸려 내려갔다. 당연히 서로 뗏목 안쪽을 차지하기 위한 필사적인 충돌이 일어났는데 이 과정에서 65명이 총으로 사살되었다. 표류 이틀 만에 숫자가 반으로 줄었다. 식량이나 물도 없었기 때문에 자신의 소변을 받아 먹기도 했다. 3일째부터는 시체에서 살을 발라내서 햇빛에 말려먹기 시작했고 그때부터 뗏목의 돛대에는 줄줄이 인육이 걸려 있었다고 한다. 일주일이 지나자 28명만이 살아남았다. 그나마 28명 중에서도 힘없고 병든 사람은 하나둘씩 바다로 던져졌다. 이 과정을 거쳐 최종적으로 15명만이 살아남았다.

제리코는 이 충격적인 사건을 생생하게 묘사하고자 했다. 그는 직접 시체안치소를 찾아가 시체들을 스케치하고, 실제로 뗏목의 모형을 만들어 보는 등 사실적인 묘사를 위해 온갖 노력을 했다. 또한 그림의 완성도를 높이기 위해 난파의 다양한 양상을 보여 주는 많은 습작을 제작했다. 그렇게 13개월에 걸친 열정적인 작업을 통해 가로 715cm, 세로 490cm에 이르는 대작을 완성했다. 거대한 캔버스 크기를 머리에 떠올리면서 감상을 하면 그림 속의 장면이 얼마나 충격적으로 다가올지 한층 실감이 날 것이다.

바다에는 허술한 뗏목쯤은 한 번에 날려버릴 것 같은 집채만 한 파도가 일렁인다. 하늘에는 폭풍우를 쏟아 낼 것 같은 검은 먹구름이 밀려온다. 뗏목의 가장자리에는 이미 죽은 시체들이 널브러져 있다. 오른쪽 앞에는 나무토막에 발이 끼인 시체 한 구가 바닷속에 머리를 박고 있다. 왼편에는 반대로 몸이 뗏목에 끼어 있는 시체가 보이는데 죽은 지 한참 된 듯 얼굴빛이 유난히 검다. 그 옆으로는 한 노인이 젊은이의 시체가 바다로 쓸려 내려가지 않도록 붙잡고 있다. 이 급박한 순간에 시체를 싸안고 있는 것은 그 젊은이가 아들이기 때문일 것이다. 노인의 얼굴을 자세히 보면 이미 동공이 풀려 있어서 정신이 반쯤은 나가 있는 것 같다. 그런데 아직 살아 있는 사람들은 옷을 모두 입고 있거나 적어도 하의는 걸치고 있는데 시체들은 하나같이 거의 나체 모습이다. 화가는 시체를 나체로 묘사함으로써 인육을 먹었던 상황을 암시하고자 했던 것이 아닐까? 오른쪽 상단부에는 몇 사람이 옷을 흔들며 소리를 지르고 있다. 왜 그럴까? 수평선 저 멀리를 보면 파도 사이로 아주 작고 흐릿하게 배의 돛대가 보인다. 자신들을 구조해 줄 배를 발견한 것이다. 살아 있는 사람들의 눈과 근육이 생존의 가능성을 확인하자 꿈틀거린다. 돛이 왼편으로 잔뜩 부풀어 있는 것은 멀리 보이는 배와 다른 방향으로 뗏목이 쓸려 가고 있는 상황임을 보여 준다. 그 안타까움이 절규로 터져 나오고 있다.

제리코의 〈메두사의 뗏목〉은 미술사적으로 낭만주의의 출현을 알리는 중요한 그림이기도 하다. 그전까지 서양 미술은 신고전주의가 지배하고 있었다. 다비드Jacques Louis David, 앵그르 등의 화가로 대표되는 신고전주의 미술은 인간과 자연을 이상적인 모습으로 표현하려 했다. 이를 위해 단순하고 고정된 완벽한 균형미를 중시했다. 때문에 색채보다는 형태를 중요하게 생각했다. 제리코의 그림은 신고전주의의 도식화된 그림에 대해 일종의 도전장 역할을 했다.

언뜻 보면 이 그림도 균형 잡힌 삼각형 구도와 그리스 조각을 연상시키는 인체 묘사로 인해 신고전주의적인 표현으로 보인다. 하지만 이상적이고 고상한 주제를 선호하는 신고전주의와는 다르게 제리코의 그림은 인간이 처한 극한의 고통스런 상황을 적나라하게 보여 주고 있다는 점에서 다르다. 이상적인 형태나 교훈적인 신화보다는 화가와 인간 개인의 감정을 표현하는 데 초점을 맞추고 있다는 점에서 낭만주의의 문을 여는 작품으로 꼽힌다. 드디어 미술가의 자기표현으로서의 미술이 등장한 것이다.

부정부패가 빚은 참극

이 그림이 화제의 대상이 되었던 이유는 극적인 상황이나 미술사적인 의미만이 아니라 정치적인 요소도 포함되어 있었기 때문이다. 당시 사람들은 당연히 이 끔찍한 사건이 왜 일어났는지 궁금해했다. 그 배경에는 부르봉 왕가의 부패가 자리 잡고 있었다.

당시 유럽 강대국들은 식민지 확대에 혈안이 되어 있었다. 아프리카 식민지는 막대한 부를 안겨 주는, 한마디로 '돈 되는' 사업이었다. 그래서 많은 사람들이 정부의 고위 관료에게 뇌물을 먹이고 식민지 개척에 참여하고자 했다. 메두사호 사건도 이러한 부패의 고리가 얽혀서 생긴 일이었다. 25년간 배를 탄 적이 없는 어느 퇴역 군인이 뇌물을 주고 부르봉 왕가의 신임을 얻어 식민지로 향하는 군함의 함장 자리를 차지했다. 이 선장은 배에 관해서는 아무것도 모르는 사람이었다. 그 무능함 때문에, 누구나 알고 있고 지도에도 표시되어 있는 암초에 걸려 배가 난파하게 된 것이었다. 처음에는 뗏목에 있던 사람들이 겪은 고통과 죽음이 광범위한 동정심을 불러일으켰지만, 이 사건이 왕실의 연줄로 선장이 된 무자격 선장 때문에 일어났다는 사실이 알려지자 프랑스 국민들은 분노하기 시작했고, 선장에 대한 재판은 군주제 전체에 대한 재판의 성격을 갖게 되었다. 당연히 부르봉 왕가와 프랑스 정부 당국은 사건을 은폐하기에 혈안이 되었다. 그러던 차에 1819년 제리코의 〈메두사의 뗏목〉이 살롱전에 공개되고 금메달을 받은 것이다.

이 작품을 처음 출품했을 때의 그림 제목은 〈어느 난파선의 장면〉이었다. 사건을 은폐하고자 하는 부르봉 왕가의 보복을 우려하지 않을 수 없던 화가로서는 메두사호의 이름을 전면에 내걸 수 없었다. 하지만 세간의 관심이 쏠려 있는데 그림이 의미하는 바를 사람들이 모를 리 없었다. 제리코의 그림은 순식간에 논쟁에 휩싸였다. 군주제를 지지하는 세력은 여러 가지 이유를 들어 비난을 퍼부었다.

화가의 의도가 부르봉 왕가를 폭로하고자 했던 것인지의 여부는 여기에서 그리 중요하지 않다. 이를 확인하기가 쉽지 않기도 하거니와 중요한 것은 화가의 의도가 아니라 그 의도와는 무관한 이 그림의 역사적인 역할 때문이다. 〈메두사의 뗏목〉은 루이 18세 정부의 부패와 무책임함에 대한 공공연한 비판의 상징이 되었다. 사람들의 머릿속에서 이 사건을 지우고자 하는 이들의 의도와는 반대로 뗏목과 생존자들의 모습을 극적으로 묘사한 거대한 그림이 내걸렸으니 제리코의 그림이 정부 당국의 탄압을 받은 건 어쩌면 당연했다. 제리코는 그 이후에도 그리스 독립전쟁, 노예제 반대 등 민감한 정치적인 문제를 주제로 그림을 그렸다. 이로 인해 안전에 위협을 당하다가 영국으로 피신하기도 했다.

부정과 비리로 인해 끔찍한 사건이 일어난 것도 우리들의 분노를 불러일으키기에 충분하지만, 더 나아가 난파 이후의 과정이 분노를 몇 배는 더 증폭시킨다. 사태의 전개 과정은 난파와 같은 위급한 상황에서 삶과 죽음의 갈림길조차 신분과 부^富가 결정한다는 것을 너무나 선명하게 보여 준다. 배에 마련된 구명보트는 선장과 고급 장교, 귀족, 신흥 부르주아지 등 신분이 꽤 있는 사람들만 탈 수 있었고 이들은 무사히 목숨을 건졌다. 하지만 별 볼일 없는 하급 선원들이나 새로운 땅에서 새 삶을 살아 보겠다고 나선 서민들은 뗏목으로 내몰리고 죽음에 이르렀다. 그나마 원래는 뗏목을 구명정에 밧줄로 이어 해안까지 끌고 갈 계획이었다고 한다. 그러나 죽음의 두려움을 이기지 못한 선장은 뗏목에 연결된 밧줄을 끊어 버리고 도망쳤다.

흔히 유럽의 '신사도 정신'을 들먹이는 사람들이 많다. 위급한 상황에서 아이들과 여인 먼저 구하는 전통 말이다. 하지만 이것 역시 철저하게 신분과 부를 전제로 한다. 지배적인 신분과 부를 획득한 집단 내에서의 문제이다. 가난한 이들은 아예 처음부터 배제의 대상이 된다. 아니 아예 인간으로서 최소한의 취급조차 받지 못했다.

인간 사회에서 부정부패는 불가피한가 – 니버의 《도덕적 인간과 비도덕적 사회》

메두사호 사건은 한마디로 총체적인 부정부패가 빚어낸 참극이었다. 문제는 부정부패가 신분사회나 왕조 시대에 국한된 문제가 아니라는 점이다. 신분적 강제가 사라지고 형식적인 민주주의가 정착된 현대사회에서도 부정부패 소식이 거의 매일 TV 뉴스와 신문의 정치·사회면을 장식하고 있다. 인간 사회에서 부정부패는 불가피한 것일까? 권력이나 부가 존재하는 모든 곳에서 부정부패는 인류가 감수해야만 하는 필요악일까? 이와 관련하여 윤리학으로 세계에 큰 영향을 미친 미국의 현대 사상가 라인홀드 니버Reinhold Niebuhr는《도덕적 인간과 비도덕적 사회》에서 다음과 같이 지적한다.

> 개개의 인간들은 자신들의 이해관계뿐만 아니라 다른 사람들의 이해관계도 고려하며, 또한 때에 따라서는 행위의 문제를 결정할 때 다른 사람들의 이익을 더욱 존중할 수도 있다는 의미에서 도덕적이다. 그들은 본성상 자신들과 비슷한 사람들에 대해 공감하고 고려할 수 있는 도덕적 능력을 갖고 있다. … 그러나 이 모든 성과들은 인간 사회와 사회집단들에서는 전혀 불가능한 것은 아니지만 개인들에 비해 훨씬 획득되기 어렵다. 모든 인간 집단은 개인과 비교할 때 충동을 올바르게 인도하고 때에 따라 억제할 수 있는 이성과 자기 극복의 능력 그리고 다른 사람들의 욕구를 수용하는 능력이 훨씬 결여되어 있다. 게다가 집단을 구성하는 개인들이 개인적 관계에서 보여 주는 것에 비해 훨씬 심한 이기주의가 모든 집단에서 나타난다. … 인간의 이성은 사회적 상황 내에서 항상 어느 정도는 이해관계의 노예이기 때문에, 사회 불의는 교육가와 사회과학자들이 일반적으로 믿고 있는 바와 같이 도덕적이고 합리적인 권고만으로는 해결될 수 없다. 갈등은 불가피하다. 갈등 상황에서는 힘에 대해 힘으로 맞서는 수밖에 없다.

니버는 개인의 경우 도덕적 행동이 충분히 가능하다고 본다. 우리는 자신의 이익을 추구하기보다는 인류의 문제를 해결하기 위해 노력했던 사람들을 어렵지 않게 떠올릴 수 있다. 아프리카 원주민 치료에 평생을 바친 슈바이처 박사라든가 빈민의 어머니 역할을 했던 테레사 수녀, 또한 우리 주변에서 볼 수 있는 적지 않은 익명의 기부자들이 여기에 해당된다. 혹은 투자의 귀재로 불리는 워렌 버핏의 370억 달러 사회 환원이라든가 마이크로소프트사의 빌 게이츠가 1000만 달러를 제외한 전 재산을 사회 환원하는 행위들도 재산 형성 과정에서의 도덕성 문제와는 별도로 떠올려 볼 수 있는 사례이다.

　　하지만 집단의 경우는 전혀 다르다고 한다. 집단을 구성하는 개인들이 개인적 관계에서 보여 주는 것에 비해 훨씬 심한 이기주의가 모든 집단에서 나타난다고 한다. 이것도 우리 사회에서 나타나는 몇 가지 사례만 생각해 보더라도 고개를 끄덕이게 된다. 예를 들어 나름대로의 양심을 가지고 있는 개인들이지만 집단으로 결합이 되었을 때 얼마나 추악한 이기주의를 보여 주는지는 장애인 시설이나 고아원 시설의 설립을 반대하는 지역 주민들의 행동만 보더라도 확인할 수 있다.

　　그렇다면 인간이 집단에서 벗어난 순수한 개인으로 살아가기 어렵다는 점을 고려할 때, 결국 인간은 부정부패의 늪 속에서 살아갈 수밖에 없을까? 꼭 그렇지는 않다. 메두사호 사건에서도 볼 수 있듯이 부정부패는 항상 가진 자들에 의해 자행된다. 농민이나 빈민, 노동자의 부패 때문에 사회에 문제가 생겼다는 얘기를 들어 본 적이 있는가? 부정과 부패는 언제나 권력과 부가 있는 곳에서 자라고 터져 나온다. 대체로 힘없고 돈 없는 사람들이 그 부정부패의 오물을 뒤집어쓰는 대상이 되어 왔다.

인류는 부정부패를 넘어서 진정 정의로운 사회를 만들 수 있을까? 니버는 나름대로의 방향을 제시한다. 그는 "앞으로 다가올 수 세기에 대한 집단적 인간의 근본 관심은 강제가 없이 완전한 평화와 정의로 충만한 이상적 사회의 건설에 있는 것이 아니라, 충분한 정의는 있되 그의 공동 작업이 전적으로 재앙에 빠지지 않도록 강제력이 충분히 비폭력적으로 되는 그런 사회의 건설에 있다"고 주장한다. 아무런 부정부패도 없는 이상사회까지는 아니라 하더라도 부정부패를 최소화하고 비교적 정의로운 사회는 만들 수 있다는 기대감일 것이다.

하지만 니버는 그러한 사회의 실현이 평화적인 조정을 통해서 이루어질 것이라고 보지는 않는다. 도덕적이고 합리적인 권고나 조정으로 해결되는 것이 아니라고 한다. 갈등은 불가피하고, 갈등 상황에서는 힘에 대해 힘으로 맞서는 수밖에 없다고 단언한다. 하지만 여기에서 말하는 집단적인 힘이 폭력이 아니라 비폭력에 의해 뒷받침되는 강제력이어야 한다는 한정을 하고 있다.

니버에 대한 반론도 만만치 않다. 흔히 사회에 갈등이 발생했을 때 대화와 타협을 통해, 조정을 통해 해결하라는 충고를 자주 접한다. 두 세력이 갈등하고 있을 경우 그들로 하여금 협상을 통해 서로의 요구를 완화하고 잠정 협정에 도달하도록 하라는 지적이다. 그러나 미국 사회에서 흑인들과 같은 천대받는 집단이 이런 조정을 통해 사회 안에서 과연 충분한 정의를 얻을 수 있을까? 정부나 기업의 부정부패 행위에 대해서는 어떻게 대응해야 하는가? 장애인, 여성, 비정규직 노동자와 같은 사회적 약자에 대한 부당한 대우에 대해서는 어떻게 대응해야 하는가? 니버의 지적처럼 갈등과 힘을 통해

해결해야 하는가, 아니면 정부나 언론에서 흔히 강조하듯이 오직 조정만을
유일한 방법으로 인정해야 하는가?

친일 미술의
그림자 ___

친일 미술의 어두운 그림자

한 젊은 군인이 흐뭇한 표정으로 동아시아 지역을 한눈에 볼 수 있는 지도를 응시하고 있다. 그림 아래에 '대동아전쟁 1주년'이라는 표기가 있는 것으로 봐서 태평양 전쟁 당시의 일본 군인임을 알 수 있다. 일본과 조선을 동일하게 빨간색으로 칠해서 하나의 국가임을 강조하고 있다. 그리고 조선이 대일본제국과 일체인 것을 자랑스러워하듯이 '대일본'이라고 표시해 놓았다. 일본이 점령한 나라들에는 일장기 표시가 되어 있는데 중국과 호주 사이의 나라들이 거의 대부분 여기에 포함되어 있다.

그림만 놓고 보면 당시 일본의 침략 행위를 정당화하고 국민 총동원 분위기를 고조시키기 위해 일본의 화가에 의해 그려진 전쟁화 정도로 여겨질 것이다. 하지만 이 그림은 일제강점기 조선인 화가인 정현웅의 '대동아전쟁

〈대동아전쟁 1주년 특집 표지화〉_ 정현웅, 1941

정현웅鄭玄雄 | 1911~1976   일제강점기 〈동아일보〉와 〈조선일보〉에 삽화를 그리며 출판 미술에 두각을 나
타내기 시작했다. 특히 친일 잡지의 표지 그림을 많이 그렸다. 한국전쟁 당시 월북하여 그곳에서 고분 벽화
모사 작업에 열중했고, 역사화를 많이 그렸다.

1주년 특집 표지화'이다. 당시 수많은 조선 화가들이 친일 행위에 적극적으로 가담했다. 그들은 조선인 징병제를 찬양하는 그림을 그려 조선 청년들을 일본 침략전쟁의 총알받이로 내모는 일도 서슴지 않았다. 〈조선징병제 실시 기념화〉를 공동 제작하기도 했던 정현웅은 친일적인 잡지의 표지화를 많이 그린 것으로 유명하다.

'국민화가'라고 불리울 정도로 한국화를 대표하는 운보 김기창도 당시 부끄러운 대열에 앞장섰다. 당시 전쟁화로 그린 〈적진육박〉이라는 살벌한 제목의 그림은 대동아 전쟁의 일선에 선 자랑스러운 황군의 모습을 담고 있다. 노란색과 연두색, 진한 녹색과 검정색이 어우러진 묘한 그림이다. 그림만 봐서는 언뜻 무엇을 묘사한 것인지 구별이 잘 가지 않는다. 무슨 디자인 같기도 하다. 하지만 〈적진육박〉이라는 제목을 보면 실마리가 풀린다. 전쟁 중에 적진에 침투해 들어가는 병사의 모습이라는 의미일 것이다.

그림 속에는 울창한 나뭇잎이 어지러이 펼쳐져 있다. 여러 종류의 나뭇잎 사이로 시커먼 물체가 어른거린다. 얼굴은 온통 검은색이어서 어떤 표정인지 전혀 알 수 없다. 하지만 손의 표정이 긴박한 분위기를 그대로 보여 준다. 고양이가 쥐를 발견하고 살금살금 다가갈 때의 발 모양같이 아주 조심스럽게 웅크린 모습이 역력하다. 그런데 유심히 관찰을 하면 무언가 뾰족한 물체가 앞을 향하고 있다는 것을 볼 수 있다. 무엇일까? 군사용 총검이다. 옷은 나뭇잎으로 위장을 하고 있다. 그래서 나무와 사람의 구별되지 어려웠던 것이다. 태평양전쟁의 와중에 남양군도에서 대검을 소총에 끼운 채 적진을 향하고 있는 일본군의 육박전 모습을 묘사한 그림이다.

운보의 그림이 대부분 그러하듯이 이 그림도 화선지와 묵, 붓을 이용한 동양화이다. 그는 '국보'라는 호칭이 뒤따를 정도로 한국을 대표하는 화가이다. 채색화, 수묵화, 구상화, 추상화 등 다양한 분야를 자유자재로 넘나들고 다양한 표현 양식을 개척해 왔던 그에게 '한국의 피카소'란 호칭을 붙이기도 한다. 우리나라 사람들 가운데 그의 그림을 못 본 사람은 아마 없을 것이다. 그동안 쭉 사용해오던 1만 원짜리 지폐의 세종대왕 얼굴을 그린 이가 바로 김기창이다. 이것 말고도 '바보산수'라 불리는 여러 점의 산수화들은 워낙 유명해서 대부분의 사람들이 잡지든 어디에서든 한두 번은 보았을 것이다.

그의 제자인 어느 교수가 "태고의 신비스런 색채를 담아낸 순수 추상, 잃어버린 고향으로 되돌아가게 하는 청록산수, 그리고 운보 예술의 결정체라 부르고 싶은 바보산수 등에는 후학들에게 늘 들려주시던 '심상의 세계'가 고스란히 담겨 있다"며 그를 기릴 정도로 한국 화단에 미친 영향 또한 크다. 그는 평소에 제자들을 가르치면서 "그림을 그리기 전에 인간이 돼라"는 말을 자주 했다고 한다.

그토록 인간의 내면과 순수성을 강조했던 그가 왜 〈적진육박〉과 같은 그림을 그렸을까? 민족문제연구소는 "〈적진육박〉은 일제 군국주의를 찬양하고 소위 '황국신민'의 영광을 고취하기 위해 조선총독부의 후원을 받아 경성일보사가 1944년 3월부터 7개월간 서울에서 연 '결전' 미술 전람회에 출품됐다"고 밝혔다. 이 그림은 전람회에서 '조선군 보도부장상'을 받기도 했다. 그는 또 조선미전 총독상을 받기도 했다. 이 그림 말고도 당시 일본의 대동아전쟁을 찬양했던 운보의 작품으로 〈총후병사〉도 있다. 완전군장한 병사가 훈련 뒤 잠시 휴식을 취하는 모습을 그렸다. 병사의 얼굴과 손에서는 결전의 의지가 느껴진다. 〈적진육박〉과 함께 운보의 숨길 수 없는 친일 행위를 그대로 보여 주고 있다.

김기창은 1990년대의 어느 날 신문과의 인터뷰에서 친일에 대한 일종의 변명으로서 "사람은 자기가 살아가는 환경에 영향을 받는 것 같아요. 물론 의지가 강한 자기 정신을 소유한 사람은 문제가 없지만 평범한 인간이면 누구나 환경의 지배를 받게 되겠지요"라고 한 적이 있다. 인간이 환경의 영향을 받는 존재라는 말을 부인할 수 없다. 하지만 안타까운 것은 그토록 천재적인 재능을 가지고 한국화의 전망을 새롭게 연 장본인 중의 한 사람으로서 좀 더 책임 있는 반성을 하든가, 아니면 차라리 침묵을 지키고 있는 게 나았을 것 같다. 청년들을 추악한 전쟁의 희생자로 내모는 일에 기여를 한 행위를 그저 '환경의 영향' 정도로, 평범한 인간이라면 누구나 그렇게 행동을 할 것이라는 식으로 정당화하는 것은 곤란할 테니 말이다.

미술과 민족 ─ 신채호의 〈대아와 소아〉

당시 친일 화가들은 단순히 그림을 통한 친일 행위만이 아니라 조직을 만들고 언론을 통해 적극적으로 발언을 했다. 서양화가이자 미술 비평가였던 구본웅은 일본의 신동아 건설론에 고무받아 "미술인이여! 우리는 황국신민이다. 가진 바 기능을 다하여 군국軍國에 보報할 것이다"라고 외쳤다. 심형구는 "금일은 문학이나 예술이나 무엇이나 좀 더 국민생활이라 하는 것과 직접적으로, 유기적으로 결합하지 않으면 안 된다"면서 미술이 군국주의를 위해 적극적인 역할을 해야 함을 역설했다.

문제는 미술을 통해 친일 행위를 한 미술가들이 많다는 것 자체만이 아니다. 문제는 그들 대부분이 식민지에서 해방된 이후 한국의 화단을 이끌어 가는 지도자가 되어서 화려한 인생을 살았다는 점이다. 그리고 진지하고 치열하게 자신의 과거 행위에 대해 반성하는 모습을 거의 보여 주지 않았다. 아니 오히려 운보처럼 자신의 행위를 합리화하는 경우도 있었다.

적군을 향해 기관총을 발사하는 일본군의 모습이 담긴 〈기관총을 쏘는 병사〉를 그린 심형구도 김기창과 마찬가지로 조선 미전 총독상을 받았다. 일본의 대동아전쟁을 찬양하기 위해서 열린 결전 미술전의 심사위원이기도 했던 그는 해방 이후 이화여대 교수로 활동을 했다. 하지만 그가 자신의 노골적인 친일 행위에 대해 뼈를 깎는 반성을 했다는 얘기를 들어본 적이 없다.

서울대 미대 교수이자 한국미협 초대 이사장을 역임했던 박득순의 〈특공대〉라는 그림은 더 가관이다. 일본의 공군 비행기가 적국의 항공모함을 파괴하는 장면을 묘사한 그림이다. 아마도 가미가재 특공대의 모습을 형상화한 것 같다. 무차별 폭격에 거대한 항공모함이 격침당하고 있는 모습이 생생하다.

아마 제국주의 일본을 미화하고 친일을 격려했던 표현이나 행위와 상극에 서 있는 인물이 한국 민족사관의 큰 봉우리인 단재丹齋 신채호일 것이다. 일제강점기의 독립운동가이자 사학자, 언론인이기도 했던 그는 '역사라는 것은 아我와 비아非我의 투쟁이다'라는 명제를 내걸어 민족사관을 수립하고 한국 근대사학의 기초를 확립한 인물로 유명하다. 그의 민족사관을 극명하게 보여는 〈대아大我와 소아小我〉에는 이런 대목이 나온다.

이제 물질과 육체의 세계를 넘어서서 정신적, 영혼적인 대아가 '아'인 줄

깨달으면 일체 만물 중에 불사不死하는 존재는 오직 '아'인 것이다. … '아' 가 국가를 위하여 눈물을 흘릴진대 눈물을 흘리는 '아'의 눈만 '아'가 아니 라 온 천하에 유심有心한 눈물을 흘리는 이는 모두 '아'이며 '아'가 사회를 위하여 피를 흘릴진대, 피를 흘리는 내 몸만 '아'가 아니라 온 천하에 가 치 있는 피를 흘리는 이는 모두가 '아'이며 '아'에게 철천지원수가 있으면 온 천하에 칼을 들고 떨쳐 일어나는 이는 모두가 '아'이며 '아'에게 결코 잊을 수 없는 큰 치욕이 있으면 온 천하에 총을 들고 모이는 이는 모두 가 '아'이며 '아'가 무공武功을 사랑하면 천백 년 전에 나라를 세우거나 영 토를 확장했던 동명성왕東明聖王, 부분노扶芬奴, 광개토왕, 을지문덕, 연개 소문, 대조영, 최영, 이순신이 모두 '아'이며, '아'가 문학을 좋아하면 천 만 리 밖에서 문필 활동을 했던 루소, 칸트, 볼테르, 셰익스피어, 해밀턴, 마치니, 다윈, 스펜서가 모두 '아'이며 '아'가 봄빛을 즐기면 수풀 가운데 꽃 사이에서 노래하고 춤추는 벌과 나비도 모두 '아'이며 '아'가 자연 속에 서 술 마시고 읊조리면 수초 사이에서 유유히 헤엄치거나 뛰어오르는 물 고기와 자라가 모두 '아'이다.

소아小我는 육체적인 것, 자신의 일신을 돌보는 것에 해당한다. 대아大我 는 정신적인 것, 개인의 안위를 넘어선 숭고한 가치를 의미한다. 그는 대아 를 통해 민족의식, 민족주의적인 저항을 독려한다. 민족이 위기에 처했을 때 분노해야 하고, 총과 칼을 들고 떨쳐 일어나 피를 흘려 저항하거나 지식 을 이용해 민중을 각성시키는 역할을 해야 한다는 것이다. 식민지에서 살아 가는 지식인에게는 중립이나 중도가 존재하기 어려웠다. 군사적·영토적 지배를 하고 있는 마당에 중간이라는 것이 어떻게 성립할 수 있었겠는가. 특히 지식인이라면 글이나 말 혹은 예술적인 방식을 통해 자신을 표현하는 것을 직업으로 삼는 사람들인데 식민지 지배와 독립 사이의 중간에 서는 활동 자체가 별로 성립할 수 없었을 것이다. 만약 중립이 침묵을 의미한다면 그것은 식민지 현실을 방치하는 것에 해당했을 것이다. 어쩌면 일본 제국주의가 지식인들에게 가장 바라는 것이 무기력한 침묵이었을 테니 말이다. 그러한 의미에서 신채호의 민족사관은 학문적으로나 실천적으로 적극적인 의미를 지녔다.

하지만 자칫 민족사관이 빠질 수 있는 함정도 언뜻 스친다. '아'가 무공武功을 사랑하면 나라를 세우거나 영토를 확장했던 모든 이가 진정한 대아大我라고 하니 말이다. 나라를 세우는 일이야 문제될 게 없지만, 영토를 확장하기 위해 무력을 사용했던 사람들의 행위까지도 정당화를 넘어서 민족을 위한 바람직한 행위로 찬양되는 것은 위험하다. 영토를 확장한다는 게 무엇을 의미하는가? 어떻게 핑계를 대더라도 그 본질은 침략 전쟁이다. 영토 확장의 대상이 되는 사람들의 입장에서는 침략당하는 것 이외에 무엇이라고 규정할 말이 없다. 민족주의라는 게 자기 민족을 위해 타민족 침략까지도 정당화하는 쪽으로 가면 스스로 적으로 상정했던 식민사관을 닮아가는 꼴이 된다. 민족사관이 자신도 의식하지 못한 채 빠질 수 있는 함정이다.

글이 가진 파급력을 능가하는 것이 그림이나 영상의 영향력이다. 일찍이 군국주의자들이나 독재자들은 이러한 특성을 너무나 잘 알고 있었다. 글은 구구절절 설명을 해야 하지만 그림이나 영상은 단 한 순간에 사람의 마음을 요동치게 하는 힘이 있기 때문이다. 그리고 글은 읽는 것은 개인적인 작업이기 십상이지만 그림이나 조각, 영상 등은 많은 사람이 그것도 한 장소에서 동시에 공감과 감정의 상승을 불러일으킬 수 있기 때문에 집단주의, 전체주의의 훌륭한 선전수단이 되곤 했다. 미술이 갖는 이러한 특성 때문에라도 미술을 단순한 기술로 바라봐서는 곤란하다. 특히 시대가 어두운 터널을 통과하고 있을 때 미술은 시대의 모순과 아픔, 희망을 내재화하는 정신 작업의 성격도 지녀야 하지 않을까 싶다. 시대 이전에 미술 자신을 위해서도 말이다.

절망에 대하여 ___

절망은 불투명함에서 온다

1990년대에서 현재에 이르는 시기는 민주주의를 위해 80년대를 치열하게 살고자 했던 대부분의 사람들에게 시련의 세월일 수 있다. 분명 80년대는 암흑의 시대였지만 그 암흑을 걷어내고자 하는 뜨거운 열정이 있었다. 하지만 90년대 이후는 암흑은 여전한데 암흑에 밝은 빛을 전할 프로메테우스들이 사라지고 대부분의 사람들이 어둠에 익숙해지는 법을 터득하던 그런 시대였다. 과거의 것은 사라졌는데 새로운 것은 아직 없는 시대였다.

90년대의 끄트머리에서 가수 정태춘은 〈건너간다〉라는 노래로 자신이 심정을 토로했다.

"흐르지 않는 강을 건너 지루하게 부단하게 여인들과 노인들과 말없는 사내들, 그들을 모두 태우고 건넌다. 아무도 서로 쳐다보지 않고 그저 창밖

〈절망〉_ 몽크, 1893

에드바르트 몽크 Edvard Munch | 1863~1944   1863년 노르웨이에서 태어난 몽크는 1879년 아버지의 권유로 공과대학에 진학하지만 잦은 병치레로 학업을 중단하고 화가의 길을 걷기로 결심했다. 몽크는 외부 현실보다는 마음의 상태를 묘사한 점에서 볼 때 내용 면에서는 상징주의에 가깝다고 볼 수 있다. 그러나 표현 면에서는 자연주의와 인상주의의 특성을 동시에 갖고 있었다. 주요 작품으로 〈불안〉 〈절규〉 〈절망〉 〈병든 아이〉 등이 있다.

만 바라볼 뿐… 아아 검은 물결 강을 건너 아아 환멸의 90년대를 지나간다. … 저 무너지는 교각들 하나둘 건너 천박한 한 시대를 지나간다."

정태춘에게 대통령 직선제라는 형식적·절차적 민주주의에 안주하고, 동구 사회주의의 몰락으로 사회 진보에 대한 희망과 의지가 꺾여버린 채 개인적인 부의 축적에 몰두하는 90년대는 '환멸'이었고 '천박함'이었다. 어느 인터뷰에서 그는 이 노래와 90년대의 관계를 보다 구체적으로 규정한다.

"90년대가 저물어 가지만 지금 우리 처지가 이게 뭔가 생각하면 얼른 가버려라 소리쳐 쫓아 버리고 싶어요. 80년대엔 그래도 민주의 땅에 대한 가슴 벅찬 희망이 있지 않았습니까. 그 시절을 겪은 사람들은 행복했습니요. 90년대에 뭐가 있습니까? 그래서 묻지요. '다음 정거장은 어디요? 이 버스는 지금 어디로 가오?' 이 천박한 한 시대, 이 고단한 세기를 지나가는데 이 물음에 답할 자가 없는 거예요. 제가 강조하고 싶었던 건 우리 누구도 우리가 어디로 가는지 모른다는 겁니다."

절망의 감정은 음악, 미술, 문학 등 각 예술 분야에서 오래전부터 다양하게 다루어져 왔다. 그만큼 대부분의 사람이 삶 속에서 마주쳐 본 경험이 있기 때문일 것이다. 미술에서는 절망을 대표하는 화가로 누구나 뭉크를 꼽는다. 그는 병든 아이, 절규, 불안, 죽음 등 절망적인 상황을 주로 묘사했다. 〈절망〉이라는 그림도 그중 하나이다. 한 사내가 다리 난간 앞에 서 있다. 두 눈을 감은 채 하염없는 상념에 잠겨 있다. 두 명의 신사가 이 사내를 등지고 자기들끼리 무언가 얘기를 주고받으며 걸어가고 있지만 아무런 위안이 안 된다. 아니 그렇게 대화를 나누고 있는 존재가 이 사내를 더 외롭게 만든다. 원래 외로움은 사람들 속에서 온다. 저 멀리 석양이 지는지 핏빛 하늘이

어지럽게 너울거리고 있다. 다리 아래로 흐르는 물은 한눈에도 차가워 보인다. 이 사내, 자살을 생각하고 있는 걸까? 더 이상 살아갈 수 없을 것만 같은 막막한 절망 속에서 다리를 찾아온 것일까?

아마 이 그림을 통해 뭉크 자신의 심정을 토로한 게 아닌가 싶다. 아니 이 그림 말고도 수많은 그림에서 뭉크는 자신의 삶과 내면의 고통을 어떤 대상을 매개로 파노라마처럼 펼쳐놓고 있다. 뭉크는 죽음과 함께 호흡하며 살아간 화가였다. 어머니는 그가 5세 때 결핵으로 세상을 떠났다. 누나도 10년 뒤에 폐결핵으로 죽었고 누이동생은 정신병에 걸렸다. 뭉크도 13세에 피를 토하며 죽음의 문턱까지 갔었다. 그것도 하필이면 탄생의 상징인 크리스마스에 말이다. 뭉크는 이렇게 말한다.

"내 예술에 있어서 우리 집안의 분위기는 어린아이에게 있어서 산파와 같다. 나는 생생하게 기억하고 있다. 그것은 베개와 병상과 이불의 나날이었다."

질병과 죽음이 가득한 공기가 만들어 내는 불확실함, 어느 곳에도 자신 있게 발을 대딛을 수 없는 상황은 절망을 만든다. 그리고 절망은 사람을 한없이 깊은 바닥으로 침잠시킨다.

낙타는 사막을 떠나지 않는다네 – 김진경의 〈낙타〉

처음에는 불안이었던 것이 불안의 끄트머리에서부터 절망의 씨앗이 자라나고, 절망의 기간이 길어질 때 우리의 삶이 헤어날 수 없는 늪 속에 빠질 것 같은 두려움에 소스라친다. 그래서 절망에서 황급히 빠져나오려 애쓴다. 하지만 모든 인간사가 그러하듯이 절망을 느낄 때는 그만한 조건과 이유가 있을 것이다. 김진경 시인의 시 〈낙타〉는 절망 앞에서 허둥지둥 대고 있는 우리들에게 극복을 위해서도 우선 수용이 필요하다고 말한다.

새벽이 가까이 오고 있다거나 그런 상투적인 이야기는 하지 않겠네.
오히려 우리 앞에 펼쳐진 끝없는 사막을 묵묵히 가리키겠네.
섣부른 위로의 말은 하지 않겠네.
오히려 옛 문명의 폐허처럼
모래 구릉의 여기저기에 앙상히 남은 짐승의 유골을 보여 주겠네.
때때로 만나는 오아시스를 이야기할 수도 있겠지.
그러나 사막 건너의 푸른 들판을 이야기하진 않으리.
자네가 절망의 마지막 벼랑에서 스스로 등에 거대한 육봉을 만들어 일어설 때까지
일어서 건조한 털을 부비며 뜨거운 햇빛 한가운데로 나설 때까지
묵묵히 자네가 절망하는 사막을 가리키겠네.
낙타는 사막을 떠나지 않는다네.
사막이 푸른 벌판으로 바뀔 때까지는 거대한 육봉 안에 푸른 벌판을 감추고
건조한 표정으로 사막을 걷는다네.
사막 건너의 들판을 성급히 찾는 자들은 사막을 사막으로 버리고 떠나는 자.

, 건너의 들판을 성급히 찾는 자들은 사막을 사막으로 버리고 떠나
r…" 김진경 시인의 〈낙타〉는 사회 변혁에 대한 열정과 실천에 눈을 감
아 버리고 개인의 '생활'과 '적응'에 몰두하는 이들에게 보내는 질타가 됐고,
끝 모를 불안에서 눈을 돌려 자신이 서 있는 곳을 다시 바라보게 했다. 절망
속에서 어떻게 희망을 찾아가야 하는지, 죽비처럼 등을 두드렸다. 희망은
절망이 없는 곳에 있는 게 아니다. 절망이 있는 곳에서 희망의 싹은 움터 오
르기 시작한다. 절망을 외면하고 새로운 세계에 발을 들여놓는 것으로 대신
하려 할 때 그 어둠의 그림자는 더 짙어진다.

절망에 대하여

이 시가 전하는 이미지에 가장 걸맞은 그림을 꼽으라면 아마 니콜라이 박의
〈죽음의 사막−절망〉일 것이다. 니콜라이 박은 소련에서 활동했던, 이른바
고려인 화가이다. 지금은 한국에서 전시회도 있었고 해서 웬만큼 알려져 있
는 화가이기도 하다.

그림을 보면 전체적으로 선명하지가 않다. 사막 한가운데서 심한 모래
바람을 만나 헤매고 있는 모습이다. 보통은 사막을 무리지어 건넌다고 하는
데, 한 마리의 낙타만 길을 잃은 듯하다. 낙타의 모습도 뚜렷하지 않고 그나
마 발목 근처는 모래바람에 가려 흐릿하다. 낙타 앞에는 사람인 듯한데, 모
래에 발이 빠졌는지, 아니면 눈을 파고든 모래 때문에 눈을 비비고 있는지
모르지만 분명하게 보이질 않는다. 낙타 뒤로는 뿌연 모래만 보일 뿐 도무
지 하늘과 땅의 경계조차 불분명하다.

〈죽음의 사막 - 절망〉_ 니콜라이 박

　어쩌면 니콜라이 박의 삶 전체가 절망으로 가득한 사막 같았으리라. 그
는 스탈린의 강제 이주 정책으로 소련 전역을 고아처럼 떠돌아다녀야 했다.
말이 '이주'지 사지로 몰아넣은 살인 행위나 다름없었다. 당시 소련 당국에
서는 고려인들을 시베리아 횡단 열차에 싣고 가다 벌판에 한 무리씩을 떨어
뜨렸다고 한다. 그 황량한 벌판, 극한의 추위 속에서 하루하루 생존의 벼랑
에 섰던 그들이었다. 그에게 시베리아 벌판은 한 치 앞도 볼 수 없는, 절망
뿐인 사막이었는지도 모른다.

　중앙아시아에 흩어져 살아가고 있는 고려인(카레이스키)들의 삶은 우리
근현대사의 아픔이다. 일제 식민지 치하를 피하고자 조국을 떠난 한인들은

...해주에 어렵사리 정착했다. 그러나 그것도 잠시였다. 성장하는 한
...를 경계한 스탈린 정권은 1937년, 일제와의 내통 혐의를 내세워 17
...여 명을 중앙아시아로 강제 이주시켰다. 열차 화물칸에 짐짝처럼 실린 한
인들은 추위나 굶주림으로 생사를 오갔다. 그 이주 과정의 가혹함은 추위와
굶주림 등으로 1만1천여 명, 특히 노인과 어린이의 60%가 사망했다는 사실
이 잘 말해 준다. 그러나 우즈베키스탄 등 곳곳에 흩어진 한인들은 불굴의
의지로 새 삶을 개척했다. 그는 절망과 생존의 터널을 뚫고 우즈베키스탄
최고 공훈예술가 칭호를 받았다. 구소련의 2만여 화가 중에서 뽑혀 레닌, 스
탈린 후르시초프, 브레즈네프 등 국가 원수 6명의 초상화를 그려 역사박물
관에 헌정되었다고 한다.

확실히 절망은 불투명함에서 온다. 힘들거나 어려움이 곧 절망일 수는
없다. 당장은 아무리 힘든 일을 마주하고 있다 하더라도 그것이 해결을 위
해 나아가는 과정에 있다거나 넘어설 수 있는 확신이 있다면 오히려 희망으
로 전화된다. 그리고 닥친 문제를 해결하기 위한 열정으로 표현된다. 하지
만 벗어날 수 없는 수렁처럼 앞이 보이지 않을 때, 문제를 극복할 수 있다
는 확신이 없을 때 절망이 소리 없이 스며든다. 처음에는 그것이 절망이라
는 느낌도 없다. 단지 '불안'의 일종으로 다가오고 그 정도에서 시간이 흐른
다. 그러다가 과연 '전망이 있는가'라는 물음 앞에 답이 없을 때 보통은 절망
에 빠진다.

그럴 때 대부분의 사람들은 도피를 꿈꾼다. 도피가 불가능한 상황이라면
자기만의 방공호를 파고 그 안에 숨는다. 위험이 닥쳤을 때 덤불 속에 머리
를 파묻는 꿩처럼 말이다. 다시 우리는 〈낙타〉로 돌아가는 수밖에 없다. 희

망은 벗어남에서 오는 것이 아니라 절망 속에서 우리에게 자신의 모습을 보여 준다는 것을 니콜라이 박의 삶이 웅변적으로 보여 준다. 희망은 희망에서 오지 않는다. 〈낙타〉의 구절을 웅얼거려 본다.

"사막 건너의 푸른 들판을 이야기하진 않으리."

"낙타는 사막을 떠나지 않는다네."